销售管理的关键控制点

（第2版）

蔡利华　著

中国财富出版社

图书在版编目（CIP）数据

销售管理的关键控制点／蔡利华著．—2 版．—北京：中国财富出版社，2018.5（2024.7 重印）

ISBN 978－7－5047－6642－7

Ⅰ.①销…　Ⅱ.①蔡…　Ⅲ.①销售管理　Ⅳ.①F713.3

中国版本图书馆 CIP 数据核字（2018）第 092094 号

策划编辑　谷秀莉　　**责任编辑**　谷秀莉　刘康格

责任印制　梁　凡　　**责任校对**　孙会香　卓闪闪　　**责任发行**　董　倩

出版发行　中国财富出版社

社　　址　北京市丰台区南四环西路 188 号 5 区 20 楼　　**邮政编码**　100070

电　　话　010－52227588 转 2098（发行部）　010－52227588 转 321（总编室）

010－52227566（24 小时读者服务）　010－52227588 转 305（质检部）

网　　址　http://www.cfpress.com.cn

经　　销　新华书店

印　　刷　北京九州迅驰传媒文化有限公司

书　　号　ISBN 978－7－5047－6642－7/F·2899

开　　本　710mm×1000mm　1/16　　**版　　次**　2018 年 10 月第 2 版

印　　张　14.5　　**印　　次**　2024 年 7 月第 5 次印刷

字　　数　260 千字　　**定　　价**　45.00 元

版权所有·侵权必究·印装差错·负责调换

推荐序

拿到作者特地为我翻译成英文的书稿，我迫不及待地翻开阅览并在两天内一气呵成地看完。这本书让我感受到的第一个与众不同之处就是阅读起来特别轻松，一点都不累。我在很多场合对不少人说过这样一句话，写一本“复杂”的书容易，写一本“简单”的书很难。

“复杂”的书意味着很多内容和素材是采集自“别人”的，这些内容和素材还没有经过作者的充分消化吸收，做不到足够的精炼提取和系统的整合归纳，所以“复杂”的书读起来很累。

我接触过世界各地数不胜数的销售管理者，无一例外，他们都不喜欢“长篇大论”的理论分析和描述，简单实用甚至拿来即用的工具和方法才是他们的偏好和需求。

而一本“简单”的书之所以能让人轻松地阅读，是因为它拥有“独特的灵魂”“清晰的脉络”以及“强健的肌肉”。

所谓“独特的灵魂”是指书中所蕴含的思想和思维一定是独特的、原创的、与众不同的，这体现出作者多年的实践修炼和感悟沉淀。在本书中，“化繁为简”这一思想贯穿始终，作者针对销售管理八大关键控制点所提出的方法和解决方案都力求简单有效。除此之外，这本书的各个篇章处处体现出作者原创且独特的销售管理思想。例如，作者建议销售管理者要在销售人员个人拜访和后援平台组合攻关之间进行灵活切换。又如，作者在销售人员甄选中不建议采用常规的提问式面试，而提出“查”“试”等要诀。作者创造性提出的标签式客户分类管理，把销售人员招聘变成连续不断的过程，销售团队内驱式激励等观点，无一不体现出此书区别于其他著作的销售管理思想和思维。

所谓“清晰的脉络”是指书中的内容和方法一定不是杂乱无章的拼凑，而是高度结构化、体系化和流程化的归纳。全书内容被高度结构化成四幅方向盘和八大控制点，每个控制点的内容也同样力求模型化、数字化和条理化。例如，复杂的销售执行力问题被作者归纳成销售执行力铁三角——标准化流程、预警式铁律和机动化督查，销售人员分阶培养过程被作者浓缩成启蒙化、标准化、共性化和个性化四阶梯。又如，销售市场分析预测被定义为“天时”“地利”与“人和”三个层面，复杂的销售人员激励则被作者归纳成内驱式激励的七个杠杆。作者如此努力地抽丝剥茧，目的是让读者不必再花时间和精力去“举三反一”地学习，而是能做到“举一反三”地领悟。

所谓“强健的肌肉”是指书中的案例分析和工具分享一定是充分扎实并可以拿来即用的。本书中几乎所有的案例都是作者回忆与整理的真实情境，这些案例没有大而复杂的背景，简单、直接、生动、启发性强。而工具化应用也是本书的一大特色，成功销售三元方程式、客户渗透三大路径、“八字销售策略”、“销售技能”四大内核、销售人员时间管理金字塔、内驱式激励的四大标尺、销售人员绩效计分卡等实战工具可以让本书真正成为销售管理者的操作手册。

我曾经和作者共事多年，在销售管理方面互相探讨切磋，亦师亦友。他一直希望写一本亦中亦西的销售管理著作，既能高度契合中国特有的销售管理环境和特征，又高度体系化、结构化、工具化和模型化。

我觉得中国甚至全世界的销售管理者，都可以把此书当作实战指导书，通过学习书中的方法和技能让自己的销售管理经验不断增值和升华。同时广大销售管理者们也可以把这本书当作“拿来即用”的实战操作手册，把书中适合自己的模型和工具直接引入使用，在应用中再不断调整、优化和改善。

我也期待本书的英文版能早日出版，让更多的人分享作者在销售管理实战性研究方面的成就。

杰克·威尔纳
《成功销售管理的七大秘诀》作者
世界公认销售管理泰斗

自 序

《销售管理的关键控制点》自2014年出版发行以来，颇受业界和读者好评，还有幸获得了出版社当年颁发的“年度最佳营销管理书籍”殊荣。

我一直认为若谈到修订改版，在自己这么多部作品中，此书应该是改善空间最小、修改难度最大且改版最晚的。

想不到一晃四年多，《销售管理的关键控制点》即将迎来第2版，我也将把全新的内容呈现给读者。

《销售管理的关键控制点》之所以被我认为改版升级难，是因为在首版的写作中我非常注重其整体框架、结构、体系和脉络，从四幅方向盘到八大控制点，从案例到方法再到工具，环环相扣地组合在一起，重新编排、增减、组装和嫁接的难度较大。

事实也的确如此，由于本书的大部分内容“牵一发而动全身”，因此改版修订从何处“动手”，拿哪部分“动刀”，选哪些章节“动笔”，着实让我费神了一番。

我还清晰记得现代销售管理泰斗杰克·威尔纳在为本书首版撰写的推荐序中点评这本书拥有“独特的灵魂”“清晰的脉络”以及“强健的肌肉”。感念老先生对此书不断完善的殷切期待，我觉得第2版更需要突出“灵魂”“脉络”和“肌肉”之间的衔接互动，即进一步阐明和剖析部分销售管理方法如何针对不同情境“灵活运用”，如何根据不同状况“搭配组合”，唯有从“有道理”升级为“有用处”，才能真正实现“灵魂”“脉络”“肌肉”三位一体，才能真正让广大销售管理者把此书当作“拿来即用”的实战操作手册。

与此同时，越来越多企业的销售总监也在和我探讨如何把书中的方法、工具、表单等在企业内部实现有效落地。然而我深知销售管理方法体系的落地，绝对不能“死学死用”和“简单复制”，而需要“活学活用”

和“搭配组合”，这就是销售管理和通用管理的明显差异。

杰克·威尔纳老先生当年的殷切期望和当下企业对销售管理方法体系“活用”的实际期盼，给了改版本书的明确方向——从方法的结构化呈现升级为搭配性组合。

例如，在本书第一章，我增加了“销售目标推进三大管理行为”，这三大管理行为并不是简单罗列，而是根据不同绩效类型业务人员有不同的侧重和搭配组合。又如，在第三章，我单独增加了一节“销售人才发掘五大特殊管道”，这五大特殊管道可以针对不同行业以及不同销售模式灵活借鉴。再如，第五章所分享的入职塑模、专项训练、集训轮训以及协同拜访，这四个销售人才培养模式，在第2版中增加的第六节中则演变成“塑模”“专练”“集训”和“协访”四大手段组合，这四大手段还可以根据不同“诱发点”搭配使用。至于首版第七章展示的销售执行力塑造三大工具，在第2版中增加的第四节中则会根据销售执行力“三不分析法”呈现不同的搭配使用模式。

针对销售管理方法和工具“灵活运用”以及“组合使用”的探索，本书也仅仅是一个探索性的导向和指引，期待阅读本书的各界精英能基于此提供更多的真知灼见。

蔡利华

2018 年 7 月

开篇语
销售管理的四幅方向盘和八大控制点

【案例】

风云集团总裁慕容风云最近急于提升全国多地销售经理的区域管理能力，他深感不少销售经理还不能胜任区域销售管理的关键职责。慕容风云认为这些从一线销售努力打拼晋升上来的销售经理们，特别需要进行角色转变和重新定位，但他自己对于销售管理到底包含哪些职能和需要把控哪些关键环节，也是茫然无知。

慕容风云特聘请职业销售管理专家司马令来帮助其梳理销售管理脉络，建立标准规范的销售管理职责和评价标准。司马令深入一线和这些销售经理们共同拜访客户，共同分析市场，共同指导团队，共同研究问题，并在6个月后返回风云集团总部向慕容风云汇报进展。

根据管理重点和职能定位的不同，司马令把风云集团各地的销售经理们分成四大特点鲜明的类别，分别是军师派、将军派、导师派和监工派。

以诸葛明为代表的多位资深销售经理就属于军师派。他们喜欢"运筹帷幄决胜千里"的感觉。军师派认为站在销售管理全局进行整体规划和精心布局对提高销售团队的业绩起决定性作用，因此他们更侧重于市场分析预测、目标规划落地以及客户分类布局等战略战术层面的工作。同时，他们也深知"兵马未动粮草先行"的道理，因而致力于为一线征战的销售团队提供良好的后援支持平台和跨部门内部协作配合。

以关云常为代表的将军派则认为"为将者"的首要职责是根据市场形势不断地"招兵买马"。将军派非常注重队伍的不断扩充和壮大，他们会不间断地进行销售人员的主动流动和新老调整。将军派更会花费超过他人的精力进行排兵布阵，即对所辖销售区域进行切割整合优化设置，并根据不同区域的特征动态地配置最合适的销售人员。

导师派的代表则是周公进等多位销售经理。他们认为销售管理的核心任务就是“带团队”，即打造一支在能力和士气上均能超越对手的销售队伍，因此导师派愿意在销售人员培养成长方面花费更多的精力和心血。导师派认为能力和士气是销售人员竞争力的两大核心，因此他们不仅注重团队成员在销售技能和方法上的培训与辅导，而且会持续关注销售人员的激情与士气并不断采取针对性激励措施。

以曹梦德为首的监工派则认为销售团队的最大问题在于“执行不力”，执行力提升和销售人员表现监控是他们工作的重心。监工派不仅花费巨大精力和时间通过制度、奖惩、监督、检查等方式来塑造销售团队执行力，而且愿意深入一线去预判和把控销售人员的绩效表现并进行提前干预和纠正。

慕容风云听了司马令的分析后，用各具特色四个字来点评军师派、将军派、导师派和监工派四类销售经理。司马令则婉言提醒慕容风云，这四类销售经理虽然各具特色，但也各具短板，明显的短板让他们无法完整履行销售管理的关键职责，更让他们所谓的特色失去支撑和根基。

慕容风云急忙问司马令：“您所谓完整的销售管理职责具体包含哪些内容呢？您所指的销售管理短板又是哪些方面呢？”

司马令微微一笑道：“其实为您这些销售经理进行归类的过程也给了我不少启发，我可以分别用一个关键词来定义这四类销售经理的工作重心。军师派的工作重心在于运筹布局，将军派的工作重心在于排兵布阵，导师派的工作重心在于锻造驱动，而监工派的工作重心在于执行监控。这十六个字正好涵盖了销售管理的完整职能和关键环节，每个派别销售经理的短板正好是其他类型销售经理的特色。我有信心通过梳理完整的销售管理框架，找出销售管理的关键控制点，各销售经理据此取长补短，彼此促进，一定能让他们的销售管理水平上个大台阶。”

慕容风云赶忙握着司马令的手，激动地说道：“那我就等您下一步的行动，拜托了！”

司马令起身说道：“那我先回去精心设计一个销售管理四幅方向盘，这个方向盘里包含了销售管理的八大关键控制点，我深信这一方向盘定能帮助您的销售经理们树立销售管理全局观，精确地把控好工作的方向、重心和角度。”

司马令以其丰富的销售管理实战经验，化繁为简地归纳了销售管理的四大职能和十六字方针，即运筹布局、排兵布阵、锻造驱动和执行监控。而这四大职能也正是司马令所谓的销售管理四幅方向盘的组成部分。销售管理四幅方向盘中的每一个职能，分别对应两大关键控制点，高效的销售管理必须完整地掌握八大关键控制点（见图1）。

图1　销售管理四幅方向盘和八大关键控制点

运筹布局分别包含市场预测目标规划以及对内协作对外布局两大关键控制点。前者指的是对区域市场进行多角度分析预测，从而有效进行目标设定规划与分解落地；后者指的是对内建立多层次跨部门协作与后援，对外实现合理化客户分类与市场结构布局。

排兵布阵分别对应精准招募持续输送以及区域设置团队部署两大关键控制点。前者指的是建立销售人员主动流动、精准选拔和持续输送的高效机制；后者指的是优化区域划分与规模设置，并且在区域市场特点与销售人员风格特征之间进行合理化配置。

锻造驱动分别包含分阶培养加速锻造以及内驱激励杠杆激励两大关键控制点。前者指的是建立销售人员分阶式针对性培养流程，并通过更利于实战和更有实效性的训练方法加速销售人员成长，缩短培养周期；后者指的是为销售团队植入可持续的内驱式激励，并通过激励杠杆“四两拨千斤”式地点燃销售人员激情和士气。

执行监控分别对应执行塑造行动提升以及绩效监控绩效干预两大

关键控制点。前者指的是针对销售团队常见的“执行失控现象”，从规则和行动两个层面进行执行力塑造和提升；后者指的是销售管理者建立长短结合、显性隐性综合的销售人员多元绩效评价指标，并对团队成员“脱离预期轨道的绩效表现”及时进行干预和纠正。

以开车为例，这四幅方向盘和八大关键控制点能让坐在驾驶室内的销售管理者更好地分析竞争环境与设定目标路线，更好地提升本车人员与后援车队的衔接配合与协同作战（跨部门协作与后援支持），更好地筛选合适的车上乘客（销售人员）和分配对应的座位（区域和客户），更好地教会乘客（销售人员）适应各种路况（销售技能与经验），更好地营造可以持续鼓舞和提高乘客（销售人员）热情与士气的车厢氛围（团队激励氛围）。

这四幅方向盘和八大关键控制点也能帮助销售管理者更好地规范乘客（销售人员）的行为，提升乘客（销售人员）的行动效率和质量，动态地监控乘客（销售人员）的表现，并及时发出干预纠正的预警，其具体说明如表 1 所示。

表 1　　销售管理的四幅方向盘与八大关键控制点具体说明

四幅方向盘	八大控制点	具体说明
运筹布局	市场预测 目标规划	销售管理者的重要职责之一便是对所辖销售区域进行市场动态分析与销售趋势预测。通过市场宏观环境、竞争格局和客户动态三个层面的诊断扫描，销售管理者据此制订下一阶段的销售目标和计划，并通过销售目标五轨分解和销售目标三化辅导使销售目标与计划深入人心并得到落地执行
	对内协作 对外布局	销售管理者不仅要善于对团队成员实施“向下管理”，更要善于实施对内协作和对外布局的“横向管理”。跨部门协作六大接口、纵向衔接两大纽带、后援支持一大平台，这一组合构成了销售管理对内的多层次协作机制。而三类标签客户管理、四类价值客户管理以及 ABC 客户信用管理“三大抓手”等则构成了销售管理对外的多层次客户布局，以确保客户开发和资源配置效率最优化
排兵布阵	精准招募 持续输送	销售人才的招募选拔和持续输送是销售团队发展与管理的基础和前提。销售管理者需要根据流动性、连续性、调整性和危险性这四性原则对销售人才进行不断储备和团队新老结构阶段性调整。销售管理者可根据销售人才筛选甄别五大指标来设计评价指标与测试手段，以实现精准招募

续　表

四幅方向盘	八大控制点	具体说明
排兵布阵	区域设置 团队部署	销售管理者通常轻视或忽视的一项专业技能便是区域划分与规模设定，这是销售人员优化配置和有效部署的先决条件。销售区域多元划分五大方式和规模设定两大方法能帮助销售管理者精细地切割区域，进而根据区域的特征部署对应风格的销售人员。销售管理者需要根据区域的具体情况指导销售人员进行时间管理和路线管理，并根据阶段性的业绩表现进行团队结构调整和优化
锻造驱动	分阶培养 加速锻造	销售管理者要特别重视销售人才的快速培养，并致力构造一条阶梯式的销售人才加速锻造流水线，让销售新人进入团队后能迅速成长和成熟。启蒙化、标准化、共性化、个性化四阶梯以及入职塑模、专项训练、集训轮训、协同拜访培养模式为销售管理者的人才培养提供了标准模板
	内驱激励 杠杆激励	销售管理者要在团队内部植入持续时间更长、抗压效果更好的内驱式激励，以确保销售人员始终保持高昂的斗志和士气。通过掌握销售人员内驱式激励“六四七”组合工具，即士气变化的六个区间、四大标尺和七个杠杆，销售管理者可以实现激励手段的多样化和激励效果的最大化
执行监控	执行塑造 行动提升	执行力塑造与提升对销售团队的重要性要远胜于其他类型的团队，这也是销售管理中的一大难点和重点。销售管理者必须根据销售工作的特性来化繁为简地抓住销售执行力的核心，并通过标准化流程、预警式铁律和机动化督查的组合应用来实现执行力的真正落地
	绩效监控 绩效干预	销售管理者需要改变“单一”的销售人员绩效评价指标，进而采用多维度的销售人员绩效计分卡来更完整、更全面、更客观地监控销售团队成员的表现和动态。并且销售管理者要从绩效评估升级为绩效干预，针对销售人员“脱离预期轨道的绩效表现”，在最坏结果出现之前提前运用汉堡（三明治）和绩效干预面谈 PAC 法

目录

第一章

销售区域市场预测和目标规划

导言 成功销售的三元方程式

【案例】

洪七工、黄耀师和欧阳风都是某著名跨国公司资深的区域销售总监，但三人对区域销售管理者的角色如何定位以及业绩驱动力来源于哪里却各自有不同的理解。

在一次内部研讨会上，三位销售总监就培训专家杰克提出的“区域销售业绩到底取决于什么”这一议题产生了激烈的争论甚至唇枪舌战。

洪七工是一位务实派，他从一线销售人员经过15年的打拼才逐步被提拔到了现在的高位。他坚持认为，区域的销售业绩主要取决于一线销售人员的销售能力和个人努力，因此他也把自己的精力和时间全部放在了一线销售员的协同拜访、辅导激励和能力提升上。他反复强调销售管理者绝对不能脱离销售第一线，而且要把大部分时间投入到和销售人员并肩战斗中。

黄耀师则是一位空降兵，他并不反对洪七工提倡的在市场第一线多走多看，但他强调销售管理者更应侧重于销售目标的制订、销售计划的推行、销售政策的设计、销售区域的布局、销售团队的部署等战术层面的工作。他认为销售管理者的角色应是战术制定者和策略设计者，因为一线销售团队是否有正确的行动路线指引，比他们单兵作战的个人努力要重要和关键得多。

而欧阳风则是个在著名商学院镀过金的海归派，他在公司内部被称为“战略家”。他对洪七工的观点表示不屑，对黄耀师的意见也不以为然。他认为区域销售总监应该做到“高屋建瓴，势如破竹”，所以“势”的营造和大局观的树立尤其重要。他所谓的“势”就是对区域内营销环境进行扫描和分析，预判未来的宏观动态、竞争动态、客户动态所产生的威胁和机会，只有建立在这些“势”基础上的行动才是有效的。

培训专家杰克听了哈哈一笑，他示意三人停止辩论，并称赞三人讲得都非常好，各自指出了决定区域销售业绩三大要素中的一个。杰克说：“如果你们三人能三剑合璧，则可以在区域销售管理中既能做到审时度势，又能做到运筹帷幄，也能做到单兵突击，让这三个层面环环相扣，一脉相承。”

杰克一针见血的点评道出了销售管理者应该如何聚焦自己的职责和定位自己的角色。不少销售管理者只会向下看，即习惯于单兵作战，但没有大局观，不善于战略战术上的运筹帷幄和审时度势。而有些销售管理者只会水平看，即擅长运筹帷幄制定战术，但做不到向上的审时度势和向下的单兵作战。更有些销售管理者只善于战略层面的审时度势，却缺乏向下运筹帷幄制定战术和单兵作战推进执行的能力。

一个真正优秀而全面的销售管理者，既要会向上审时度势，又要会水平运筹帷幄，更能向下单兵作战。而决定区域内销售业绩的三大因素，也可以通过一个方程式来表达。

成功销售三元方程式 = 势（审时度势看战略）×式（运筹帷幄看战术）×事（单兵作战看执行）（见图 1－1）

由此可见，销售管理者在确定区域销售目标、计划和策略之前，首先要分析外部的销售环境与预判营销趋势和竞争动态。并且，在确定了销售目标和计划之后，要让目标和计划通过一系列“内部辅导”和“内部销售”活动赢得全体销售团队成员的承诺和接受，只有这样环环相扣方能真做到“势”“式”“事”的有效衔接。

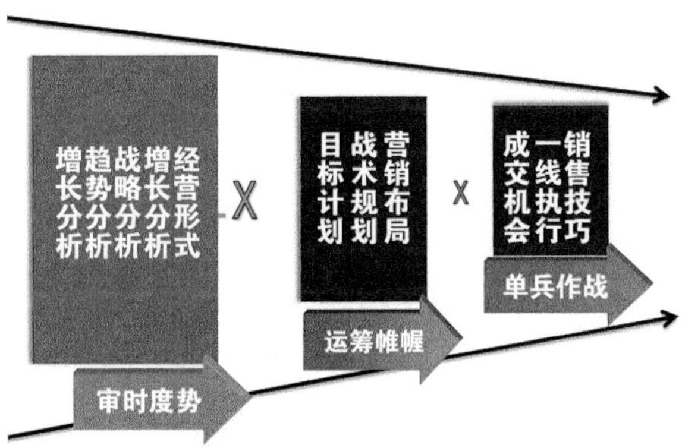

图 1－1　成功销售三元方程式

第一节　销售区域市场分析三维图

优秀的销售管理者必定是一名成功的前线指挥官，能指导销售团队攻城拔寨，攻坚克难。但销售管理者更需要成为一名战略家，能审视区域内的销售环境，做到运筹帷幄之中、决胜千里之外。正所谓高屋建瓴才能势如破竹，然而很多销售管理者，特别是区域销售管理者，都不同程度患有“销售近视症”。他们只善于低头做市场，低头开拓客户，只会着眼于指挥一线销售人员冲锋陷阵，却不善于或者不习惯于分析区域内销售趋势和环境变化，不善于应对和利用区域内“天时地利人和”的变化。由此导致所制定的销售策略与市场实情脱节，导致销售团队的努力和付出事倍功半，更导致销售团队对来自外部环境和竞争对手的变化反应迟钝。

销售管理者需要对所负责销售区域进行全景式环境扫描，具体可分为三个维度，可以用“天时地利人和”六个字来形象地比喻，如图 1－2 所示。

图 1－2　市场分析三维图

“天时”维度：销售管理者需要分析区域内宏观环境趋势的变化以及这些变化对未来销售业绩的影响，我们也可形象地称之为国情分析。

“地利”维度：销售管理者需要分析区域内中观竞争格局的变化，预测竞争者可能的动态以及产生的影响，我们也可形象地称之为行情分析。

“人和”维度：销售管理者需要分析区域内微观客户关系的变化，评估客户群延伸、客户关系深挖和客户关系突破的可能途径，我们也可形象地称之为客情分析。

一、宏观国情分析——区域销售环境的 PEST 扫描

销售管理者首先需要建立销售区域环境分析的大局观，站在全局高度去分析区域内宏观层面的动态和趋势，以及这些动态与趋势对未来 1~3 年竞争格局和销售业绩的直接和间接影响。

按照“天时”“地利”“人和”的类比，宏观环境的扫描即是对“天时”的分析和判断，销售管理者可以用 PEST 法从四个层面分析销售区域内宏观环境的趋势和动态。PEST 是四个英文单词首字母的组合，P 代表政治法律层面，E 代表经济走势层面，S 代表社会文化层面，T 代表技术革新层面，如图 1－3 所示。

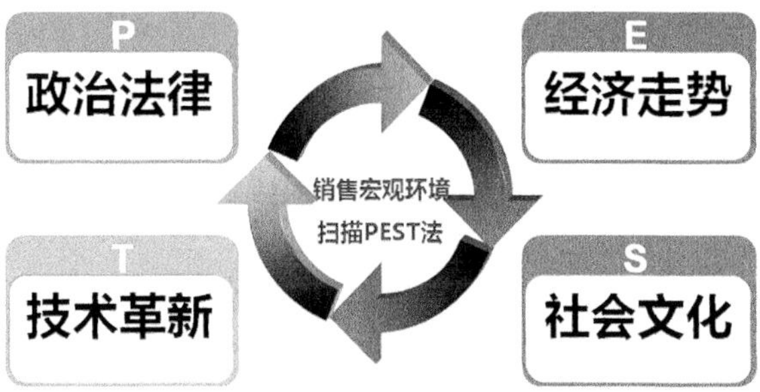

图 1－3　PEST 法

如表 1－1 所示，宏观环境扫描 PEST 法不仅可以帮助销售管理者预测未来几年的销售趋势、设定未来销售目标、制订未来销售计划、确定竞争策略，更可以帮助其预判可能存在的潜在危机、捕捉容易被忽视的市场机会。

表 1－1　宏观环境扫描 PEST 法

四大层面	主要关注事项
政治法律层面	相关全国性法律出台对销售趋势的影响 相关地方政策出台对销售趋势的影响 政府出台行业限制/转移政策对销售趋势的影响 政府出台行业鼓励/扶持/补贴政策对销售趋势的影响 政府稳定和政府换届

续 表

四大层面	主要关注事项
政治法律层面	政府对行业内国有企业的政策扶持和特殊保护 区域内产业结构调整等对销售趋势的影响 行业进入门槛设定 其他
经济走势层面	经济增长趋势和经济周期对销售前景的影响 经济景气指数和客户上游产业的景气指数 居民收入、就业难度和用人成本对销售管理的影响 经济预期和经济乐观程度 其他
社会文化层面	社会稳定对行业直接或间接的影响 用户生活方式和客户生产方式改变 产品的质量意识和服务意识增强 社会分层和品牌意识 社会的整体教育水平和行业的受教育程度 不同年代生人的价值观差异 舆论监督和媒体影响 其他
技术革新层面	政府对本行业科研投入 区域内相关高校的技术力量和专家的立场 产品研发和更新换代速度 产品的技术和知识产权保护程度 政府对进口产品的进入壁垒 其他

二、中观行情分析——区域竞争四大角色策略布局

在对销售区域进行宏观环境扫描之后，销售管理者就需要分析销售区域内的中观环境，即进行地利分析或行情分析，也就是对销售区域内的竞争格局和动态进行分析。销售区域竞争分析直接影响整体销售目标的预测和设定，尤其是对竞争白热化此消彼长明显的行业尤其如此。

在区域市场中，根据竞争者的市场份额和行业地位，可以分成四大竞争角色，即领导者、挑战者、追随者和捡漏者，如图 1 -4 所示。

市场领导者往往凭借来自品牌、产品、销售网络和企业实力等方面的优势奠定了绝对的市场领导地位，在一个区域中可以是一家独大，或者是双头领导。

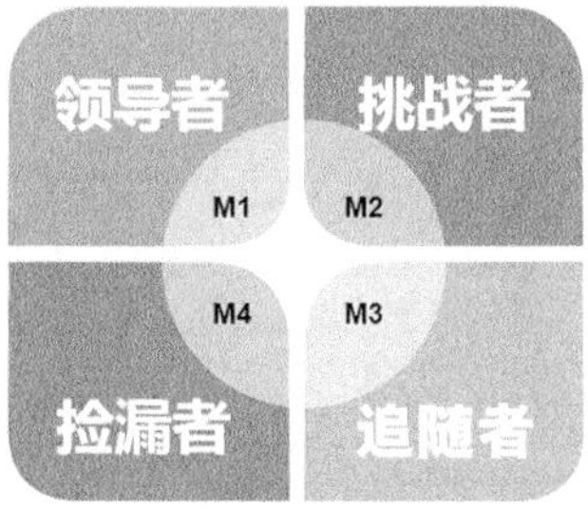

图 1-4 区域竞争四大角色

市场挑战者在市场份额上落后于市场领导者，但并非绝对落后。在特定的时间点或特定情况下，市场挑战者总试图在产品创新、市场策略、攻关手段等方面提高标准，抢占领导者的重点客户或薄弱客户，挑战其领导地位。

市场追随者的实力和地位明显落后，无法对领导者和挑战者发起攻击，因此追随者的策略是复制和模仿，努力在产品和服务等方面把自己和市场领导者混淆在一起，以希望赢得小部分市场和一部分客户。

市场捡漏者则是个“特色”专家，利用特定的关系、独特的服务、独到的产品，获得区域市场中一部分特定客户的认可。

在特定市场区域内，销售管理者运用四大竞争角色模型，首先可以诊断自己和主要对手分别处于怎样的竞争地位，分别属于怎样的竞争角色，而后再分析和推演未来对手的竞争行动及所引发的竞争动态。市场领导者、市场挑战者、市场追随者以及市场捡漏者都会制定和选择贴合自身市场地位的竞争战术和策略，如表 1-2 所示。

表 1-2 行业竞争四大角色的策略和战术布局

竞争地位	攻防策略	核心战略与策略
市场领导者	防御战	扩大市场份额，产生规模效应 做强品牌和质量标准，设定更高进入门槛 巩固核心客户建立进入壁垒 扩大现有客户使用量 提供新产品、新选择
市场挑战者	进攻战	通过特殊的营销政策和特色产品与服务争夺领导者客户 发现市场领导者的营销漏洞进行攻击 高刺激的销售奖励和高频率客户公关 在价格、服务、质量等各方面提升标准，攻击对手 蚕食追随者和捡漏者防御薄弱的市场 巩固现有客户关系，进行深度合作

续 表

竞争地位	攻防策略	核心战略与策略
市场追随者	侧翼战	全面模仿和复制市场领导者，蚕食对手薄弱市场 建立区域与局部优势，巩固自己的核心客户 在价格、服务、品质、功效等方面进行创新，吸引客户
市场捡漏者	游击战	服务和巩固特定区域市场 服务和巩固特定需求客户 提供定制化和个性化产品与服务 拥有和建立特殊销售渠道

（1）防御战：处于区域市场领导者地位的销售团队管理者，需要预判和提前应对挑战者可能的进攻战，因为挑战者一定会通过新产品、新市场策略、新营销攻势来抢夺市场。而市场领导者则可以用防御战来应对挑战者的进攻战。市场领导者的防御战作用主要是覆盖新客户和扩大现有客户使用份额，并且通过提高进入壁垒和与客户深度合作来达到提升销售量和防御对手的双重目的。

（2）进攻战：处于区域内挑战者地位的销售团队管理者，则需要针对市场领导者的薄弱市场和非深度合作客户，展开攻坚战和蚕食战。销售管理者需要针对市场领导者的价格、服务、质量等薄弱项目制定超越对手的更高标准，或者推出特色产品、特色服务和特色政策来吸引市场领导者的非忠实客户。与此同时，在销售团队的管理上需要设计强有力的奖励刺激政策驱动销售人员进行高频率的拜访和高密度的攻关。

（3）侧翼战：处于区域内追随者地位的销售团队管理者，则需要在产品、服务、营销政策等方面全面复制和模仿领导者的做法，以混淆客户的判断，占领一定市场份额。对自己销售区域内的核心客户，需要强化客情关系和强化服务以巩固防御壁垒，并尽量通过产品、服务、品质等方面的创新吸引一部分愿意尝试的新客户。

（4）游击战：处于区域内捡漏者地位的销售团队管理者，则需要进一步巩固自己的特色优势，让自己的客户关系差异化、产品特色差异化、销售渠道差异化、服务内容差异化变得更加明显，建立特殊领域的进入壁垒。

竞争四大角色的策略分析可以帮助销售管理者在设定未来销售目标时更加精确和更为周密，并且可以通过对竞争对手行动的预判进行提前部署，先发制人，使自己的销售计划更具前瞻性、针对性和变化性。

三、微观客情分析——客户渗透三大路径

销售管理者除了宏观国情分析和中观行情诊断外，更需要聚焦于与销售结果密切关联的微观客情分析，即把眼光落地在客户群的延伸，客户关系维护以及客户价值深挖上。站在销售区域全局角度，微观层面的客户渗透可以聚焦在三大路径，即客户下沉、客户深挖和客户攻坚。客户下沉是指对市场进一步细分并对区域内中小客户深度覆盖，以提升市场开发的密度；客户深挖是指现有客户的深度开发和价值再挖掘；而客户攻坚是指对于陷入销售僵局无法突破的钉子户型客户实施闪电战和攻坚战，如图1－5所示。

图1－5　客户渗透三大路径

如表1－3所示，对客户渗透三大路径的分析为销售管理者在微观层面制定行动战略和战术指明了方向，也为销售增长潜力的挖掘提供了多种可能选项。客户下沉能帮助销售管理者发现和开发那些之前忽视和轻视的客户，从而提升市场份额和市场覆盖；客户深挖能帮助销售管理者发现和深挖已有客户的价值和潜力，通过交叉销售提升自己产品和服务占客户采购总预算的比重，即口袋份额；而客户攻坚则能帮助销售管理者分析那些钉子户型客户陷入销售僵局的真正原因，设计更具攻击性的政策和攻关策略。一旦这类客户通过全力攻关被成功纳入合作客户版图，则会对销售业绩增长产生突破性贡献，也就意味着能大幅度提升销售业绩的增长份额。

表1-3　　微观层面客户渗透三大路径

渗透路径	提升份额	主要策略和方法
客户下沉	市场份额	区域市场进一步切割细分，客户群进一步细分 开发规模更小价值更低的客户群 开发比较分散且采购量较少的客户群
客户深挖	口袋份额	通过加深合作，提升自身产品在客户采购中的比重 通过交叉销售，向现有客户销售更多的产品品种和服务项目 通过战略合作，建立排他性伙伴关系，树立标杆客户
客户攻坚	增长份额	对销售进程陷入僵局的客户实施针对性攻坚政策和突破策略 对于钉子户型的客户，从销售人员个人努力的单一拜访升级为调动各种资源的组合攻关

第二节　销售目标的双向预设和五轨分解

【案例】

张军是某跨国公司的华北区经理，每年 11 月，他都会到公司北京总部开会，和高层研讨和分析新一年的销售目标。

在一整天快节奏的讨论汇总和集思广益后，张军终于完成了华北区销售目标的拟定和确认。当晚他高兴地和公司刚聘任的常年销售管理顾问大卫小聚，两人推杯换盏，聊得十分尽兴。席间大卫问张军第二年的销售目标是否制订完成，张军信心满满地回答全部大功告成。大卫顺势问已经拟定的销售目标包括什么，张军满脸疑惑地回应销售目标肯定就是销售额或者是销售量。大卫笑言这还不够完整，张军想了想马上扬扬自得地说他们这次制订的销售目标更加细化和具体，因为在销售额目标基础上还附加了利润目标、销售费用控制目标和回款目标。

大卫继续笑着说这还不够，张军愕然不解，于是请求其给自己一些提示和建议。大卫于是对张军说了以下这段话：

"你所提的全部目标，讲的都是所希望取得的量化成果，也就是希望到达的目的地。而你并没有告诉我，实现这几个关键成果主要的来源和途径，也就是顺利到达这几个目的地主要的行动路线。换而言之，你的销售额的增长、你的利润的增长，来自哪里？来自哪些市场策略的主动变化？现有客户深挖？新客户开发？新产品推出？这些也是销售目标。因为没有这样的销售目标，你前面所提的销售额与利润等目标，就如无源之水，无根之木，没有办法得到有效保障和足够支撑。"

张军听后马上说这些他会回去和团队沟通和协商的，但大卫则说这两类目标需要一起共同制订，一起出台，只有这样销售目标才能获得支撑，才能更加明确，才能被团队所接纳。

案例中大卫道出了销售目标制订中一个关键性问题，即不管是在全国范围还是在区域范围内，销售目标的制订必须包含两个层面，即显性的财务目标层面和隐性的市场目标层面。财务目标是可量化的销售"目的地"，可以是销售额（增长率）、销售量（增长率）、利润（增长率）、回款及销售费用控制等。它可以形象地被比喻成清晰的“靶向”。而财务目标的实现，必须要有配套的市场目标，即指确保财务目标实现和落地的市场行动路线图，缺乏市场目标配套的财务目标难以得到有效支撑和顺利落地。市场目标就是销售管理者化繁为简地清晰定义和高度归纳的战略路线和行动纲领。

如果张军制订了本区域的财务目标，但却没有配套清晰明确的市场目标，那么接下来的市场策略确定和执行就可能偏离轨道甚至迷失方向。更为重要的是，张军接下来要回到所辖区域向下推销他的财务目标，分解他的财务目标。大量真实案例表明，如果没有具有说服力和可行性的市场目标，财务目标的内部推行总会让销售团队成员压力重重，甚至遭遇部分成员的抵触和抗拒。类似张军这样的销售管理者不在少数，他们往往只注重财务目标，不注重市场目标，只注重量化结果，不注重行动纲领。没有市场目标的支撑，不仅财务目标的制订不够科学严谨，而且财务目标的落地和执行更会困难重重。

大卫为张军团队设计了四个关键的市场目标来辅助财务目标的实现和推行。第一是进行新客户开发和市场下沉，挖掘和开发原先不太重视的中小新客户，以分担财务目标中一定比例的销售额增量。第二是现有老客户的需求深挖，通过组合销售，打进更多的产品品种，提升现有客户的采购量，可通过举办客户会议，制定老客户刺激政策等来实现。第三是新产品的推广和迅速切入，通过捆绑销售和交叉销售，以大幅度缩短新产品试用和批量采购的周期，通过新产品的业务增长来分担部分销售额增长目标。第四是设计产品的新卖点和新用途，覆盖一部分原来不是自身客户的用户群，填补原先忽略的空白市场，如图 1 –6 所示。

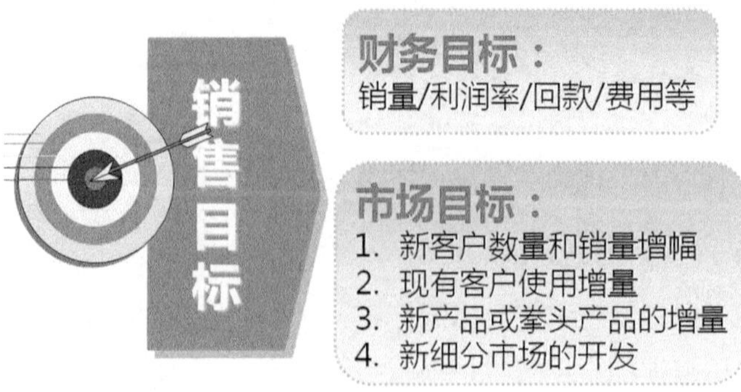

图 1 –6　销售目标的两大层面

回到区域总部后，在内部销售目标通气会上，果然张军制订的第二年销售量增长25%的财务目标遭到了不少人的抵抗和抵触。但当张军自信淡定、条理清晰地一一呈现出实现财务目标所配套的四大市场目标后，不仅反对者数量大大减少，而且现场大部分人对完成来年销售增量目标的信心大幅度提升。

销售管理者不仅要关注销售目标的两个层面，更要掌握目标设定的科学方法和目标分解的有效手段。销售目标尤其是财务目标的设定可以是自下而上的，也可以是自上而下的，更可以是上下结合的双向设定。

一、销售目标的双向设定

张军在北京和总部高层共同商讨和设定华北区第二年的销售额（量）目标，采用的是销售目标两大设定方法中的第一种，即销售趋势分析法。这种方法是站在公司全局或者销售区域全局的高度，以上一年的销售额或销售量为基础，以行业或者公司平均增长率为依据，并以四大变量导致的销售额增减为筹码，从而预测出第二年的财务目标。这四大变量如表1－4所示。

（1）公司内部变化：人员增加/奖励机制变化/新产品推出/价格政策变化/付款条件调整等。

（2）竞争对手变化：新竞争者/竞争对手新产品推出/竞争者价格攻势及新促销政策/竞争者其他变化。

（3）客户变化：现有客户需求增加/新客户数量增加/客户使用量的增加/其他来自客户的变化。

（4）市场变化：发现新空白市场/发现新的客户类型。

表1－4　　销售趋势分析法

上一年销售额（量）	平均销售增长率（%）	四大变量				最好的预测	最差的预测
		公司内部变化	竞争对手变化	客户变化	市场变化		

由此可见，目标设定趋势分析法的计算公式如下。

第二年销售额（量）目标＝上一年销售额（量）（1＋平均增长率）＋变量（1）－变量（2）＋变量（3）＋变量（4）

使用销售趋势分析法的好处在于，销售管理者能从全局角度来分析整个市场的未来走势，能建立目标分析全局观。更为重要的是销售趋势分析法能很好地把财务目标和市场目标结合在一起，使财务目标的制订能充分考虑公司内外的各种变化因素。

销售趋势分析法有两种运用方式，即“正推法”和“反推法”。“正推法”就是以上一年销售额（量）为基础，结合平均增长率和四大变量，从而推导出第二年的销售财务目标。“反推法”则是先确定第二年的销售财务目标，再根据上一年的销售额，去倒推实现新一年增量必须推动的变革，即在公司内部、竞争对手、客户、市场四个变量上可以采取怎样的变化，实施怎样的行动。以变量“公司内部变化”为例，为了实现第二年的增量，销售管理者就要倒过来考虑在公司内部需要推动怎样的变革，例如是否需要增加人员、是否需要推出新产品、是否需要调整价格、是否需要调整付款方式、是否需要推出更具吸引力的促销政策等。

通过销售趋势分析法制订了销售目标后，公司总部给张军一个月时间进行销售目标的修正和调整。张军也很希望得到更多来自市场一线的信息和反馈，特别是想了解现有的客户基础，不管是合作中客户还是潜在客户，是否能足够支撑这样的销售增量目标。

张军想起了大卫教过他的销售漏斗分析法，于是决定大胆采用销售漏斗分析法进行销售目标自下而上的预估和预测，而销售漏斗分析法正是销售目标设定两大方法中的第二个。

【案例】

张军让区域内所有的销售人员，用销售漏斗表把全部跟进中的潜在客户填写入内。这些潜在客户包括两类，一类是从未合作过的正在跟进中的新客户，另一类则是合作中但可以打进更多品种和使用量的现有客户。张军把这些潜在客户按照不同销售进度分为三类，即销售漏斗的三阶段，分别是销售前期、销售中期和销售后期。销售前期意味着客户对销售人员和产品还处于半生不熟的阶段，还在初步了解、判断和筛选。处于这个阶段的潜在客户到最后能顺利签约的比例相对较低，张军把处于销售前期的潜在客户最终能签约的比例设定为20%。销售中期意味着客户对销售人员和产品比较熟悉和了解，也建立了初步的信任，但还是存在不少顾虑和疑虑需要解决，还没有建立足够的信心。处于销售中期的潜在客户到最后能顺利签约的比例相对于销售初期提升了很多，张军将这一比例设定为40%。销售后期则意味着客户对产品的价值非常认可，建立了足够的信任，但由于价格、人情、内部关系等原因迟迟不能做最后决定，还在继续拖延。处于这个阶段的潜在客户到最后能顺利签约的比例比销售中期又提升了很多，张军将这一比例设定为75%。

于是每个业务员把全部跟进中的潜在客户按照销售前期、销售中期和销售后期分别填写进销售漏斗业务增量汇总表，同时每个区域主管负责严格的查对与复核。表1-5为某一销售人员填写完成的销售漏斗业务增量汇总表，在表中他汇总了销售漏斗不同阶段所有潜在客户的数量，以及这些潜在客户可实现的销售机会总额（签约后可获得的年度销售额贡献）。每个阶段所有潜在客户销售机会总额乘以签约成功率就是该阶段全部潜在客户销售贡献总额。例如销售前期有6个潜在客户，这6个潜在客户如果全部签约可产生年度总销售额为300万元，而300万元乘以20%的签约成功率就得出了销售前期全部潜在客户销售贡献总额为60万元。

表1-5　　销售漏斗业务增量汇总表

销售阶段	签约成功率	潜在客户数量	销售机会总额（万元）	销售贡献总额（万元）
销售前期	20%	6	300	60
销售中期	40%	3	250	100
销售后期	75%	4	320	240
总计		13	870	400

目标设定的漏斗分析法还需要适当考虑第二年可能由于现有客户流失或需求减少产生的销售额流失率，销售漏斗分析法的计算公式如下。

第二年销售目标＝上一年销售额（1－销售额流失率）＋来自销售漏斗销售贡献总额

张军很快拿到了通过销售漏斗分析得出的销售目标预测结果，他把这个结果和通过销售趋势分析得出的结果进行了对比，并且和总部进行再次的沟通和调整，终于得出了修正后的第二年销售财务目标。销售漏斗分析法不仅让销售目标的设定更加符合市场实情，而且更能调动销售人员的参与，更有利于销售目标的推行与落地。

不难发现，目标设定的销售趋势分析法是自上而下的，而销售漏斗分析法则是自下而上的，在目标设定中如果能结合销售趋势分析法和销售漏斗分析法，则能结合自下而上设定和自上而下设定的各自优点。这种双向式的销售目标设定，既能站在销售管理全局进行趋势分析和变量分析，又能更贴近市场实际情况和潜在客户基础。

二、销售目标的五轨分解

有不少销售管理者在新一年销售计划推进几个月后，对于销售目标的进展为何落后于预期、销售目标在哪些环节偏离了轨道、销售目标缺口该如何补救等，缺乏清晰的判断、精准的分析和足够的把控。追根溯源，问题的症结在于这些销售管理者没有对销售目标进行细致有效分解。销售目标之所以一定要进行分解，销售目标要分解到何等细致程度，取决于以下四大标准。

标准之一责任归属：销售目标的分解应能做到迅速定位和检查影响目标顺利推进的责任人和责任团队。究竟是哪个区域、哪个团队、哪个销售人员的表现影响了整体销售目标的推进，销售目标分解必须做到快速锁定责任人和确定责任归属。

标准之二便于分析：销售目标的分解应便于定期检查分析，一旦目标推进出现问题，销售管理者能快速诊断到底是哪些环节出了问题，到底是团队问题、产品问题、市场问题、时间问题还是其他问题。

标准之三制订计划：在检查分析的基础上，销售管理者可以针对性地制订更精细更精准的执行推进计划，销售目标分解越细致，所制订的计划越有针对性。

标准之四补救对策：倘若目标落后，离预期产生一定缺口，销售管理者可以根据目标的分解，设计切实有效的补救措施和能快速见效的应急政策。

依照上述四大目标分解标准，销售管理者可以采用销售目标五轨分解法，即按照时间、区域、产品、客户和销售人员五大轨道把目标层层分解，如图 1－7 所示。

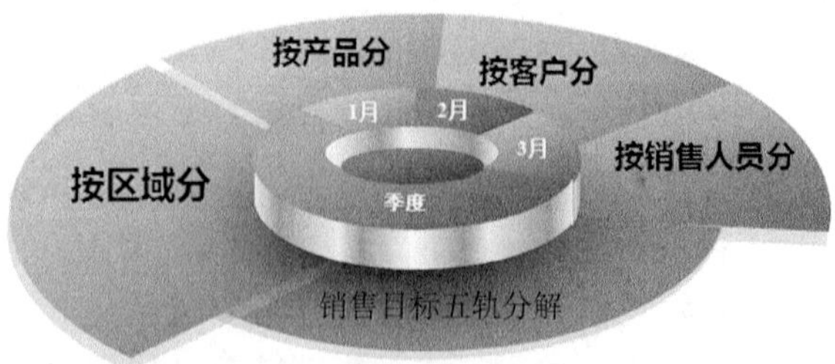

图 1－7 销售目标五轨分解

（1）按时间划分：把一年的销售目标分解到每个季度、每个月，便于检查进展和核查进度。

（2）按区域划分：把销售目标分解到各个下级区域，例如张军可以把华北区销售总目标分解到各个省级区域，再细分到各个城市区域。

（3）按产品划分：把销售目标分解到各个产品，例如张军可以把华北区销售总目标分解到其三个主打产品上，分别设定A产品销售额目标，B产品销售额目标以及C产品销售额目标。

（4）按客户划分：把销售目标分解到不同客户类别，例如可分解到老客户和新客户两个类别，也可以按照客户质量分解到关键客户、重要客户以及普通客户三个类别。

（5）按销售人员划分：把销售目标分解和落地到每个销售人员身上，让每个销售人员扛起销售责任，分担销售指标。

销售目标的分解，绝对不仅仅是任务的分配，更是确定调整计划和补救行动的基础和依据。目标进展在每个轨道上的定期诊断和分析，都能给销售管理者制订改进计划提供预警和思路，如表1－6所示。

表1－6　　销售目标五轨分解基础上的进度检查与对策分析

销售目标五轨分解	进度检查与对策分析
按时间划分	目标进展在时间进度上是否正常，是否需要实施短期的闪电战和攻坚战加速目标的推进
按销售人员划分	各销售人员在目标推进和执行中的总体状况如何？是否要进行销售团队规模调整或结构优化？对于目标执行落后的销售人员，是否需要进行突击技能培训与心态激励
按客户划分	销售目标分解到各类客户上的进度如何？新老客户在销售额贡献上的比重是否符合预期？新客户的开发与业绩贡献是否滞后？现有客户的需求深挖和交叉销售是否有突破
按产品划分	各产品的销售目标进展是否正常？主打产品的销售进展是否符合预期？新产品的推广是否遇到阻力？各产品销售额的占比是否偏离了计划？是否需要针对某个产品采取特别刺激政策和促销行动
按区域划分	各销售区域的目标进展是否正常，区域划分是否合理，落后区域如何扭转颓势？是否需要对区域进行再度细分，以实现精耕

根据大卫的建议，张军在确定并修正了第二年的销售财务目标后，接下来工作的重点转移到销售目标的分解，他把销售目标首先分解到了各个下属区域。紧接着，他要求每个下属区域的经理，把区域销售额目标分别分解到各类主要产品（产品轨道）、老客户和新客户（客户轨道）、各个销售人员（人员轨道）和各个季度（时间轨道）。表1－7是他的下属区域经理林锋填写的目标分解清单。

表 1－7　　　　销售区域经理目标分解清单

<table>
<tr><td>责任人姓名</td><td colspan="2"></td><td>责任人职位</td><td></td></tr>
<tr><td>目标责任时间</td><td colspan="2"></td><td>主管经理</td><td></td></tr>
<tr><td colspan="5">财务指标部分</td></tr>
<tr><td>销售区域描述</td><td colspan="4"></td></tr>
<tr><td>项目</td><td colspan="4">各指标分解</td></tr>
<tr><td rowspan="2">各产品销售额分解</td><td>产品 A</td><td>产品 B</td><td>产品 C</td><td>产品 D</td></tr>
<tr><td></td><td></td><td></td><td></td></tr>
<tr><td rowspan="2">新老客户销售额分解</td><td>新客户数量</td><td>新客户销售额</td><td>已有客户销售额增量</td><td>已有客户销售额总量</td></tr>
<tr><td></td><td></td><td></td><td></td></tr>
<tr><td rowspan="2">销售员销售额分解</td><td>销售员 A</td><td>销售员 B</td><td>销售员 C</td><td>销售员 D</td></tr>
<tr><td></td><td></td><td></td><td></td></tr>
<tr><td rowspan="2">时间进度销售额分解</td><td>第一季度</td><td>第二季度</td><td>第三季度</td><td>第四季度</td></tr>
<tr><td></td><td></td><td></td><td></td></tr>
<tr><td>销售费用控制</td><td colspan="4"></td></tr>
</table>

第三节　销售目标的辅导与落地

【案例】

在一周的忙碌之后，张军终于完成了销售目标的五轨分解，他长舒了一口气，约大卫一起喝茶。闲聊之后，大卫询问目标进展如何，张军自豪地说已经全部完成。

大卫问清现状后笑了笑说："看来你还有很多工作要做啊。"看到张军满脸诧异，大卫认真地说："分解目标不代表销售人员真正发自内心地接受目标，不代表销售人员会由内而外地对目标进行承诺，不代表你的目标能落地和执行，因此接下来一个重要的阶段就是向团队成员'销售'你的销售目标，即目标的辅导和落地。"

张军赶忙问："那如何销售我的销售目标呢?"大卫喝了口茶说道："销售目标辅导与落地必须做到三化，即神圣化、行动化和可视化。"（见图1－8）

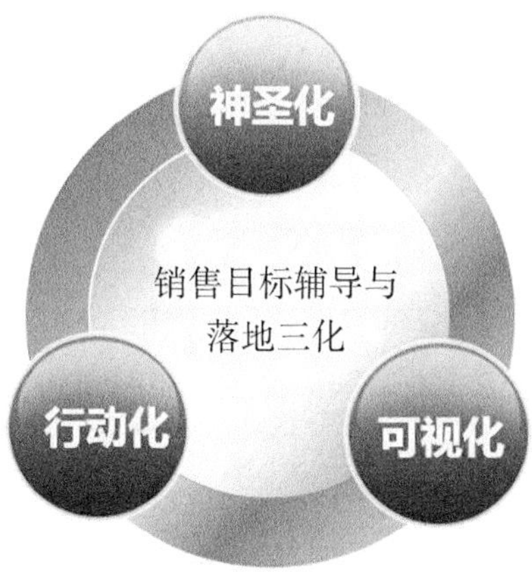

图1－8　销售目标辅导与落地三化

一、销售目标的神圣化

很多销售人员甚至销售经理，把销售目标当儿戏，朝令夕改，没有目标意识和责任意识，导致目标的设定被虚化和架空，没有任何激励和监控效果。销售管理者一定要向销售人员灌输达到目标的责任意识和必胜信心，让销售人员把目标放在心中一个崇高的位置，真正做到“不管再难再苦也尽一切办法去完成”。销售目标的设定有句名言：把目标刻在岩石上，把计划写在沙滩上。这句话的意思就是计划可以改变，方法可以改变，策略可以改变，但销售目标一旦确定，就要坚守，不到最后一刻，绝不放弃。销售管理者可以通过表 1 －8 中的三个度来实现目标的神圣化，来帮助销售人员把目标“刻在石头上”。

表 1 －8　　目标神圣化的三个度

目标神圣化的三个度	具体做法
销售目标的价值度	把销售目标和团队发展的美好愿景挂钩，让销售人员意识到自身目标的完成和团队伟大使命的密切关系 把销售目标和团队某个竞争性荣誉挂钩，让销售人员为团队荣誉而奋战 灌输目标意识，强化目标的重要性，强调目标对销售人员个人成长的意义
销售目标的责任度	签订目标责任状或者“军令状”，在“军令状”上签名，列明达到目标的奖励和完不成的惩罚 召开目标宣誓大会，营造庄严气氛，每个销售人员上台发言宣誓
销售目标的自信度	分析目标完成的可行性，强调目标的合理性，灌输目标的正确性 对销售人员进行潜能激发培训和信心灌输，激发其由内而外的自信和动力 发动“标杆销售人员”，对没有自信的销售人员进行榜样示范和行动鼓舞

二、销售目标的可视化

销售目标制订后，若让人看不见摸不着，对销售人员的激励和督促作用将大大减小。很多销售人员宁愿把目标锁进“抽屉”里，无人看到无人知道，这样就会形成“鸵鸟效应”，即自己做得如何无所谓，只要没有人知道就行。有效的销售目标必须做到可视化，让销售人员每天、每周、每月都能将业绩进展和自己的目标对照，并且和其他同事的目标进展对照，有四大方法可以帮助销售管理者提升销售目标的可视化，如表 1 －9 所示。

表 1－9　　目标可视化的四大方法

目标可视化的四大方法	具体做法
销售目标的视觉呈现	在会议室建立目标荣誉墙，发布每个销售人员一年的目标承诺和阶段完成率，让每次会议都能产生视觉冲击和紧迫感 把销售目标列进可视化的常用媒介，例如台历，记事本，内刊等，销售人员人手一份 把销售目标做进销售团队的内部资源网，任何人打开网页就会看到目标进度页面
销售目标的可视奖励	让销售人员把完成销售目标所挂钩的人生目标和奖励可视化，例如车子、房子、休闲度假、豪华婚礼等，越是和人生可视梦想结合，销售目标的直观性和刺激效果越强
销售目标的专人监督	让销售人员找一位同事作为目标监督人，每月进行月底监督，如果完不成，监督人就实施一次约定的惩罚
销售目标的定期宣布	通过电子邮件、微信或内刊等形式把各销售人员业绩进展情况和目标完成率统计表发送给每个团队成员，让销售人员每周和每月进行横向和纵向对比 每月例会举行全体成员的目标进度自我总结汇报，并结合目标完成情况进行现场奖惩

三、销售目标的行动化

【案例】

张军手下有个片区经理叫张三峰，他为下属制订了新一年的年度销售目标，并按产品和时间两大轨道进行了分解。当他把分解的目标发给销售人员李莫愁时，她顿时面露难色地说："张经理，这个指标可能高了吧？我对完成没有太多信心，没有方向啊。"

相信很多销售经理都会在目标分解时遇到类似挑战，即销售人员对如何完成目标没有方向和信心。不少销售经理往往单纯依赖于销售人员士气激励和鼓舞，然而类似李莫愁这样的销售人员，真正缺乏的并非信心，而是如何把目标落实到行动的思路和方法。因此，对张三峰而言当务之急就是把销售目标行动化，即帮助李莫愁把销售目标分解成具体的行动。只要有了具体的可支撑目标的销售行动，李莫愁就能确立达到目标的信心、思路和计划。

针对李莫愁的销售目标，张三峰制订了 5 个方面的行动计划（见图 1－9）。第一，过去一年李莫愁在老客户深挖和多品种销售方面一直进展缓慢，因此张三峰要求李莫愁实施针对老客户的交叉销售和深挖策略，提升现有客户的销售额。第二，他建议李莫愁进行客户分类，根据客户价值调整拜访频率和攻关方向，减少无效客户拜访，增加高质量客户的深度拜访。第三，针对过去一年李莫愁开发新客户数量太少的事实，张三峰要求李莫愁增加新客户的开发，并设计了新客户开发的特殊策略。第四，对于长期处于销售僵局的钉子户型客户，张三峰为李莫愁设计了新的营销政策和组合攻关策略。第五，张三峰会配合李莫愁改变单一拜访的销售模式，多组织客户会议和客户联谊活动，实施多层次客户开发。

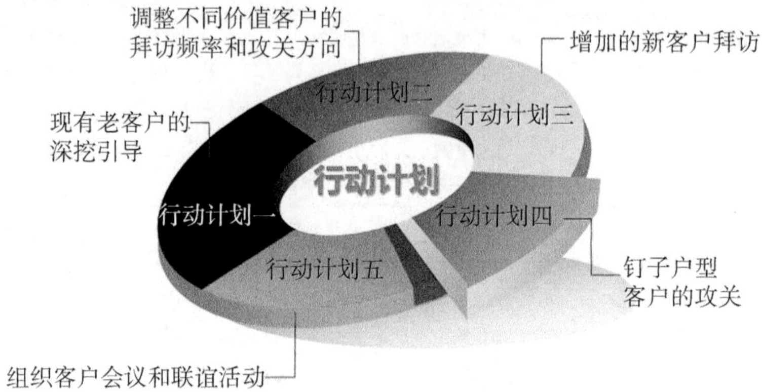

图 1-9　销售目标的行动计划

李莫愁听了张三峰的行动建议，顿时信心大增，当场表示她有了必胜的信心和希望。

销售经理在向下分解销售指标时，需要帮助销售人员把销售目标行动化，即设计达到目标可采取的销售行动。一旦销售目标变成具体的销售行动，那销售人员的关注重点将从目标是否能完成转移到目标如何能完成，这对销售指标的落地和执行至关重要。

第四节　销售目标推进三大管理行为

销售管理者不仅要善于分解和分派销售目标，还要有效地进行销售目标的落地辅导，更要精于销售目标在执行过程中的跟进与纠偏。

诚然，当销售人员在目标任务的执行过程中产生偏差、达不到预期或者陷入困境时，必要的监管和督促一定是销售管理中不可或缺的行为，但仅仅靠刚性的“监督”是远远不够的。

针对销售人员在目标任务执行过程中存在的各种问题，销售管理者采用的行为一定不是单一的，而是多元的。多个销售管理行为的组合使用，才能恰如灵丹妙药般有效治疗目标偏差症状背后的真正疾病。

一、销售目标推进三大管理行为

销售管理者针对目标任务推进过程中存在的“偏轨现象”，可以应用的管理行为总共可分为三个，即管控纠正行为、支持协作行为以及人情关系行为，如图1－10所示。

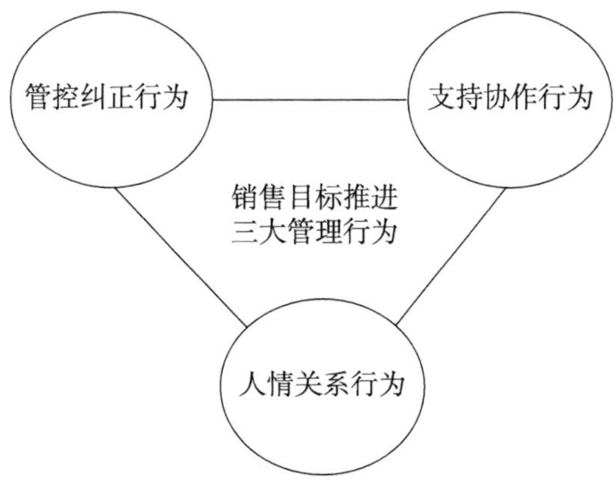

图1－10　销售目标推进三大管理行为

1. 管控纠正行为

销售管理者针对销售人员在目标推进和任务执行过程中存在的不足、

问题、偏差和缺陷，实施及时的干预、纠正、告诫、督促、批评、警告甚至惩罚，这就是典型的管控纠正行为。

管控纠正行为是一种自上而下的“刚性管理”，其目的是快速介入、迅速纠正、聚焦问题以及强化改善。

管控纠正行为的优点是效率高、速度快、目的性强、突出问题，能引发销售人员高度重视，而其缺点则是压迫性强、柔性不足、易导致冲突，可能引发销售人员的情绪性对抗。

2. 支持协作行为

所谓支持协作行为，就是销售管理者为了帮助销售人员更好地完成任务和达成目标，提供对方特别需要的政策、资源、协访、指导、配合等各方面的支持与协作。

和管控纠正行为相反，支持协作行为是一种自下而上的“弹性管理”，其目的是为销售人员提供及时有效的“后援协作”，销售管理者扮演的是助攻的角色。

支持协作行为的优点是对一线销售团队的需求了解精准，帮助及时，配合到位，但其缺点是过多的“给予”会让业务人员产生太强的依赖和过高的期望，反而可能导致“主劳臣逸”。

3. 人情关系行为

销售管理者针对业务团队的人情关系行为，就是和销售人员之间建立良好的个人交往，建立更强的人情纽带，破除相互之间的隔阂、猜疑、不满和对抗，营造其乐融融的合作氛围，拉近双方之间的心理距离，让销售管理者更得“民心”。

人情关系行为是一种建立在私人关系基础上的“柔性管理”，其优点是利用销售管理者和销售人员之间浓重的人情关系来赢得销售团队对目标与任务的全力冲刺，但缺点是过多的私人情感可能会对销售管理的规范化和制度化带来负面影响。

管控纠正行为、支持协作行为和人情关系行为三者各有优劣，贵在搭配组合。而三种行为应怎样“配比”组合，则需要“因人而异”，管理不同绩效类型的销售人员需要三大行为不同的“配比”组合。

二、四大绩效类型销售人员

销售人员的绩效类型，可以用两个重要的维度进行区分，一个是绩效成熟度，另一个是意愿配合度。

所谓绩效成熟度是指销售人员在技能、经验、资源、方法等方面具备独立完成所交付销售任务的可能性。绩效成熟度高，表明销售人员独立完成任务达成目标的能力强。绩效成熟度低，则意味着销售人员由于自身在各方面存在的缺陷与不足，独立完成目标与任务的难度大，所需销售管理者提供的支持和配合多。

所谓意愿配合度，则是指销售人员对于销售管理者发出的各种指令与要求的配合、服从和遵守程度。意愿配合度越高，则意味着销售人员越“听话”，对于销售管理者日常要求指示和规范的遵从程度越高。意愿配合度越低，则意味着销售人员越“抵触”，越“不服管”。

根据绩效成熟度和意愿配合度两大维度，销售管理者可以把销售人员分成四个类型，分别是“高成熟高配合”“高成熟低配合”“低成熟高配合”和“低成熟低配合”，如图 1 – 11 所示。

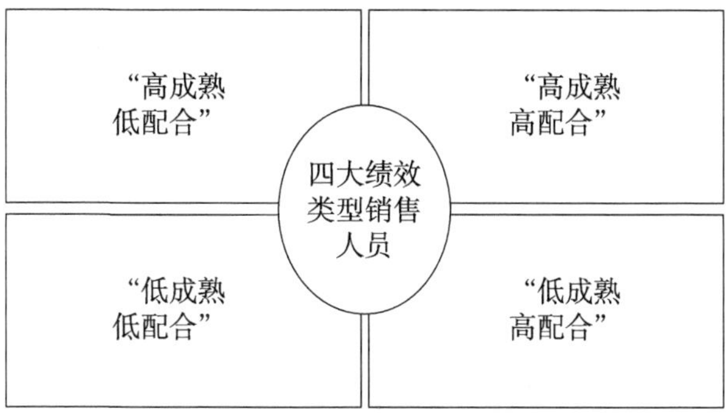

图 1 – 11　四大绩效类型销售人员

三、基于销售人员绩效类型的销售管理行为组合

针对四种不同绩效类型的销售人员，销售管理者应组合性地搭配使用管控纠正行为、支持协作行为和人情关系行为。

更为重要的是，针对不同绩效类型的销售人员，三种管理行为的配比应该各有侧重，以使目标任务推进中的销售管理更加精准，更“因人而异”。

“高成熟高配合”型销售人员独立完成任务能力强，执行偏差和问题少，所需要的支持事项不多，而且对销售管理者的日常要求非常配合。因此管理此类销售人员时，管控纠正行为和支持协作行为的配比不需要很高，只需要用人情关系行为维护好人际关系和人情纽带即可。

“高成熟低配合”型销售人员独立完成任务能力强，需要的配合和支持较少，但是对销售管理者的日常要求和指令非常抗拒和抵触，经常有“自以为是”的不良行为产生。因此对此类销售人员销售管理者既要加强人情关系行为拉近双方关系，消除隔阂和抵触，也要强化管控纠正行为及时纠正纠偏，而支持协作行为的配比则不需要太高。

“低成熟高配合”型销售人员独立完成任务能力弱，所需帮助和支持较多，但是配合度和意愿度很高。因此销售管理者需要加强支持协作行为帮助其成长，协助其完成任务，提升信心；同时，销售管理者也要强化管控纠正行为不断修正其不足和错误，让其快速改变提升。但是，管理“低成熟高配合”型销售人员，人情关系行为的配比不需要太高，以免其产生过度的依赖。

“低成熟低配合”型销售人员独立完成任务能力弱，所需配合和支持较多，并且对销售管理者的日常要求非常抗拒和抵触，工作经常出现问题和漏洞。因此销售管理者需要三管齐下，既要加强支持协作行为帮助其成长，协助其完成任务，提升信心；也要强化管控纠正行为不断修正其不足和错误，让其快速改变提升；同时，还要强化人情关系行为破除隔阂，消除抗拒，拉近关系。

第二章

销售管理的对内协作和对外布局

导言　销售管理者的内外大局观

销售管理者往往把自己仅仅定位成“带队伍”的角色，即通过自上而下的激励、监督、辅导和指挥驱动所管辖的销售人员南征北战，攻城拔寨。

诚然，通过“向下管理”驱动销售团队开拓市场与开发客户的确是销售管理者最为重要的职能，但销售人员的业绩表现同样取决于销售管理者是否提供了良好的协作后援平台和合理的市场及客户布局。对销售管理者而言，除了“向下管理”之外，也需要承担对内对外两大“横向管理”，其一是对内建立有力支援销售一线作战的协作后援机制；其二是对外建立能有效引导销售人员努力方向的合理客户布局，如图 2－1 所示。

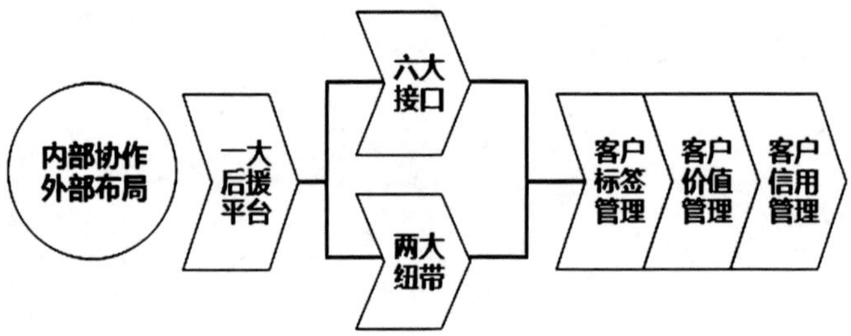

图 2－1　内部协作，外部布局

一、对内协作

销售管理者建立内部协作后援机制具体体现在三个方面，这三个方面可以用六、二、一三个数字来分别概述，即六大接口，两大纽带及一大后援平台。

1. 跨部门协作的六大接口

有位销售老总在一次全国性销售管理论坛上发表的观点获得场下阵阵掌声，他的观点如同一副对联：销售部不是全公司，全公司都是销售部。这位老总的话外之音就是销售团队是企业销售业绩的创造者和承担者，但反过来销售业绩的创造和实现并非仅仅依赖销售部门，更需要依靠其他部门对销售部门的协助和对一线销售的支持。对于销售管理者而言，必须帮助销售团队打造与内部其他部门无缝衔接的六大接口，即生产接口、物流接口、财务接口、市场接口、客服接口及人事接口。

2. 纵向衔接两大纽带

为确保政令通畅和执行到位，销售管理者与一线销售人员之间的衔接协作，不能仅仅依赖于“就事论事”的个人关系式沟通，而需要建立上下通畅的正式衔接协作纽带。销售管理者必须打造的第一个上下衔接纽带就是清晰明确可执行的销售政策，因为这是销售人员有效执行的必要基础。销售管理者必须打造的第二个上下衔接纽带就是正式有效畅通的沟通管道，因为这是销售团队上下之间建立工作默契的基本保障。

3. 后援支持一大平台

销售人员在市场第一线的个人努力，仅仅是销售管理者赢得整个销售战役的手段和途径之一而已。销售管理者需要为一线销售人员打造一个后援支持平台，这一平台将调动多种攻关手段，整合各项资源，设计组合策略，以在需要的时候介入销售流程，协助销售人员攻坚克难，扫平障碍。

二、对外布局

销售管理者规划合理的客户布局，不仅有利于销售人员时间和资源分配最优化以及优质客户价值最大化，更有利于整个销售团队集中优势占据最具潜力的细分市场。在客户布局和客户分类管理方面，销售管理者需要帮助销售人员把握以下三个“抓手”。

1. 客户标签管理

销售管理者将最需要销售人员关注和留心的三种客户贴上标签进行针对性管理，这三种需要贴上标签的客户分别是能影响和带动周边客户起到榜样示范作用的标杆客户，销售进程陷入僵局一时难以突破的钉子客户，以及存在流失危险和合作量萎缩可能的危险客户。

2. 客户价值管理

根据现有业绩贡献和未来业绩增长潜力两个坐标轴，把销售区域内的客户根据价值评估分成四类，针对不同价值类型客户采用不同的销售战略和策略。对于低现有价值—低潜力价值型客户采取维持策略，对于低现有价值—高潜力价值型客户采取深挖策略，对于高现有价值—低潜力价值型客户采取稳定策略，而对于高现有价值—高潜力价值型客户则采取发展策略。

3. 客户信用管理

为提前应对来自客户的信用危机，更有效地进行应收款管理，销售管理者需要对客户进行信用分级，一般可分为 ABC 三个信用等级。销售管理者为不同信用等级的客户匹配不同的信用额度和信用期限，并阶段性地进行信用额度的上浮或下调。同时，销售管理者需要为团队建立标准化的信用危机处理流程和催款步骤，以便销售人员统一执行和遵守。

第一节　销售区域管理内部协作六大接口

销售管理者作为全国或区域市场业绩目标的直接责任人，不仅要善于向下管理团队，更需要对如何与公司内部其他部门与岗位横向协作谙熟于胸。销售管理者必须明白最终实现的销售结果和业绩表现，本质上取决于公司各个关键部门协同一致产生的综合竞争力，而销售团队则是传递和彰显这种协作竞争力的主要通道和窗口。

销售管理者卓越的内部协作能力能帮助销售人员在开拓客户和维护客户时提高自信和扫除后顾之忧。反之，一旦内部相关部门的协作不能满足市场需求和客户要求，销售人员的自信将受到极大打击。销售管理中的横向内部协作具体体现在销售人员能否和六个职能部门关键岗位之间建立默契配合，简而言之，销售管理者需要在销售人员和相关协作部门之间打造六大润滑接口，这六大接口分别是生产接口、物流接口、财务接口、市场接口、客服接口以及人事接口，如图 2 - 2、表 2 - 1 所示。

图 2 - 2　销售区域内部协作六大接口

表 2 - 1　销售区域内部协作六大接口

内部协作六大接口	具体说明
生产接口（品质承诺）	销售的成功和客户的信任取决于销售人员对于品质的承诺和兑现，这离不开销售人员和生产部门（研发、制造、技术）的沟通和衔接，对于非标准化的产品和个性化的服务尤其如此

续 表

内部协作六大接口	具体说明
物流接口（交期承诺）	订单流转的快速性和产品配送的及时性也是销售人员希望呈现的竞争力之一，这既取决于生产进度，更取决于公司物流配送系统的效率和经验。稳定的物流配送是确保销售人员能对客户进行交期承诺的保障
财务接口（回款承诺）	财务部门在资料、证明、证据、政策、规范等方面的支持和帮助，是销售人员向客户催讨款项获得对方承诺的重要后援和保障
市场接口（宣传承诺）	公司市场部往往负责企业对外的宣传和推广，而市场部门的宣传口径往往变成客户对一线销售人员提出的要求，因此销售人员需要和市场部加深协作和互信。一方面市场部可以根据销售团队的实战反馈确定更贴合市场实际的宣传内容，另一方面销售团队可以利用市场部的宣传推广更好地开发与维护客户
客服接口（服务承诺）	公司的客服部门，尤其是售后维修和维护部门，对于销售人员维护客户关系和维持客户满意至关重要。客服团队若能配合到位，对客户的服务需求快速反应和高效处理，则销售人员能通过向客户兑现服务承诺换取信任
人事接口（表现承诺）	公司人事部门对销售人员的行为操守制定了规范和守则，销售人员遵守这些规范和守则，对外则在客户心目中建立了良好的印象，展现了公司和团队希望对外传达的整体形象。而人事部门提供的针对性培训，也能提升销售人员在客户面前的表现

一、生产接口（品质承诺）

销售管理者帮助销售团队成员与生产部门（研发、设计、制造等）相关岗位之间建立有效衔接和合作关系，生产接口的重要性在于这是销售人员敢于向客户进行品质承诺的保障和基础。生产接口的打造依赖于销售管理者对以下三项关键任务的重视和推动：

（1）销售人员熟悉产品（服务）的品质、工艺、技术特点、使用方法、使用注意事项等，以便更好地把握对客户承诺的尺度和分寸。销售管理者定期在季度或月度会议上邀请生产部门主管或者技术专家为销售人员提供产品知识和技术专业方面的培训、指导和交流。

（2）倘若客户对产品（服务）品质有个性化、定制化需求，销售管理者应建立项目型销售机制，让生产部相关人员提前介入和参与客户沟通及谈判，而销售人员也需要对研发及生产的进度和效果进行深度跟进和高频率反馈。

（3）销售人员定期收集来自客户对于产品改进和品质改善的需求和建

议，通过销售管理者汇总传达给生产部门，以便生产部门能更好地为销售人员满足客户需求提供支持。同时，销售管理者要在销售团队与生产部中的协作关键岗位之间提升个人互信和情感交流，定期举办正式及非正式联谊活动。

二、物流接口（交期承诺）

订单流转的快速性和产品配送的及时性也是销售人员希望呈现的竞争力之一，这既取决于生产进度，更取决于公司物流配送系统的效率和经验。稳定的物流配送是确保销售人员能对客户进行交期承诺的基础。

（1）销售人员需要熟悉物流部门的运作流程和周期，熟悉公司产品的固定交货期、影响交货期的因素和可能原因，并提前告知或提醒客户。

（2）当客户有特殊的交期需求，需要提前交货或者交货期发生变更时，销售人员需要提前告知物流部门，并和物流部门之间建立高效的应急处理流程和稳定的默契配合。

（3）当发生交货拖延或交期不能兑现等情况时，销售人员除了和客户进行沟通协调以及和生产部门进行衔接之外，更需要获得物流部门的补救措施和承诺，以便更主动地应对客户的不满和投诉。

三、财务接口（回款承诺）

销售人员在向客户做出承诺时必须遵守公司的财务政策和制度，更重要的是销售人员在向客户催讨款项时也离不开财务部门的有效支持和配合。

（1）销售人员在向重点客户催讨货款之前，一定要准备必要的财务资料，例如合同及合同复印件、签署的相关技术协议和变更的确定单、对账单、发票等，以及公司的付款政策、客户信用额度、付款期限等书面文件，这些资料的准备都需要财务部门的配合。

（2）销售人员在财务政策、财务规范、费用控制、客户信用、收款催账等方面的专业知识和基本意识普遍不足。销售管理者可定期邀请财务部同事为销售团队提供财务知识培训和指导，用规范的财务知识和专业的财务意识武装销售人员，以便更好地进行应收款风险的预防以及应收款催讨的实施。

（3）销售人员可以利用财务部门提供的其他客户付款凭证、财务部门提供的客户信用额度评分、财务部门出具的催款通知等有效工具更方便地向客户催讨款项。

四、市场接口（宣传承诺）

市场部门所设计与执行的营销推广活动，对销售团队而言是把双刃剑。具有吸引力的宣传推广和营销活动能帮助销售人员更好地吸引客户和开拓市场，但具有诱惑性的宣传反过来让客户对销售人员提出了更高的商务要求与服务期望。

（1）销售人员需要定期把市场动态和客户期望整理反馈给市场部门，以便市场部门策划的营销推广计划和活动能更贴合真实的市场状况。

（2）销售管理者定期邀请市场部同事参与销售例会，和销售人员交流市场信息以及研讨营销方案，同时销售人员把市场推广活动的真实效果和执行情况反馈给市场部。

（3）销售人员除了掌握销售技巧之外，也需要向市场部学习与借鉴更全面的营销知识，学习市场调研、市场分析、营销推广、产品宣传等市场部的职能和技能，以便更具全局性地管理区域市场，用“营销”的意识和手段提升销售人员的大局观。

五、客服接口（服务承诺）

客服部门很可能是销售人员接触和互动频率最高的内部衔接协作对象。一旦销售人员通过努力与客户建立了逐步深入的合作关系，那接下来服务的效率、速度、质量和守信程度直接影响未来合作的长度和深度。

（1）很多客户愿意把销售人员当成主要沟通窗口甚至唯一衔接窗口，因此一旦确认合作后，销售人员绝对不能把后续的服务需求和服务问题“甩手”给客服部门，而是要全程跟踪和有效引导服务部门的工作。

（2）销售人员要把客户的服务需求及时快速完整地反馈给客服团队，在必要时让客服团队及早介入和客户的沟通，在很多情况下服务质量达不到客户期望的原因之一在于销售人员对服务信息的传递产生滞后和偏差。

（3）销售人员在和客户沟通时必须学会有效界定客户的服务期望，不能仅仅为拿订单而做出过度服务承诺或没有把握的服务承诺。销售人员对客户的过度承诺往往会引发他们与客户服务部门之间的矛盾冲突和协作障碍。

六、人事接口（表现承诺）

销售人员特别需要尊重来自人事部门的行为守则、绩效考核和培训辅导支持，并把这些要求和支持转化成自己在客户面前的行为表现，以使自身的行为表现符合公司和团队整体的对外形象。

(1) 销售人员需要遵守公司对销售人员最基本的行为守则，因为这些守则体现了公司对外彰显的人员素养和团队形象。

(2) 销售人员需要把自己现有的能力和客户的期望进行对比，发现差距和不足，以便更好地向人事部门反馈培训需求，让人事部门提供的培训更具针对性和实用性。

(3) 倘若客户提出一些会令销售人员违背职业操守的不合理要求，销售人员可以用公司的人事政策、员工奖惩标准和考评制度作为“挡箭牌”，合情合理地获得对方的谅解。

第二节　销售管理纵向衔接两大纽带

如果把六大接口定义为销售团队成员和公司内部其他部门之间的横向协作，那销售管理者与销售人员上下之间也需要就协同作战建立正式的纵向衔接纽带。不论行业如何千差万别，不管销售模式如何各具特色，销售管理者为了提升上下之间的高度协作，必须建立和发展两大核心纽带，如图2－3所示。

图2－3　销售管理纵向衔接两大纽带

首先，销售人员针对客户采用的策略、采取的手段、做出的承诺，必须以销售管理者制定的“销售政策”为依据。“销售政策”明确约定了销售人员在价格、付款、质保、服务等各个方面可以向客户作出承诺的范围和边界。它既反映了销售管理者的战术设计能力和战术调整能力，同时也为销售人员和客户之间的沟通与谈判提供了依据和规范。“销售政策”作为一根至关重要的纽带维系了销售管理者的决策和销售人员的执行。

其次，虽然不少销售管理者以个人关系和私交作为凝聚团队的纽带，但销售团队管理必须塑造正式的沟通管道。情报收集、问题分析、对策制定、进度控制、信任培养等职能需要正式沟通管道得以保障和实现。在销售团队管理中，销售报表和销售例会作为两大沟通主管道将起到其他沟通方式无法替代的作用，必须塑造成功。

一、销售政策

【案例】

林峰从EFG公司的销售人员做起，短短三年荣升区域销售总监。林峰在从事销售一线工作的两年里，个人攻关能力很强，而且对不同客户总能因人而异地进行攻关突破和提供个性化的承诺。公司全国销售总监万军夸他是“见人说人话，见鬼说鬼话”的聪明人。

担任区域销售总监后，林峰经常到各地去巡查，协助销售人员进行客户攻坚，并且在自己的权限范围内，给予部分客户在价格、付款、增值服务等方面前所未有的特殊待遇。虽然客户开拓有所突破，但问题也随之而来。

有些老客户开始抱怨自己得到的政策支持不如新客户多，而且拿出了真凭实据，这让林峰很尴尬。而销售人员也在埋怨林峰在政策上厚此薄彼，于是纷纷来要政策要支持，都希望给自己的客户多争取。

林峰团队内部逐渐形成了这样一个共识，公司对外的销售政策形同虚设，如果要做好客户必须亲自找林峰来申述和讨要政策支持。

半年后，区域内来自客户的抱怨和不满不断蔓延，而销售团队内部的不信任甚至钩心斗角也愈演愈烈，作为老好人的林峰则到处灭火，疲于奔命。

由于林峰给予客户的政策和承诺严重损害了公司的声誉和利益，他被调离岗位，由来自总部的李瑞接替。李瑞深知林峰的前车之鉴，于是上任之后马上对价格、付款、服务、质保等方面制定了统一的标准，并表态任何人都不能逾越，否则立刻处罚。

李瑞在上任后一年中强力塑造政策的统一性和规范性，原先的问题果然减少了很多。但是在这一年内市场环境起了很大的变化，竞争对手由于国产化而在价格策略上进行了大幅度调整，更具攻击力。而且竞争对手提供了更灵活的付款方式和信用政策，对李瑞的老客户极具吸引力和诱惑力。

销售人员深感来自市场的压力和客户流失的痛苦，于是纷纷向李瑞献言，建议其向总部申请制定针对性的销售政策，以挽救局面。而一直以林峰之败为鉴的李瑞，则考虑到重蹈覆辙的危险，还是坚持保持现有政策不变。虽然他从销售人员激励、销售人员奖惩等方面做了不少努力，但因为销售政策的各项指标均落后于对手，导致短短半年内市场份额下降了25%。

在宣布李瑞被调离岗位的内部会议上，公司销售总监万军感叹道：真是成也销售政策，败也销售政策。

林峰和李瑞的经历与教训让我们领略到“销售政策”对于团队管理的重要性，有不少擅长单兵作战的销售管理者却在“销售政策”制定和推行上栽了跟头。

销售政策是销售人员在客户沟通、客户吸引和客户谈判中可以承诺并必须遵守的核心条款，具体包含价格条款、质保条款、售后条款和财务条款四大内核，如表2-2所示。

表2-2　　销售政策四大内核

销售政策	举例
价格条款	市场最低价，团购价格，渠道价格，折扣政策，批量销售价格，年度合作价等
质保条款	质保承诺，质保项目，风险承诺，赔偿政策等
售后条款	维修承诺，交货政策，技术支持，信息咨询，售后服务项目等
财务条款	结算方式，付款政策，信用额度，信用担保等

销售政策的制定取决于公司整体的营销策略和营销计划，也取决于销售管理者本人对所辖区域市场形势的分析和竞争对手的研究。销售政策一旦确定，就必须具有短期的稳定性和延续性，绝对不能朝令夕改，否则对内失去威信，对外失去信用。销售政策一旦确认，还需要确保公平和统一，一旦被销售人员和客户知晓政策厚此薄彼，则政策顿时失去威严。销售政策也需要定期进行阶段性调整，以确保适应市场的变化和竞争对手的动态。

总体而言，能起到维系销售管理者与销售人员上下之间纽带作用的销售政策，必须符合表2-3中的五大条件。

表2-3　　销售政策作为纽带的五大条件

五大条件	具体描述
稳定性	销售政策不能朝令夕改，需要在一定时间内保持稳定和延续，以在客户和销售人员心目中建立信任感和安全感
适应性	销售政策必须敏锐反映出市场变化和竞争对手行动，滞后的销售政策会导致对手的攻击和应变的迟缓。若市场和对手有重大的变化，销售政策必须进行适应性调整
针对性	销售政策也可以根据市场产生的新机会和竞争对手的新漏洞，或根据短期内销售目标的冲刺，从而采取极具针对性的主动调整
差别性	销售政策也需要根据不同质量的市场区域，不同类型的客户进行差别化设计，但这种差别化必须经过整体规划上升到政策层面，而不能靠销售人员和管理者的口头沟通，只有这样销售团队全体成员才能有相对统一的执行标准和依据
双向性	销售政策是自上而下的要求和规范，但销售人员收集的来自市场一线的信息、情报和建议也将不断为销售政策的调整提供自下而上的补充。这种补充不是朝令夕改，而是经过深思熟虑集思广益的阶段性调整

在上述案例中，林峰在销售政策上犯的最大错误是朝令夕改，破坏了政策的稳定性，而李瑞的问题则在于其销售政策缺乏根据市场的变化顺势而变的适应性。

二、沟通管道

【案例】

安迪是一家大型监控设备公司的销售总监，手下有位叫杰瑞的销售员，在公司任职已经超过两年了。杰瑞给安迪的印象是勤奋、热情、口才很好，工作独立性强。用同事们的话来讲，杰瑞很有“忽悠”能力。他一个行业的门外汉，通过自我学习逐渐在公司站稳脚跟。

杰瑞的销售及沟通技巧在团队中算是比较出色的，虽然他是半路出家进入这个行业，但安迪对他跟进客户的个人能力比较放心，并已经很少介入他的客户跟进流程了。每次当安迪问他：“杰瑞，有什么需要和我沟通的吗？”杰瑞总是很自豪地说：“暂时没有，您看好吧！”

只是从今年年初开始，当其他销售人员的业绩都在大幅度增长时，杰瑞的业绩似乎只是稍有提升，没有太大的突破。但是从个人表现上看，杰瑞努力地约见客户，勤奋地外出拜访，而且该填写的工作报表以及工作计划都非常认真。安迪也多次给杰瑞打电话了解情况，杰瑞信誓旦旦地说：“您放心，我一定加倍努力。”

因为公司今年期望安迪的团队业绩增长150%，而杰瑞则是销售团队业绩增长中重要的一员。如果他继续这样的表现，肯定会对团队完成公司期望的目标带来很大的难度。而且安迪也觉得，按照杰瑞的个人能力和工作努力，他理应比现在做得更好。为了了解杰瑞的情况，安迪认真查阅了杰瑞提交的最近两个月的《周工作计划》表，无意中关注了有家叫荣威集团的客户最近的拜访计划（见表2－4）。

安迪发现自7月15日至今已经好几个月了，在杰瑞的销售周计划中再无荣威集团的拜访记录。安迪之前和杰瑞的沟通主要是非正式的聊天或者电话沟通。而且安迪对于勤奋努力并且很要面子的杰瑞，总是主张点到为止，不愿干涉太多。对于之前提交的工作报表，安迪也是一扫而过，没有细看。但此次以单一客户前后周计划的对比来分析，安迪初步有了些线索和思路。他发现杰瑞能迅速从采购经理张丹的关系升级为和客户副总周通的结识，说明他的个人关系突破能力的确很强。但是从4月22—26日和客户的技术部李工程师进行技术交流后，整个销售进程一直拖延着。由于安迪公司销售的是技术要求很高的监控设备，而杰瑞虽然努力，但技术上毕竟是门外汉，而且他每次外出从来不带自己公司的技术工程师协同拜访。安迪认为技术信任的不足很可能是导致杰瑞在几个大订单跟进上一直没有突破的根源，而对个人攻关能力很自负的杰瑞还没有认识到这一点。

表 2－4　　杰瑞的拜访计划

2013 年 4 月 8～12 日周计划							
客户	时间	工作内容	拜访对象	达成目标	协同拜访人员	地点	备注说明
荣威集团	周二	与荣威集团决策层周总沟通合作细节	采购经理张丹 集团副总周通	基于采购经理的信任关系，通过进一步沟通，赢得周总对产品和我公司的信任，以推进到签约阶段	无	荣威集团会议室	准备详细和全套的产品资料及质量证明 事先了解周总的个性和喜好
2013 年 4 月 22～26 日周计划							
客户	时间	工作内容	拜访对象	达成目标	协同拜访人员	地点	备注说明
荣威集团	周三	与荣威集团技术主管进行技术交流，扫除顾虑	采购张经理 技术部李工程师	在初步赢得周总认可的基础上，在技术和质量层面赢得对方信任，以推进到签约阶段	无	荣威集团会议室	准备详细和全套的产品资料及质量证明 制作并准备技术介绍的 PPT
2013 年 6 月 3～7 日周计划							
客户	时间	工作内容	拜访对象	达成目标	协同拜访人员	地点	备注说明
荣威集团	周五	与荣威集团沟通草签合作意向事宜	采购张经理	沟通和解决最后的一些细节和疑问 争取六月底前草签协议	无	荣威集团楼下餐厅	准备一些小礼物 准备应对价格异议

续　表

2013 年 7 月 15～19 日周计划							
客户	时间	工作内容	拜访对象	达成目标	协同拜访人员	地点	备注说明
荣威集团	周一	与荣威集团沟通草签合作意向事宜	采购张经理	沟通和解决最后的一些细节和疑问 争取七月底前草签协议	无	荣威会议室	准备一些小礼物 准备应对价格异议

以此结论为线索，安迪又查看了杰瑞其他客户的跟进周计划，情况果然惊人地相似。安迪又顺藤摸瓜地查询了其他几个销售人员的周计划表，发现这一现象并非个例，而是比较普遍。

安迪觉得对于这样的问题，单独的沟通已经不足以引起团队重视。于是在精心准备后，安迪把全国的销售人员召集到总部，举行了 1 天的专项会议，专门针对技术信任问题进行分析研讨。

安迪不仅分享了自己对技术信任在销售中重要性的切身体验和真实案例，还邀请了技术部工程师来分享协同拜访攻克销售难关的成功经验，更明确了与技术部工程师协同拜访的具体要求、实施标准和切入点。

一天的专项会议气氛热烈，参与度高，会议结束后销售部和技术部还举行了联欢会。

半年后杰瑞的业绩在技术部同事的支持下突飞猛进。当他致电安迪表达感谢时，安迪反而说："我得感谢你让我学习到了很多！"

安迪作为销售管理者，的确在杰瑞个案的分析与反思中体会了很多，感悟了很多。在安迪之前和下属的沟通中，过多运用了私人关系和非正式管道。由于中间贯穿了大量的情感、私交和面子等因素，非正式沟通往往不够深入，点到为止，无法起到发现问题、分析问题、制定对策、纠正行为的目的，因此不足以成为维系销售管理上下级之间的纽带。

安迪在反思和感悟后，重视和启动了两大销售沟通管道，一是销售报表，二是销售例会（见图 2－4）。有效的销售报表是销售管理者获得线索和情报的重要依据，有经验的销售管理者总是能从看似简单重复的报表中诊断问题，发现端倪。在通过销售报表获得重要线索和依据后，安迪召开了销售例会中的专项会议，针对特别问题进行深入交流和研讨，和销售团队成员在思想、观念、要求和行动上达成一致和共识，如表 2－5 所示。

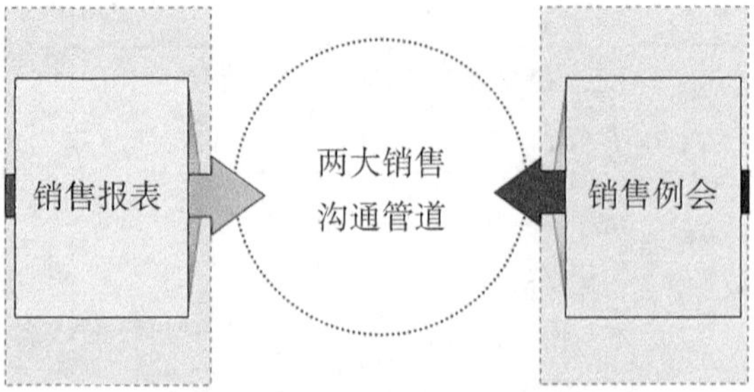

图 2－4　两大销售沟通管道

表 2－5　两大销售沟通管道

<table>
<tr><th colspan="3">沟通管道</th><th>相关描述</th></tr>
<tr><td rowspan="6">销售报表</td><td rowspan="3">销售行为监控报表</td><td>工作日志</td><td>B2C 销售、小订单销售、快消品销售、门店销售等销售周期特别短的业务，销售管理者一般而言要把监控时间节点缩短为“天”，因此要求销售人员提交反映每天工作安排和计划的“工作日志”</td></tr>
<tr><td>周工作计划表</td><td>B2B 销售、大订单销售、项目型销售、工业品销售等销售周期很长的业务，销售管理者通常需要把监控时间节点落地到“周”，因此，反映出一周工作安排和客户拜访计划的“周工作计划表”必须确保认真填写和监督辅导</td></tr>
<tr><td>月工作计划表</td><td>月工作计划表往往结合月度例会，在销售管理者和销售人员对本月工作进行总结分析的基础上，共同协商制订下月的销售目标、费用控制目标、客户开发和拜访计划等</td></tr>
<tr><td rowspan="3">销售信息把控报表</td><td>市场信息收集表</td><td>市场信息收集表最重要的功能是激励和促进销售人员定期把市场中最新的动态和关键信息汇总整理，对提供有价值信息的销售人员给予一定奖励，市场信息收集表一般每月汇总一次</td></tr>
<tr><td>关键客户分析表</td><td>关键客户分析表则是销售人员对销售管理者特别关注的“关键客户”阶段性动态和进展进行分析，以便销售管理者进行针对性工作分析和指导，关键客户分析表一般每月汇总一次</td></tr>
<tr><td>销售漏斗分析表</td><td>销售漏斗分析表把销售人员跟进中的客户按照所处销售阶段分门别类地划分到销售前期、销售中期和销售后期。销售漏斗分析表一般每个月底提交，通过对比上月底销售漏斗分析表和本月底销售漏斗分析表中客户位置的变化，可以客观反映出销售人员在本月度的工作进展和实际成效</td></tr>
</table>

续　表

<table>
<tr><th colspan="3">沟通管道</th><th>相关描述</th></tr>
<tr><td rowspan="6">销售例会</td><td rowspan="2">日常沟通例会</td><td>早晚例会</td><td>B2C销售、小订单销售、快消品销售等销售周期很短的业务，销售管理者需要把早晚例会作为日常面对面沟通的主渠道，早晚例会能及时把控进度与获取反馈，并能及时激励士气，纠正督促</td></tr>
<tr><td>周例会</td><td>B2B销售、大订单销售、项目型销售、工业品销售等销售周期很长的业务，销售管理者需要把周例会作为日常上下沟通的主渠道，一周时间正好沟通订单进展和客户跟进情况，若放弃周例会而依赖月度例会，则往往对市场变化反应迟缓，对销售进度把控失去有效时间点</td></tr>
<tr><td rowspan="2">阶段沟通例会</td><td>月/季度例会</td><td>无论哪种类型的业务模式，月例会都是一个重要的阶段性内部沟通节点，特别是对于那些成员分散各地聚少离多的销售团队尤其重要。月例会和季度会议的主要的功能是总结过去，分析问题和制订下阶段计划，但季度会议往往会附带进行1～2天的专题培训</td></tr>
<tr><td>半年/年度例会</td><td>半年/年度例会的主要功能是对一个较长销售周期进行总结，分析和评估。半年/年度例会也通常会配套专题培训，更会安排团队活动以凝聚人心，鼓舞士气。半年/年度例会也会进行一些表彰和评奖的活动</td></tr>
<tr><td>特别沟通例会</td><td>专项例会</td><td>专项例会没有固定的时间点和频率，它是针对近期由于市场波动和竞争对手行动而产生的具体问题而专门召集的会议，通过交流研讨收集情报，统一思想，明确对策</td></tr>
</table>

销售报表依据目的不同可分为两大类别，以监督销售人员日常行为动态为目标的叫作销售行为监控报表，而以获得市场动态和客户变化以及订单进度为目标的叫作销售信息把控报表。在销售行为监控报表中根据时间长短可分为工作日志、周计划表和月计划表三类，销售信息把控报表则可分为市场信息收集表、关键客户分析表和销售漏斗分析表三类。

销售例会则可根据频率和周期不同分为包含早晚例会和周例会的日常沟通例会，包含月度/季度和半年/年度例会的阶段沟通例会，以及为解决具体问题和应对特殊情况而专门召开的专项例会。不同的行业和销售模式，对于不同的销售报表和不同的销售例会各有侧重。

第三节　销售管理后援支持平台

【案例】

西门剑和诸葛宏图分别是AGI公司和高腾公司的区域销售经理，两人为占领市场和争夺核心客户而展开激烈竞争。西门剑是个激励高手，他的销售理念就是“坚持到底，直到成功”，所以他不断激励销售人员冲锋陷阵，不怕拒绝，迎难而上。而他的销售人员也是“狼性”十足，客户一旦拒绝，他们就再拜访，再说服，再努力，真正体现了西门剑所强调的“客户拒绝你六次，第七次就会接受你”的销售精神。

最近西门剑和诸葛宏图就争夺区域内三家关键客户展开了最后的冲刺。这三家客户都是顽固派，西门剑的销售人员已经连续拜访十次以上但毫无进展，而且客户态度越来越差。而诸葛宏图在销售人员拜访了多次陷入僵局后，随即把销售人员召集回来召开客户分析会议。在诸葛宏图的销售思维中，如果销售人员连续六次以上拜访某一客户却毫无突破，则意味着销售人员的个人拜访作为一种销售模式已经被证明无效，销售管理者必须采取后援行动给予销售人员足够的支持。

在诸葛宏图区域总部的会议室里挂着一幅组合攻关天龙八部轮形图(见图2－5)，这张图上罗列了八项销售管理者从公司整体层面对陷入僵局的销售个案可以采取的支持和配合手段。诸葛宏图认为，很多时候销售人员多次拜访客户无法实现销售突破，更大的可能性在于缺乏有效的资源、政策、关系等多方面配合。在这种情况下，整个销售攻略应该从“销售人员个人拜访”这一单拳出击升级为“多种销售与攻关手段共同使用”，以形成组合拳。

经过诸葛宏图和销售人员的会商诊断，针对认可产品效果但一直摇摆不定的古林公司，诸葛宏图通过自身关系网安排行业内德高望重的金威教授前去进行技术指导，免费诊断和小规模培训。金威教授当场分析并针对性解决了古林公司高层一直关切和担忧的几个技术问题，一周以后古林公司与高腾公司顺利签约。

而针对就价格问题一直存在疑虑和纠结的新风公司，诸葛宏图决定叫

图2－5 组合攻关天龙八部轮形图

上自己顶头上司，高腾公司营销总监维克托乘节日之际亲自拜访。维克托和对方老总相谈甚欢，并当场就合作细节和特殊政策进行了协商确认，第二天，协议顺利签署。

另一家客户宏雷集团一直对高腾公司产品的效果和宣传的真实性将信将疑，销售人员无论如何苦口婆心，宏雷集团高层总是心存疑虑。诸葛宏图决定以客户答谢会的名义在某五星级酒店安排新老客户进行交流聚餐，共商行业未来。在客户答谢会上高腾公司的几个老客户现身说法，以充分的证据和明确的效果表达了其对高腾产品的信任和认可。会后一周，宏雷集团正式决定小批量采购。

三家关键客户全部被诸葛宏图的团队收入囊中，这让西门剑痛心不已。于是他责怪销售人员办事不力，而销售人员则抱怨公司给予的支持和后援太少，单兵作战很累。半年后，西门剑的销售团队精英纷纷跳槽离职，而诸葛宏图则坐享渔翁之利。

很多销售管理者把销售业绩的产生过多地依赖于销售人员的个人拜访，殊不知个人拜访仅仅是业绩突破的一个途径和手段而已，销售管理者更应站在全局高度综合地设计多种资源协同的销售方法和组合攻关策略来打破僵局。

当销售人员屡次拜访徒劳无功后，销售管理者必须采取后援行动给予支持，这些后援行动就是能支援销售人员更有效作战和实现突破的支持平台，如表2－6所示。

换而言之，销售竞争力不仅取决于销售人员的个人能力和努力，更取决于销售管理者打造的后援平台的支持力度和效果。

表 2 - 6　　　　后援平台的组合攻关手段

组合攻关手段类别	具体说明
展示展览会	参与行业展览会或者独立举办产品展示和发布会能帮助销售人员快速接触到目标客户，扩大产品影响，进行潜在客户蓄水，对于新产品的市场推广尤其有效
技术指导/培训	产品的技术含量越高，客户对技术指导和培训的需求越大。安排公司内部或外部的技术专家上门为客户提供免费的诊断、分析、技术指导甚至技术培训，能快速赢得客户信任，获得销售进程的突破。技术专家的知名度越大权威性越高，技术指导作为攻关手段的效果越好
客户大会/答谢会	定期举办客户交流会、答谢会、培训会和研讨会，能以老带新地快速开发新客户，并利用会议的影响力快速消除新客户的疑虑。对于销售人员多次拜访毫无进展的新客户，往往一次成功的客户大会能起到迅速破冰拉近关系建立信任的作用
参观考察	定期安排潜在客户和现有客户到行业内样板企业处进行参观、学习、考察，甚至到国外进行学习参观，也是一个彰显自身实力和影响力，潜移默化地建立信任的重要手段。参观考察也是攻克“硬骨头型”客户的有效途径
榜样客户交流会	由榜样客户出面组织区域内同行进行交流联谊，由榜样客户推荐自身产品，展示产品效果，这种推荐的可信度大大超过销售人员的千言万语，对举棋不定的“徘徊型”客户效果显著
高层协同拜访	销售管理高层甚至公司老总协同销售人员拜访重要客户，通过高层特殊的身份和影响力迅速破局，当场扫除沟通阻力。高层协同拜访往往对中小型的潜在客户有一锤定音的效果
售前增值服务铺垫	给予销售人员一定权限，为那些还在犹豫和摇摆的客户提供某些无偿服务以吸引其合作兴趣，例如检测、免费试用、赠品、相关培训等，通过“诱之以利”以实现加深信任和销售突破
关联机构和人员攻关	对于销售人员一直无法突破和陷入销售僵局的客户，销售管理层可以通过自身资源和关系网，对那些能影响客户中关键决策人的相关机构和个人进行攻关影响，以“曲线救国”地帮助销售人员推进销售进度
特殊政策提供	对于一些特殊的重要客户，根据其合作前景和销售额潜力，销售管理层可以在现有销售政策基础框架内，设计出更具吸引力和诱惑力的政策组合，当然这些政策组合一定会配套以时间和数量等方面的限制条件
特殊关系与资源支持	销售管理可以在必要时候为销售人员提供可利用的人、财、物等各项资源以帮助其解决问题，这些资源可以是销售管理者个人的，也可以是公司的，可以是公司内部的，也可以是公司外部的
其他组合攻关手段	其他可以帮助销售人员加速销售进度突破僵局的各项策略和手段

究竟如何准确判断是否需要从销售个人拜访切换到后援组合攻关？究竟什么时候适合介入组合攻关？究竟哪些客户哪些销售个案需要组合攻关？销售管理者不仅要善于设计组合攻关手段，更要学会如何“因事制宜”“因人制宜”“因时制宜”地活用组合攻关。从销售人员个人拜访升级和切换到组合攻关，通常而言有两大路径。

（1）销售人员自下而上地申请和申报，当销售人员发现屡次拜访效果不佳并陷入僵局后，可自动向上申请组合攻关的配合与支持。销售管理者需要对销售人员的申请进行分析诊断评估，以决定是否需要支援，以及如何支援。

（2）销售管理者自上而下地干预和介入，通过销售报表和销售例会中的情报收集和问题分析，销售管理者就那些屡攻无效的个案进行会诊，提出组合攻关的策略和方案。在自上而下的介入中，有两张销售报表至关重要，一张是关键客户分析表，另一张则是销售漏斗分析表。

第四节　区域市场客户布局三项分类管理

销售管理者及其团队对所辖区域内的客户绝对不能一视同仁，而应进行客户的有效布局和分类管理。正如一位资深的销售专家所言：市场诚然很重要，但市场的结构更重要。

这位专家所强调的市场结构，就是对区域市场中不同性质的客户进行区分，根据客户分类运用差别化的销售策略，以使销售人员个人努力和资源投入的回报率通过客户结构优化实现最大化。

对于销售管理者而言，客户布局和分类管理需要化繁为简，做到简而有效。通常而言，销售区域中客户布局可以从三个方面展开，分别是三类标签客户的管理，四类价值客户的管理以及 ABC 客户信用的管理，可统称为客户布局三项管理，如图 2－6 所示。

图 2－6　客户布局三项管理

一、三类标签客户管理

【案例】

每到月底进行月度总结时，司马明就会把他手下一些核心销售人员召集到一个密室中开会，这个密室的地上铺了一张喷绘制作的巨大销售区域地图，在灯光的照耀下显得极其清晰和逼真。

只见司马明手下的销售人员手中拿着小红旗，小图钉和迷你版写有SOS的救生圈（拳头大小）观察着地图在思考，随后便各自行动，在地图上对应的位置插上红旗、嵌入图钉、放上小救生圈。

这种类似武侠片的场景其实是司马明一种独创的区域客户管理手段，用他的话说："被贴上特别标签的客户才是真正需要倾注精力的客户。"

销售人员在地图上对应位置插上了红旗，意味着这个客户被锁定为影响一方的标杆客户。司马明要求销售人员在开发区域市场时不能随性而为，而是要有意图和规律。所谓高屋建瓴势如破竹，如果在区域中树立了极具影响力的标杆客户，再用标杆客户去带动和影响周边客户，那区域市场的开发将极具战术性和突破性。

销售人员在地图的对应位置嵌入了钉子，则意味着这个客户被锁定为难啃的硬骨头和钉子客户。这类客户决策周期长，决策程序复杂，销售人员往往久攻不下，头痛不已。但这类客户一旦攻破，对业绩的增长，对周边客户的影响，对销售人员的经验累积和士气提升，将产生极大的推动。一旦客户被锁定为钉子户，并且这个钉子客户非常有价值，则司马明将和销售人员会诊如何调动资源进行组合攻关强力突破。

倘若销售人员在地图上对应位置放上了写有SOS的救生圈，则意味着这个客户被锁定为可能流失的危险客户。这类客户虽然一直在合作，但有可能因为市场波动和竞争对手诱惑而减少购买量或转投他人怀抱，对于销售人员业绩的稳定具有很大危害性。

司马明要求销售人员定期排查和分析区域中可能的危险客户，如果被贴上标签则需要事先进行防范和干预。凡是那些目前暂时稳定但存在流失可能的客户，司马明要求销售人员短期内加强拜访频率，深化客情关系，采取刺激政策，屏蔽竞争对手介入。

用司马明的话来说，标签客户就是那些需要销售管理者和销售人员共同关注定期评估的关键客户，一旦贴上标签，销售团队上下立刻达成默契和共识，采取快速有效的行动。

在区域市场客户布局的方法中，标签管理的特点是简而有效且生动形象。标杆客户之所以成为标签是因为其对整个区域整体市场开发的影响力和辐射力，钉子客户之所以成为标签是因为其对业绩突破的贡献度和销售士气提升的促进度，而危险客户之所以成为标签是因为其对业绩稳定的重要性和对竞争对手防御的关键性，如表2-7所示。

表 2－7　　三类标签客户的管理

标杆客户	把区域内具有影响力和参照价值的榜样客户树为标杆，通过标杆客户的开发辐射周边客户、标杆客户的证明说服周边客户、标杆客户的推荐吸引周边客户。把区域市场开发从散乱的随性开发升级为以标杆客户为核心的同心圆开发
钉子客户	把区域内那些久攻不下陷入僵局但有很大价值回报的客户列为钉子客户、组合攻关拔掉钉子客户、后援支持攻克钉子客户，通过整合资源拿下钉子客户。当区域中较为容易开发的客户越来越少时，钉子客户的攻坚和突破，是业绩增长的最大来源
危险客户	把区域内那些近期有可能减少合作或者流失的现有客户定义为危险客户。通过高密度拜访进行危险客户的监测，通过深度沟通探测潜在问题和不满原因，通过深化客情关系进行危险客户流失防御，通过调整政策和刺激方案进行竞争对手屏蔽

1. 标杆客户的塑造与利用

对于标杆客户的开发与维护，销售管理者必须进行统一的部署和明确的要求，具体体现在以下四个方面。

（1）硬任务：每个业务代表制订本区域标杆客户开发目标和进度，并提交标杆客户潜在对象名单，把开发标杆客户作为区域市场开拓的核心任务和基石。

（2）大投入：对于标杆客户，不以销售额为唯一衡量标准，而是以客户影响度、客户满意度、客户配合度三个指标为依据，一旦确定，全力攻关，强化客情关系，加大支持力度。

（3）多层次：全国样板客户、本省样板客户、本地样板客户、周边样板客户，销售人员在自身样板客户不成熟的情况下，先借用他人，再发展自己。

（4）可视化：把标杆客户成功范例编成故事，熟练传诵，并制作可视化的证明，绝不停留在口头上。制作客户推荐信、客户发言视频、客户使用现场图片及视频，客户使用后数据对比分析（表格和图片），制作样板客户手册等。

对于标杆客户的使用和利用，销售管理者必须引导销售人员尽可能使标杆客户价值最大化，标杆客户利用有四大层次，利用层次越高则标杆客户价值越能最大化，如表 2－8 所示。

表 2－8　　标杆客户利用的四大层次

层次一：证明	当其他客户想了解和熟悉产品效果和服务价值时，标杆客户可以提供具有说服力的证明。标杆客户证明的公信力远远超过销售人员的自我宣传和介绍
层次二：推荐	标杆客户愿意利用各种机会和场合，主动地推荐销售人员的产品和服务，吸引更多潜在客户。来自标杆客户推荐所产生的潜在客户，其质量远超过来自于销售人员陌生拜访所产生的潜在客户
层次三：展示	当其他客户想更直观地了解销售人员的产品在使用中的实际效果时，标杆客户愿意邀请有兴趣的客户到自己的生产现场去参观、考察、交流、分享
层次四：组织	标杆客户自发自愿地组织一些行业内活动，把相关同行聚在一起交流、研讨、沟通、聚会，为销售人员提供可以同时接触和影响众多潜在客户的机会和平台

2. 钉子客户的攻坚与突破

对于钉子客户的开发、突破与攻坚，销售管理者需要把握以下三大关键点。

（1）阶段区分：区域市场开发初期阶段的重点是占领价值高比较容易突破的客户，正如摘苹果时应先摘那些伸手可及的。当区域市场开发进入中后期，销售工作的重点在于大量钉子客户的开发和攻坚，这将成为业绩增长主要的来源。

（2）价值区分：对于钉子客户，并非不加区分全部要投入精力和资源去攻坚突破，而是要评估其潜在价值。对于有足够价值回报的钉子客户，则需要通过组合攻关的手段协同作战攻坚克难；对于价值回报低的钉子客户，则建议销售人员减少投入甚至放弃跟进。

（3）原因区分：钉子客户久攻不下的原因各不相同。有的是客户对产品与服务的信任度还未充分建立，有的是竞争对手有更具吸引力的产品与销售政策，有的是客户内部的采购流程、采购权限、采购预算等出现问题。销售管理者需要根据钉子客户产生的不同原因采取不同的组合攻关策略。

3. 危险客户的预防与维系

对于稳定危险客户，销售管理者需要从事后补救提前到事先预防，对被贴上“危险标签”的客户，要求销售人员立刻采取针对性的行动，具体可以包括三大防御途径。

（1）关系防御：销售人员加大拜访力度，深化客情关系，与客户中的关键人物建立更深的个人关系。并且，通过自身公司高层的协同拜访，与客户的高层建立对应的个人关系。双方不同层面和岗位之间能建立的关系纽带越多，则客户关系倒退和客户流失的可能性越小。

（2）商务防御：销售人员在价格、付款方式、赠品、售后服务、技术支持、质保等各个商务合作层面进行针对性调整，以适度满足客户需求并防御竞争对手在这些方面的进攻。

（3）风险防御：针对客户对于可能风险和损失的顾虑，销售人员通过与管理层的沟通，把这些风险和顾虑向客户进行澄清和保证，甚至签署书面协议，并对可能的问题提供补救对策和措施。

二、四类价值客户管理

【案例】

王云是某著名投资咨询公司最新招聘的销售人员，大学毕业，有三年保险公司销售经验。王云原单位销售的是针对个人的人寿保险，他和公司其他销售代表一样，采用地毯式的上门直销方式，每天不辞辛劳，挨家挨户地推销。工作虽然辛苦，但王云很执着，因为他从大学期间就看了很多推销天才的传记，非常崇拜他们。他也希望用自己的辛勤与汗水，把自己塑造成一个超级销售。

王云的原单位也很注重销售激励和培训，从推销的技巧到销售人员心态等，每周都要进行培训和动员。功夫不负有心人，两年后，王云在公司业绩表现突出，拿过多次冠军。为进一步挑战与提高自己，王云决定寻找更大的舞台，因此应聘进这家投资咨询公司。

王云的工作内容既需要开发新客户，又要维护一批公司已有的老客户。王云对自己原来的销售经验与成绩极其自信，以他拼命三郎的工作作风，非常有信心成为新公司的销售冠军！

可是整整一年过去了，在工作上勤奋拼命的王云却在业绩增长排名上名落孙山，不仅他自己很郁闷，他的销售经理陈冰也觉得难以理解。

陈冰决定花全天时间和王云把所有跟进中的客户进行详细分析，一经分析很多问题立刻浮现了出来。可能是王云在保险销售中养成的工作习惯，他非常喜欢拜访中小型客户，而且和客户相关人员混得很熟，成为无话不谈的朋友。王云对自己这种“人际关系能力”沾沾自喜，还经常在同事面前炫耀。而对于已经有一些小业务合作，但深入合作遇到阻力的客户，王云往往缺乏足够耐心，时间一长就把这些客户晾在一边。

对于合作量大并且已经接近饱和的客户，王云往往疏于维护和加强联系，他觉得这些客户已经无法再度深挖，保持现状即可。正是由于他的疏忽大意，一年之内有三家大客户被竞争对手夺走。而更可惜的是，有一家稳定且深入合作的客户，由于王云在回访时仅仅注重表面人际关系，没有洞察客户业务发展战略与计划，导致这家客户在临近几个城市新开分公司的业务被竞争对手先人一步抢走。

陈冰觉得王云可能是一个“低头冲锋”的销售高手，但最大的弱点在于没有能根据客户的价值分类针对性地设计销售策略和分配销售资源。陈冰发现团队中有类似问题的销售人员不在少数，于是他决定从政策高度帮助销售团队进行客户价值梳理，并针对性地建议行动计划。

这一案例从表面看反映的似乎是王云的问题，但从销售管理的角度呈现的其实是陈冰的失职和不作为。帮助销售人员学会客户价值分类，辅导销售人员根据客户价值类型分配销售时间和销售资源，建议销售人员根据客户价值制定销售策略，是销售管理者确保销售团队效率和执行力的基础，也是销售管理者重要的职责之一。

以客户现有的业务贡献和未来业绩增长潜力为坐标，可以把客户价值分成四类，分别是低现有价值—低潜力价值，低现有价值—高潜力价值，高现有价值—低潜力价值，以及高现有价值—高潜力价值，如图 2 - 7 所示。

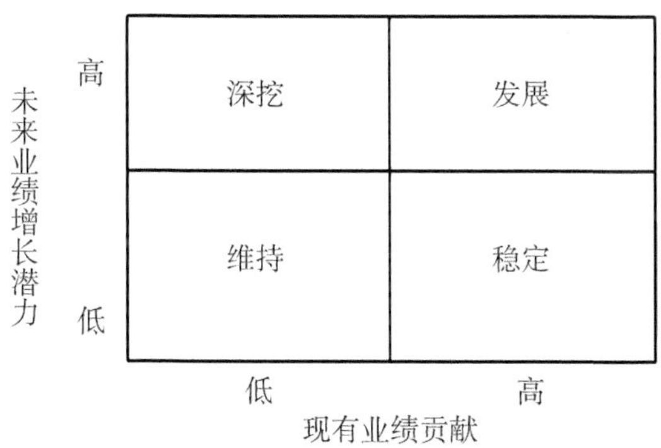

图 2 - 7 客户价值分类坐标图

针对这四种价值类型的客户，销售管理者可以借鉴和活用与之一一对应的“八字销售策略”，即对于低现有价值—低潜力价值客户采取维持策略，对于低现有价值—高潜力价值客户采取深挖策略，对于高现有价值—低潜力价值客户采取稳定策略，而对于高现有价值—高潜力价值客户则采取发展策略，如表 2 - 9 所示。

表 2 - 9　　　　四类价值客户“八字销售策略”

客户价值类型	关键字	策略建议
低现有价值—低潜力价值	维持	不要让销售人员花费太多时间对这些双低价值的客户进行高频率拜访和维护，否则投入成本太大，回报率太低 如区域内客户量不足以支撑拜访量和工作量，则可以投入一定时间和精力在此类双低价值客户上。若区域内客户数量众多，则双低价值客户可以暂时放弃 对于双低价值客户，与其花费精力亲自拜访攻关，不如采用标杆客户带动和影响，这样能节约销售成本，提高销售速度，缩短销售周期 对于双低价值客户，可放弃一对一的单独拜访，转而采用会议营销和活动营销，把大量双低价值客户集中在一起，整体攻关和说服
低现有价值—高潜力价值	深挖	销售人员一定要多投入精力和时间在此类客户上，因为深挖现有客户的投入回报率要超过开发新客户 这些客户往往是业绩增长的主要来源，销售人员要在产品数量和品种上进行深挖，获得更多的合作量和销售额 凭借现有的合作关系，销售人员应在这类客户内部关系网上进行深挖，接触更多的关键人物，与客户高层建立稳定联系 销售人员通过高频率回访，洞察和诊断销售量提升和产品品种增加的主要阻力，和销售管理层协商并制定对应的攻坚策略以扫除障碍
高现有价值—低潜力价值	稳定	此类客户是短期内业务量稳定的基石，但此类客户也是竞争对手争夺的主要对象，因此合作的稳定性非常关键 对于业务合作接近饱和的此类客户，既不能疏于维护和防范，也不需要像新客户一样高密度拜访，维护的频率和周期需要把握“度” 对于此类客户的维护，不在于拜访的次数和数量，而在于拜访的质量和价值，每次回访务求能给客户提供一些价值，解决一些问题 对于此类客户的维护，尤其需要定期进行情报收集，需要安插内线，关注可能的变动和竞争对手的动作，识别这类客户中的“危险客户”
高现有价值—高潜力价值	发展	对于这类现有合作量大、未来还有合作增量的大客户，需要作为重点攻关对象，要出动组合攻关，专家支持，特殊政策，发展为标杆客户 对于这类双高价值客户，双方合作关系需要从买卖关系提升为战略结盟，销售人员需要多关注客户未来的业务发展，多关注客户的市场布局，多关注客户的组织结构调整，提前发现机会，提前介入 对于这类双高价值客户，销售人员不仅要确保自身产品和服务的价值和品质，更要帮助客户发展业务，开拓市场，因为客户的业务成长一定会提升自身产品使用量

三、ABC 客户信用管理

每到年底，许多行业的销售人员并非在忙着冲刺业绩，而是在到处奔波去催钱和要款。催缴应收账款不仅是销售人员的重要职责，直接影响团队乃至企业的真实效益，更是销售管理者对区域内客户掌控能力的体现。

【案例】

FDK 公司销售经理金元打电话给其老朋友童林诉说这段时间的苦闷，因为他的销售团队在应收款的催讨方面阻力重重。由于前期过度重视客户开发忽视款项拖欠所产生的后遗症，金元的销售人员只能以哀求的态度和语气在客户面前讨要款项。由于公司和团队对于款项催讨缺乏统一的规则、制度和标准，导致应收账款问题极其严重。

童林在电话中责怪金元销售管理太粗放，特别是在极其关键的款项催讨这项职责上。童林说他见到不少企业就是因为应收款的问题而倒闭破产的。

金元决定邀请童林帮助其通过政策和机制设计对这一问题进行比较彻底的根治和解决。童林要金元做的第一件事情是把应收账款追缴和销售人员的考核与奖惩挂钩，摒弃原先只要签了合同就能在考核中拿到高分并获得佣金的不合理制度。

同时，童林要求金元的所有销售人员对客户进行信用分级管理，根据不同的信用级别采取对应的催款预警和应急机制，这样可以让销售人员有统一的行为约束和行动依据。

童林针对性地为金元的销售团队建立了 ABC 客户信用管理体制，这一体制由三大机制构成，即客户信用 ABC 评级分类机制，客户信用调整浮动机制，客户信用危机应对机制，具体内容如下。

1. 第一大机制：客户信用 ABC 评级分类机制

金元团队对客户进行信用分级管理，具体分三步，即客户信用评级，客户信用额度管理以及客户信用期限管理。

步骤一：客户信用评级

根据客户商誉、客户背景、客户财务实力、客户资产规模、客户过往支付情况、双方合作规模等指标，把客户的信用分成 ABC 三个等级。在给不同客户进行信用 ABC 分级之后，童林要求金元销售团队对不同信用评级的客户分配以不同的信用额度和信用期限，如表 2 - 10 所示。

表 2-10　　客户信用分级制

客户分级	A 级	B 级	C 级
信用额度	≤××万元	≤××万元	≤××万元
信用期限	≤××天	≤××天	≤××天

步骤二：客户信用额度管理

客户评级确定后，确定各客户的具体信用限额，销售人员根据信用限额进行跟踪管理，商务部、财务部协助进行信用限额管理。当客户欠款达到信用限额的80%时，销售人员应及时通报大区经理及商务部。当欠款达到信用限额的90%时，销售人员应及时通报大区经理后与客户沟通，要客户做出相应的回款计划和承诺，并告之商务部，若是与客户沟通不成，商务部有责任将此情况上报给销售部经理和营销中心副总。

步骤三：客户信用期限管理

超结算期0~×天，销售人员进行电话催款。

超结算期×~××天，商务部第一次以公司的书面催收函形式催收货款。

超结算期××~××天，第二次以公司商务部的书面催收函形式催收货款，并通知客户，由于逾期货款未能及时收回，我公司将限制出货。

超结算期××~××天，第三次以公司的书面催收函形式进行跟催，并通知客户，我公司将停止出货。

超结算期××~××天，停止发货，同时发律师函进行催款。

超期账款达到×个月的客户对其业务终止，做好诉前保全工作及诉讼。

2. 第二大机制：客户信用调整浮动机制

金元团队每季度组织一次全体客户的信用评估调整，并根据评估结果调整信用额度和期限。对于客户能够提供销售状况良好等利好情况而主动申请增加授信额度的，经公司派人实地考察后给予适当调整。

信用调整上浮原则

当客户回款情况良好或业务规模逐渐增大时，销售人员应适时提出调整信用额度申请，经授权领导批准后，可以做出如下调整：回款情况一直良好的客户，可上升一个等级或以每次不高于××%的增长幅度进行阶段性调整（视具体情况而定）。

信用调整下浮原则

当客户出现不良回款记录时，经与客户沟通，延时付款理由充分，当属正常变动，可不做客户等级或信用额度下浮调整。

当客户持续两个月回款不畅，或预期规模会不断增大，经与其沟通，无充分理由说明原因的，应视情况做客户等级或信用额度下浮调整。

3. 第三大机制：客户信用危机应对机制

童林强调金元团队的销售人员需要定期预判客户信用危机，当来自客户总采购量严重下滑，客户不按期支付本公司到期货款，客户的大部分供应商都在催收到期货款，客户本身或关联业务公司出现信用危机，客户拖欠员工工资，客户人员变动频繁等问题出现时，销售人员必须启动危机应对四阶梯机制。

阶梯一：控制发货数量，加紧货款的催收。一旦连续两次不按期支付，则转入下一级应对方案。

阶梯二：尽量少发货，按照信用管理步骤加紧催收到期货款，再次确认明确债权的所有相关资料。

阶梯三：发货需相应授权的部门经理批准，派遣销售人员前往现场了解客户情况，调查客户资产、银行账号等信息，掌握其资产状态，同时知会法务部门，由数据管理部经理、销售部经理、营销中心授权领导共同商定是否采取法律手段。

阶梯四：停止发货，进行诉前保全或起诉的准备工作，并实施。

童林为金林销售团队从制度和机制层面对客户进行信用分类和应收账款管理，他的设计方案可以为诸多为催款而烦恼的销售管理者提供基本的框架性思路。

客户信用分类管理有三大基本机制（见图2－8），第一机制是信用设定。即为不同的客户进行信用评级，并根据不同的评级匹配对应的信用额度和信用期限。信用额度和信用期限分别通过金额和时间两个标准为不同客户的欠款框定安全区域，一旦突破安全区域，立刻采取催款行动。

第二机制是信用调整。根据客户的付款情况和欠款归还情况，阶段性地对客户进行信用评级的上浮或下调，一般为每个季度调整一次。销售人员可以把信用的上浮和下调作为谈判条件来约束客户付款行为，敦促客户权衡利弊。

第三机制是建立标准化的信用危机应对机制。这套机制必须步骤清晰，明确具体，让每个销售人员有据可依，有步骤可循。在危机应对机制中，销售管理者需要清晰地界定两大主要内容，其一是哪些事项和状况可以被界定为“客户信用危机现象”。例如，童林为金元所列的客户总采购量严重下滑，客户不按期支付本公司到期货款，客户的大部分供应商都在催收到期货款等。其二是一旦发现信用危机必须采取的层层递进，从轻到重，从松到紧的应对步骤。参考童林为金元设计的四大阶梯，销售管理者可针对性地设计符合根据自身行业特征和客户关系的危机应对步骤。

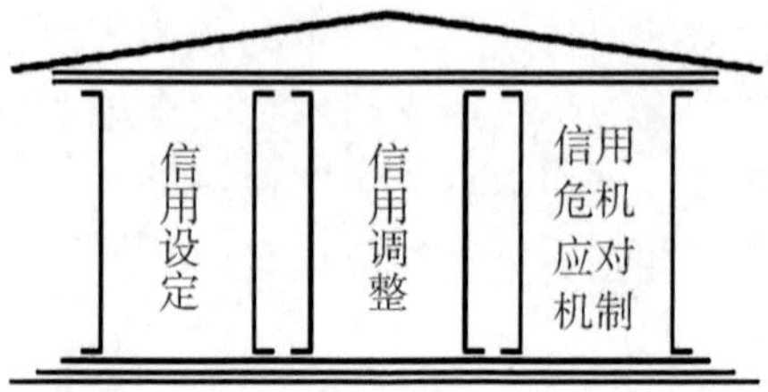

图2-8　客户信用分类管理三大基本机制

第三章

销售人才精准招募与持续输送

导言　销售人员聘用的重要价值

芝加哥商学院王牌销售管理教授罗伯特·卡尔文有句极其经典的评论：销售管理者就好比是一个公交车司机，你的首要职责是决定谁该上你的车，谁该下你的车。

的确，销售人员的甄选和聘用是销售团队管理一切工作的基础和前提，因为无论销售管理者如何竭力培养、辅导、激励、监管和纠正，资质平庸的销售人员决定着平庸的销售结果。

有位世界500强企业的销售副总裁总结自己10多年的团队管理经验，说过以下感触深刻的话："在我的销售队伍中，有55%的人可以说是十分优秀，但只有20%的人才是真正适合做销售的，这20%的销售人员为团队贡献了超过60%的销售额。如果当初在聘用选拔时我能花费更多精力去筛选，把真正适合做销售的人员的比例提高，那我很有信心使团队的销售结果翻好几倍。"

罗伯特·卡尔文教授的前半句话表明了销售管理者让什么样的人"上车"至关重要，而他的后半句关于"下车"的评论更发人深省。

事实上，很多资深的销售管理者常发出"上车容易下车难"的感悟和反思。把不合适的销售人员招进团队的确很容易，但要把他们"请出"团队所付出的代价远比想象中大很多。除了支付毫无回报的薪酬及销售费用等直接成本外，错误的销售人员招聘将带来巨大的成本和隐患。销售管理者需要深刻体会和反思销售人员错误招聘的六大成本，以便真正有意愿在销售人员选聘中投入更大的精力，更多的心思和更长的时间，如表3－1所示。

表3－1　　　　销售人员错误招聘的六大成本

成本项目	成本说明
成本一：直接用人成本	工资、补贴、销售费用等直接人力成本
成本二：重新招聘的成本	因为人员离岗而需要重新招聘的费用，人力及时间成本
成本三：客户信任流失的成本	因为销售人员能力不足和客情维护不到位，造成客户维护中信任度的流失，直接影响未来的合作
成本四：潜在销售额损失的成本	本来可以拿下的订单和获得的销售额，由于销售人员能力和意愿的不合格而遗憾丢失

续 表

成本项目	成本说明
成本五：问题和麻烦制造的成本	由不合格销售人员制造的麻烦和问题，例如客户抱怨和投诉等，需要销售管理者亲自去处理和修补
成本六：降低销售团队士气的成本	销售人员在离职前的差劲表现、负面示范、消极抱怨、公报私仇等行为会对销售团队的士气及凝聚力产生很大的负面影响

【案例】

有一家在硅谷的著名IT企业，他们在销售人员的筛选上投入了巨大的成本和精力，面试的安排真可谓“过五关斩六将”，对于公司和求职者都是一种很大投入。当有媒体采访其销售总监问他为什么花这么大精力和代价在销售招聘上时，这位销售总监发自肺腑地表示，在一个竞争激烈的市场上，公司重要的竞争策略是打造一支世界一流的销售团队。招聘到最优秀和最合适的销售人员是这个战略执行的关键一步。只有招到最好的人，公司后续对销售人员在培训、报酬等各方面的投入才更有价值。实践证明这个策略获得了巨大成功，这家公司在三年后就成为绝对的全球市场第一名，且市场份额多过第二名将近一倍。

的确，大量的销售管理案例已经证明，在销售人员的招聘选拔上投入巨大精力和成本的团队，其未来的销售业绩回报将远远超过那些忽视或轻视销售人员筛选的竞争对手。

第一节　销售人才筛选甄别五大指标

【案例】

在一次规模宏大的全国性销售管理高峰论坛上，面对台下超过2000位听众，5位对话嘉宾正在就销售团队管理的问题各抒己见。主持人黄药师抛出的议题是：您认为招聘到优秀的销售人员，最重要的选拔标准是什么，请结合招聘这两个字的部首来回答，如图3-1所示。

图3-1　“招聘”

在著名医药企业担任销售总监的杨过首先发言，他认为招字中间有只“手”，“手”代表着“只手打天下”，代表着实实在在的打拼、经历和体验，这就可以引申为招聘销售人员最关键的是看其是否拥有本行业相关销售经验，这就是为什么在销售人员招聘中一定会写明需要多少年本行业销售经历的原因。

而国内知名高科技上市公司全国营销总监张无忌则认为，招聘的招字中有一把“刀”。“刀”对于“侠客”而言，是自己最重要的财富和资源，是自己打天下所积累的资本。用“刀”来类比销售人员的选择标准。张无忌认为最重要的是“资源”的积累。对一个从业多年的销售人员而言，客户资源的重要性甚至超过其销售经验。张无忌补充：“一个销售人员的客户资源反过来可以证明其销售经验的价值和真实性。”

接下来发言的是某著名500强企业销售总经理令狐冲，他最看重的是招聘两字中的“口”和“耳”。令狐冲认为，“口”代表着销售中的说服力和引导力，而“耳”代表着销售中的倾听力、理解力和洞察力，这两者的结合就是“销售技能”。令狐冲认为只要销售人员具备天生的“销售技能”，那即使没有相关行业的工作经验，即使没有相关行业的客户资源，也同样能把销售工作做好。令狐冲当场举了几个“销售空降兵”的成功范例，赢得了台下听众的阵阵掌声。

拥有二十多年销售管理经验的资深销售管理专家叶孤城则表达了不同意见，他认为之前三位看的仅仅是表面现象。他在招聘两个字中，最看重的是“聘字”中的那个“由”。“由”代表了自由，随意、开放、豁达，这正是一位优秀销售必须具备的“个性特质”。叶孤城研究销售人员的行为表现超过了十年，他的结论是：选销售人员的首要指标是“个性”。所谓“江山易改，本性难移”，个性一旦确定，很难通过后期的培养和影响加以改变。不论行业差别如何巨大，优秀销售人员的个性总体而言是相对外向、积极主动、热情豁达的，这些个性特质主导了他们在销售上的成功。

最后发言的是本次对话的主持人黄药师，他首先对前面四位嘉宾的发言表达了赞同和认可。同时，他希望能分享一个大家忽视的却又特别重要的衡量指标，那就是招聘两个字中的“亏”字。“亏”即代表“吃亏”，意味着销售人员在销售中愿意付出，不计短期得失，懂得“吃亏就是占便宜”的道理。并且这类销售人员愿意在客户面前展示这个“亏”字，即愿意先为客户提供帮助和支持，后求销售回报。这类销售人员愿意吃苦，不会抱怨，给人感觉可信，不轻浮油滑，并能脚踏实地，不断积累、磨炼、提升自己。因此黄药师认为“品质”是决定一个销售人员优秀与否最重要的筛选指标。

杨过、张无忌、令狐冲、叶孤城和黄药师五位专家的发言，各有侧重，但都不够完整。若能将五个人的观点整合，则恰好构成了销售人员筛选甄别五大指标（见图3－2）。这五大指标有三个被称为显性指标，分别是经验、资源和技能，而另两个则被称为隐性指标，分别是个性和品质，如表3－2所示。

图3－2　销售人才筛选甄别五大指标

表3－2　　销售人员筛选甄别五大指标

指标特征	指标名称	指标价值
显性指标	经验	销售人员若拥有相关行业销售经验，则能在进入团队后迅速起步和上手，大大缩减了磨合期和学习成长周期
	资源	销售人员所积累的客户资源和行业资源，比单纯的销售经验更有价值。拥有客户资源和行业资源，能帮助销售人员在新团队中迅速“拿单”，快速创造销售业绩。反过来讲，所累积的行业资源与客户资源优质与否，也反映出销售人员真实的销售能力和过去经验的质量
	技能	销售人员进入团队后是否能胜任新的销售环境和市场特征，很大程度上依赖于其销售技能。销售技能既取决于个人先天的禀赋，也取决于其后天的学习能力和领悟能力
隐性指标	个性	销售人员的个性特征虽各不相同，但大量研究表明，外向、开朗、乐观积极的性格更能胜任销售这一需要和人打交道的挑战性岗位
	品质	销售人员个人品质的作用往往被忽视，但如果放在更长时间周期内完整地分析，销售人员的内在品德素质很可能对其职业生涯起到决定性作用

第二节 销售人才三大显性甄别指标

【案例】

古时候，齐国的国君齐宣王爱好音乐，尤其喜欢听吹竽，手下有三百个善于吹竽的乐师。齐宣王喜欢热闹，爱摆排场，总想在人前显示做国君的威严，所以每次听吹竽的时候，总是叫这三百个人在一起合奏给他听。有个南郭先生听说了齐宣王的这个癖好，觉得有机可乘，是个赚钱的好机会，就跑到齐宣王那里去，吹嘘自己说："大王啊，我是个有名的乐师，听过我吹竽的人没有不被感动的，就是鸟兽听了也会翩翩起舞，花草听了也会合着节拍颤动，我愿把我的绝技献给大王。"齐宣王听得高兴，不加考察，很痛快地收下了他，把他也编进那支三百人的吹竽队中。这以后，南郭先生就随那三百人一块儿合奏给齐宣王听，和大家一样享受着优厚的待遇，心里得意极了。

其实南郭先生撒了个弥天大谎，他压根儿就不会吹竽。每逢演奏的时候，南郭先生就捧着竽混在队伍中，人家摇晃身体他也摇晃身体，人家摆头他也摆头，脸上装出一副动情忘我的样子，看上去和别人一样吹奏得很投入，还真瞧不出什么破绽来。南郭先生就这样靠着蒙骗混过了一天又一天，不劳而获地白拿薪水。可是好景不长，过了几年，爱听竽合奏的齐宣王死了，他的儿子齐湣王继承了王位。齐湣王也爱听吹竽，可是他和齐宣王不一样，认为三百人一起吹实在太吵，不如独奏来得悠扬逍遥。于是齐湣王发布了一道命令，要这三百个人好好练习，做好准备，他将让三百人轮流来一个个地吹竽给他欣赏。乐师们知道命令后都积极练习，想一展身手，只有那个滥竽充数的南郭先生急得像热锅上的蚂蚁，惶惶不可终日。他想来想去，觉得这次再也混不过去了，只好连夜收拾行李逃走了。

这就是广为流传的南郭先生的故事，人们往往通过这个故事告诫后人要有真才实学，不可不学无术。但从销售管理的角度，我们更要分析一下为什么不会吹竽的南郭先生能混进齐宣王的团队，齐宣王在人员招聘中是否犯了原则性错误。

在现实工作中，有不少销售管理者居然也遇到过为数众多的"南郭先生"。那些在面试中对自己的客户资源，销售经验和销售能力夸夸其谈的候选人，在正式录用一段时间后被发现原来并无期待中的真才实学。

一个不争的事实是，很多候选人的“面试能力”远远超过他们的“销售能力”，他们为迎合面试官的喜好而对自己的销售经历和客户资源进行具有欺骗性的修饰和夸张。难怪有位资深销售总监感叹：“要找一份没有一点水分的简历真不容易!”

不仅如此，很多应聘者对销售管理者提出的问题和提问的方式做过深入的研究，他们深谙和熟悉所谓的《面试中常见问题应对宝典》《销售岗位面试真题》等面试经验总结。销售管理者问的任何一个探测性问题，有经验的候选者马上可以识别提问的目的和动机，并且马上匹配以强化训练过的“完美答案”。

【案例】

红楼集团销售总监贾宝就有一次令他印象深刻终生难忘的面试经历，他还记得当时那位叫孙大空的应聘者在面试中侃侃而谈，自信满满。

贾宝：“孙先生，能介绍下你之前的工作经历吗?”

孙大空：“好的，我从大学毕业后一直在白酒行业干销售，一算已经十年了。我现在就职的这家公司，相信您也听说过，目前销量在行业中也可以排到中上游。而我所在的华北区，销售额占全公司的35%，并且过去三年一直保持高速增长。我本人基本每年保持销售额前三名，并且拿过一年的华北区销售亚军。”

贾宝：“好的，不错（面带微笑）。那你怎么会离开原来的公司呢？你和你老板关系应该不错吧?”

孙大空：“我和我老板关系肯定好，而且他非常信任我。只不过我需要一个更大的发展平台来发挥我的优势和资源，这点我老板也很清楚，他甚至也比较认同和支持我。”

贾宝：“是嘛（脸上露出欣喜的神色）。那你在华北区各个城市，有关系牢靠的经销渠道吗？这些渠道，可以被我们所用吗?”

孙大空：“那是肯定的。我可以毫不夸张地说，北京、天津、石家庄等几个大城市的主要经销商和我的关系都很铁。即便我换了公司，换了产品，要找他们支持问题应该不大。”

贾宝：“嗯！因为我们的产品相对定位更高端，需要经销商更多地压货，并且付款需要现金来提，这样对一个销售经理的说服能力、谈判能力和客户攻关能力的要求会比较高，你觉得这方面你会比其他应聘者有优势吗?”

孙大空："贾总，说句毫不夸张的话，这辈子不干销售，我都不知道还能干什么。您说的问题，对我而言都不是大问题。和经销商的合作和谈判，的确需要很高的沟通能力和说服能力，一定要刚柔相济，并且该硬的时候也要硬。我们在谈判中应该懂得给客户画饼，用未来政策和前途来引导对方，而不是简单的讨价还价。说到客情关系，我认为既要满足经销商生意上的合作利益需求，也要懂得发展私人交往，多在非正式场合花时间和他们交往。"

贾宝："好的，我没有什么问题了。刘总，您那边还有问题吗?"（扭头转向一起参与面试的人力资源总监刘邦）。

刘邦作为资深的人力资源总监，以自己多年的面试经验，向孙大空提了一些隐蔽性比较强的问题，例如"你之前是否在和经销商合作中遇到一些挑战，你是如何解决的""你将如何把自己过去的销售经验运用到我们的销售环境中""告诉我一件在销售中别人一般难以完成但你却完成了的任务"等。刘邦觉得这些问题不是直来直去，而是更具有侦探性。然而孙大空在回答这些问题时显得不慌不忙，游刃有余，每个回答都恰到好处。

面试结束时刘邦和贾宝相视一笑，心里都在想这次终于找到一匹"千里马"了。两周后被寄予厚望的孙大空正式入职，然而半年后那些承诺的经销商合作毫无进展，一年后孙大空最终被证明是个彻头彻尾只会纸上谈兵而无实际能力的夸夸其谈之辈。

在现实工作环境中，销售管理者一般总会通过"问"来探询候选人虚实，评估对方在"销售经验""客户资源"和"销售技能"三大显性指标上的表现和实力。正如案例中贾宝问的前两个问题是关于"工作经验"的，第三个问题是关于"客户资源"的，而第四个问题则是关于"销售技能"的。

摆在销售管理者面前关于面试的一个挑战是，类似"孙大空"这样深谙面试之道的销售人员比比皆是。即便是经验丰富如刘邦一样的招聘专家，他们的隐蔽性问题也早被候选人研究透彻，其答案也成为"半公开"的秘密了。

销售人员的面试不在于流程如何复杂，不在于形式上如何花哨，而在于把握"快、准、狠"三字诀。如果只用一个关键字来定义经验与资源两大指标的有效甄别，那就是一个"查"字。如果只用一个关键字来定义销售技能这一指标的有效甄别，那就是一个"试"字，如表 3－3 所示。

表 3 –3 销售人才三大显性甄别指标

销售人才三大显性甄别指标	评估一字要诀	具体建议
销售经验	查	要判定一个销售职位候选人过往的销售经验和客户资源的质量，销售管理者绝对不能轻信“提问”的作用，很多销售人员是用假情报对付面试官的高手，更是识别提问动机和目的的高手 销售经验和客户资源这两大指标的甄别，建议化繁为简地活用一个“查”字。通过打电话或者面对面的方式询问相关“见证人”并获得更真实证据，如此把关将大大挤出水分。销售管理者可能因此会发出由衷的感叹：“潮水退去，方知道哪些人在裸泳。”
客户资源		
销售技能	试	销售技能的辨别，不在于考察候选人“知道多少”，而在于考核其能“做到多少”。在销售队伍中“纸上谈兵”者不少，通过提问有时很容易让这些人在夸夸其谈中蒙混过关 销售人员的“能战善战”必须在真实的情境中才能逼出其本能反应，因此销售技能这一指标的考评必须通过现场测试，即现场抛出让对方毫无准备的销售情境，让对方当即展示其销售技能。往往在高度紧张和突然的情况下，销售人员在销售技能各方面的表现将被客观真实地“逼”出来

一、经验与资源指标的甄别诊断

【案例】

孤独求败是一家大型机械设备公司的区域销售经理，回想起一年前的大客户经理岗位的选拔，他至今仍记忆犹新。还记得当时经过层层筛选考核，最终金世遗、段誉和乔峰三人入围复试。三个人的履历都让孤独求败非常满意，本行业工作经验都在八年上下，可以说是不分伯仲。况且三人都积累了足以快速签单的大客户资源，这也是本次招聘中孤独求败很看重的。在面试中三人都表示自己是原公司的骨干和核心，也是因为需要一个更好的发展平台才离开原来公司的。对于自己在原公司和上司、同事、客户等人际关系，三人都表示现在依然保持非常好的往来和联系。

孤独求败是分别面试金世遗、段誉和乔峰的。每个候选人他都连问了十多个环环相扣的问题，三人的回答还是不分上下。于是在每个人面试的最后，孤独求败说道："既然您原有业绩如此出色，深受老板赏识，并且客户关系如此深厚，我想请你提供你上级的电话给我让我简单核实一下，请放心我的沟通仅限于对你过去工作成绩的了解。并且也请提供两个重要客户的联系方式给我，我们也想了解一下您的客户对你的真实评价。希望您理解，我们对这个职位的任职要求比较高，因此非常慎重。"

孤独求败依然还记得话音未落，金世遗的脸色瞬间一变，紧张和不安写在脸上。金世遗说了不少一听就经不起推敲的托词，而他这时候忐忑的表现和之前的淡定自信相比反差很大。

而段誉呢，则表示当场给联系方式不方便，自己回去找到后会尽快提供，请孤独求败务必放心。而结果呢，面试结束后段誉杳无音信。

乔峰则当场表态没有问题。他现场列了多个自己的上级和同僚的职位和联系方式，让孤独求败任意抽取进行核实。同时，他也写了五家长期合作的核心客户负责人的电话，请孤独求败尽管了解查询。孤独求败先后打了五个电话，每个电话打完都增加了他的信心。最后一个电话打完，他当场向乔峰伸出手表示当即录用。

孤独求败至今为他的决定感到自豪，因为乔峰目前是他团队中连续三年的业绩冠军。

孤独求败能"慧眼识鹰"，依靠的是他对候选人在"资源"和"经验"两大指标上的甄别充分贯彻了一个"查"字。很多销售管理者表示，现在很多候选人个人履历水分非常大，而那些能在每段工作经历最后附上"核查人"联系方式的履历，就变得难能可贵，一下子就"抓住了他们的眼球"。

二、销售技能指标的甄别诊断

【案例】

顶冠集团销售总部大楼内灯火通明，销售总经理刘备正和几位销售副总就在全国范围内启动100位新销售人员大规模招聘计划进行磋商和意见交换。

刘备和几位副总经过沟通达成一致的是，这次招聘一定要筛选出那些在"销售技能"上有极好潜力和天赋的优秀人才，因为好的苗子一经培养就能快速上手并带来业绩回报。

但对于究竟什么是“销售技能”，以及优秀的“销售技能”究竟包括哪些内容，大家各执一词，一时之间难以找到共识。刘备非常焦急，因为他知道如果连“销售技能”的标准都无法界定，那找到100个所谓“销售技能出色”的销售人员最终将是一句空话。

常务销售副总经理关羽认为，“销售技能”就是“拉关系”的能力，那些能迅速和客户拉近关系的销售人员做业务一定没有问题。

华东区销售总监张飞持有不同意见，他认为“销售技能”关键是看销售人员能否快速挖掘出客户需求，光会搞关系不善于挖掘客户需求，那会造就一大批和客户混得很熟但得不到深度信任的销售人员。

华南区销售总监赵云则认为，“销售技能”最重要的是能把产品的优点和特色说到位，讲到点，一句话，价值说服力一定要强。

接下来华北区销售总监黄忠，东北区销售总监马超等也纷纷发表了自己的观点。面对大家的分歧，刘备陷入了沉思……

以刘备为首的销售管理层就“销售技能”这一指标如何标准化的讨论极其有必要，因为很多销售管理者本身就对什么是“销售技能”无法给出一个具体明确的答案。因此，在评估衡量候选人“销售技能”是否合格之前，首先要把什么是“销售技能”进行严格界定和标准化。大量优秀销售人员的行为特征一致表明“销售技能”可以大致被解剖为四大内核（见表3－4）。

表3－4　“销售技能”四大内核

四大内核	具体描述
破冰润滑	破冰润滑能力强的销售人员往往很会做人，能迅速拉近关系和缩短与客户之间的心理距离，快速破除客户的防备和抗拒，即使是陌生客户也能让关系迅速“升温”。破冰润滑往往体现在亲和力极强，善于投其所好，懂得察言观色，能找到和客户之间的共同点
需求挖掘	需求挖掘能力强的销售人员通常善于通过提问来探寻客户的潜在需求。需求挖掘更体现在客户暂时没有“需求”时如何有效放大其对现状的不满，挖掘出其“隐性”需求以及把“不紧迫需求”变得紧迫
价值呈现	价值呈现能力强的销售人员通常能快速精准地呈现出自身产品和服务与众不同的价值和亮点。并且，价值呈现更体现于销售人员在展现自身优势和特色时总会站在客户的角度进行分析，让客户能“心悦诚服”地接受
异议引导	异议引导能力强的销售人员在处理和应对客户的挑战和异议时总是显得游刃有余，他们不仅能很好地运用各种技巧处理客户的抱怨和挑战，更能在异议引导中关注对方的心理动机，抚平对方的情绪

【案例】

长平秦赵两军相持而不战，已近半年。由于秦军远离本土，粮尽草绝，眼看就不击自溃。但是，赵孝成王怀疑廉颇懦怯，早就想换一个人到长平去把廉颇顶替回来，于是他想到了战国时赵国名将赵奢之子赵括，他年轻时学兵法，谈起兵事来父亲也难不倒他。他问赵括："寡人听说，你的勇敢超过你的父亲。想让你到长平去迎击秦军，你有取胜的把握吗？"

赵括神气地回答道："秦王若派武安君白起为将，要取胜，尚需要我筹划一番。可眼下是王龁为将，打败他不在话下！""你为何这样说呢？"赵孝成王又问。赵括说："武安君白起率领秦兵，在伊阙，打败了韩国和魏国的军队，斩魏国兵将24万；接着，他再攻魏，占了魏国大小60座城池；随后，他又南下攻打楚国，并占领了楚国的京都鄢郢；再后，他又攻打魏国，斩魏国兵士13万；攻打韩国，占韩国5座城……可以说，他战必胜，攻必取，威名很大。因此，我若与他对垒，可能胜负难分，所以，要取胜，尚费筹划。而那王龁，因廉颇懦怯，才敢于深入。他如遇到我，则如秋叶遇到强风，他不是我的对手！"赵括的这一番话，说得流畅、激昂，充满自信。

赵孝成王高兴极了，他当即便任命赵括为上将军并拨他20万劲军，命他往长平取代廉颇，攻打秦军。廉颇一走，赵括便照着他从兵书上学到的兵法干了起来。结果中了秦军的计策，赵括被乱箭射死，40万赵军全被秦军坑杀……

赵孝成王在面试中轻信赵括的"纸上谈兵"，用人不当损失惨重。这一典故给我们的启发是，即便再出色的销售管理者，在面试中也很难做到用"纸上谈兵"式的方法问出候选人的销售技能水平和潜力。销售技能的真实展现必须通过情境测试来完成，也就是活用一个关键字——试。

【案例】

世界销售管理泰斗杰克·威尔纳对于用"试"来探测候选人的销售技能水平情有独钟，他有一个非常实用和经典的"烟灰缸"测试法，他认为这一简单快速的测试可以将"销售技能"四大内核（见图3-3）淋漓尽致地展现出来。

当他在面试候选人的时候，聊到一半，他会突然指着桌子上的烟灰缸说："我是一个不抽烟的潜在客户，现在请你马上把这个烟灰缸卖给我。"

图 3－3 “销售技能”四大内核

有的候选人在略显紧张之后，马上就开门见山地介绍产品的好处、优点以及促销政策，杰克·威尔纳认为在双方关系还未建立起来的时候就直接推荐产品会让客户感到很不舒服，自然而然地产生心理抗拒和紧张氛围。而有些候选人则完全不同，他们在听到这个挑战性任务后，反而非常放松和热情。他们会通过赞美和寻找共同话题来拉近关系，他们会先向杰克·威尔纳请教如何成为一位优秀的培训专家来赢得好感，他们更会告诉杰克·威尔纳今天自己的任务是展示产品而非推销产品。

很显然，前后两种销售职位候选人在破冰润滑这一关键技能上的表现天差地别，前者缺少“气氛破冰与润滑关系”的能力和潜力，而后者则把“做关系，破隔阂，建信任”作为产品销售的前提和基础。

当杰克·威尔纳明确告诉对方因为自己不抽烟所以烟灰缸对他而言毫无价值时，有些候选人会用“价格优惠”“买一送一”等促销手段或者“买了放着也行”“将来总有用得到的地方”之类不顾客户感受的话语强行推销。

而少数候选人则转而向杰克·威尔纳提一些关切性问题，诸如他是否有不少社交活动，朋友中是否有不少喜欢抽烟的，朋友圈是否定期会在家中举办聚会等。当杰克·威尔纳很配合地对这些提问给予肯定的回答时，这类候选人就会提出以下非常有礼貌的建议：“威尔纳先生，那些喜欢抽烟的朋友在您家聚会，如果您能备一个或者几个烟灰缸的话，那不仅是对于他们的极大尊重，体现出您作为主人的细心和周到，更能避免家里烟头到处都是，乌烟瘴气，让您太太抱怨和不愉快，您说呢？”

每当听到这样的建议，杰克·威尔纳都会暗地里对候选人竖起大拇指，因为他们有很强的需求挖掘和引导能力。而前面所描绘的不顾客户感受强行推销者，则完全缺乏客户需求挖掘引导的意识和技巧。

当接下来杰克·威尔纳故意刁难地说：“为了难得一次的聚会买个烟灰缸，我觉得放着没什么用啊！”面对这样的挑战，有些候选人还是从价格如何便宜，今天购买能获得怎样的优惠角度进行游说。而有的候选人则进行类似如下话语的表述：“威尔纳先生，您说得非常好，如果仅仅是为了难得的聚会，买来放着的确不能充分发挥烟灰缸的价值。所以我们这个产品充分考虑到了这点，您看这个展示图，如果没有人和您说明，您会觉得这是个烟灰缸吗？看这个艺术化的造型，优质的材料，闪耀无比的色泽，这完全是一个工艺品啊。”

杰克·威尔纳认为这类销售人员能很好地对产品进行卖点包装，善于挖掘产品的价值点和利益点并呈现给客户，一句话，他们是价值呈现的高手。

杰克·威尔纳最后一个刁难性问题是：“我即使今天买了你的烟灰缸，回去肯定要被我太太误解，以为我要抽烟了。”话音未落，有些候选人会急不可耐地反驳：“这不可能的，她们一定理解你的，这种情况不太会出现的。”

而有些候选人则面带微笑地说：“威尔纳先生，我真羡慕你有这么个持家有道，体恤老公的好太太，她这是关心您的身体健康啊！而且您太太一定特别注意家庭的环境卫生，您家一定是一尘不染。所以，当您和她说这个烟灰缸是为了有抽烟的朋友来了能保持家里的卫生，避免她辛苦收拾时，她一定会很感激你，认为你是位关心她体恤她的好老公。”

杰克·威尔纳说即便是虚拟的面试情境，这样的表达也很让他感动和产生购买的冲动，因为这类候选人处理客户不同意见的能力非常强。他们不仅懂得合理地引导客户的观点，而且懂得有效地疏导客户的情绪。简而言之，他们的异议引导能力非常强。

杰克·威尔纳作为全球范围内销售团队管理领域的泰山北斗，在销售人员的选拔和甄别方面没有用太复杂的流程和询问太多技巧性的问题，而是化繁为简地抓住一个“试”字，这个简单的字帮助他寻找到了真正符合其期望的销售人员。

杰克·威尔纳的做法完全可以被各行业的销售管理者加以借鉴并活学活用，即在面试环节中设计一到两个看似简单但又出人意料的“销售情境”，并运用“销售技能”四人内核作为标准来进行分析和评判候选人的表现。

第三节　销售人才两大隐性甄别指标

【案例】

左冷禅在一家名叫冷水科技的著名高科技公司担任销售总经理，最近他对自己手下20多位拥有硕士以上学历的客户经理的业绩表现很不满意。今年年初以来，整个团队的业绩增长低于行业平均水平，在几个关键客户的争夺中冷水科技都遗憾落败，更可气的是主要竞争对手销售团队的学历背景和专业知识要远远低于冷水科技。为了调动团队士气和工作主动性，左冷禅可以说使出了浑身解数，这些客户经理自己也很想摆脱现状，突破自我，但结果依然不尽如人意。

无奈之下，左冷禅邀请刚空降到公司担任组织发展总监的东方月帮他找找原因。东方月答应了左冷禅的求助，但提出了一个前提条件，这个条件就是东方月要和每个客户经理单独会谈10分钟。

当东方月和全部客户经理会谈完毕，他问的第一个问题让左冷禅很是诧异。东方月问："左总您觉得您手下的客户经理个性如何?"

左冷禅自信地回答："别的我不敢说，我的这些兵工作踏实、认真、细致，计划性强。"

东方月哈哈一笑："左总，这就是问题所在。您说的这些个性优势，在开拓性的销售岗位上未必是优点，反而可能是短板。用我的眼光来看，这些客户经理普遍内向，一本正经，不太爱表达，让人第一感觉是'冷'和'闷'。"

左冷禅问："这和销售工作关系大吗？他们可都是硕士以上学历啊!"

东方月说："左总，销售岗位最重要的是和人打交道，赢得他人的好感和信任。我把销售人员的个性分成金黄色、火红色、水蓝色和草绿色。火红色的销售人员热情开朗外向，金黄色的销售人员有坚定执着的目标导向；水蓝色的销售人员内敛细腻理性注重细节，而草绿色的销售人员注重和谐和安于现状。而在您的团队中恰恰水蓝色和草绿色的销售人员居多，这些先天的个性决定了销售人员的行为和表现，这不是您能通过培训和辅导轻易改变的。"

左冷禅惊叹道："原来个性对销售工作如此重要啊！当初招聘选拔时是我疏忽了。"

东方月一语点醒梦中人，一针见血地指出了销售人员筛选评估中两大隐性指标中的个性指标。个性指标对销售人员的行为表现和绩效结果往往起着关键性作用的，而且个性特征一旦形成，很难在短期内扭转和改善。

一、销售人才个性甄别

东方月分析了销售人员个性特征的四大类别，并且分别用四种颜色来表示，如图 3 -4 所示。

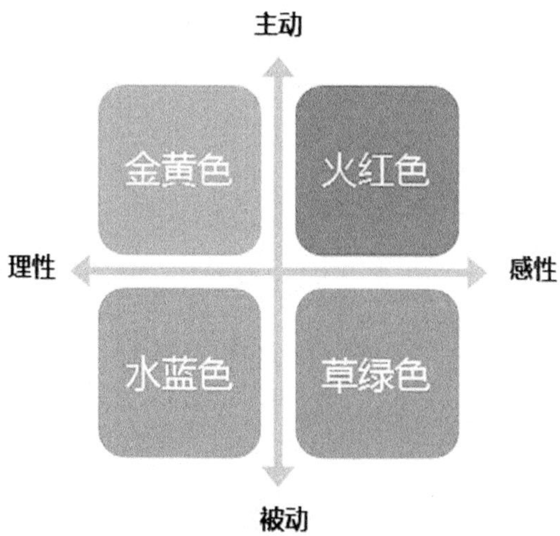

图 3 -4　销售人才个性甄别分类

火红色个性的销售人员喜欢热闹，他们热情，会赞美奉承别人，擅长人际交往和表达，他们是天生的"热得快"，破冰能力很强，亲和力和感染力最高；金黄色个性的销售人员目的明确，坚定执着，韧劲很足，不达目标誓不罢休，这种销售人员执行力特别强，对销售目标最为忠诚；水蓝色个性的销售人员细腻，理性，计划性强，注重细节；而草绿色个性的销售人员注重关系和谐，个性温和，安于现状。

销售人员的每种个性特征都有其鲜明的特点和优势，但也有其先天的缺点和不足，这就需要销售管理者在用人时注意扬长避短，如表 3 -5 所示。

表 3－5　　　　销售人才个性特征四大分类

四种个性	特点	缺点
火红色	能活跃气氛 善人际交往 善于表现 有创造力 擅长辞令	虎头蛇尾 冲动 自我管理能力差 废话太多
金黄色	目标感强 自信 自律 意志强 执行力强 果断	过于严肃 对人缺少同情心 功利心过强 过于直接和刚性
水蓝色	喜欢思考 周密细致 表现稳定 冷静 计划能力强 完美主义	完美主义 犹豫不决 行动力差 拖拉
草绿色	注重和谐 富有同情心 性格温和 安于现状 不愿意冒险	缺乏目标感 浪费时间 迁就 被动

在招聘面试中，销售管理者可以通过两个途径来初步判断候选人的个性特征和颜色类别。第一个途径是观察，有经验的销售管理者可以通过言谈举止和行为表现的观察初步判断候选人的个性特征，如表 3－6 所示。

表 3－6　　　　销售人员四种个性的外在行为表现

	火红色	金黄色	水蓝色	草绿色
关键词	活泼、热情、多变、健谈、善沟通	坚定、果断、自负、目的性强	细致、敏感、理性、悲观、不太友好	平稳、随和、寡言、友好、镇静
决策方式	凭感觉做决策	决策果断、以事实和任务为中心	极其注重细节，通过大量的事实、数据做判断，决策很慢	不急不躁，优柔寡断，做决策一般很慢

续　表

	火红色	金黄色	水蓝色	草绿色
声音特性	讲话很快、音量比较大，音调抑扬顿挫；你可能经常会听到爽朗的笑声	讲话很快，音量比较大，讲话时音调变化不大	讲话不快、音量也不大，音调变化也不大	讲话不快，音量不大，音调会有变化，但不像火红色人那么明显
行为特征	很热情、友好，经常提出自己的看法；往往对你所讲反应迅速，有时也会同你开玩笑	可能会刁难你，以显示权威，喜欢讲而不是听，他们讨厌浪费时间	不太配合、不喜欢讲话、不主动表达看法，让人觉得难以理解	反应不是很快，是很好的倾听者，只要你能引导他，他们会配合

第二个途径是提问，销售管理者可以通过问一些探测性问题来识别候选人的个性特征。例如一个非常简单有效的问题是询问候选人对工资待遇的要求，四种颜色类型候选人的个性特征往往在回答这一问题时展现得淋漓尽致。以下四个场景分别展示了四种个性的销售人员在回答这一问题时的本能反应。

场景一

销售管理者："请问你对工资待遇有什么要求？"

火红色销售："您看我的工作经历和从业经验，我只希望比一般同事进来稍微多一些，至少能反映出我的资历和能力，您说呢？"

销售管理者："这可能不行，我们公司的政策所有人只能一视同仁，不能破例。"

火红色销售："那您看基本工资我可以按照公司政策走，但我希望名片上不要帮我印销售代表，可以吗？"

销售管理者："你想印什么？"

火红色销售："高级销售代表。"

销售管理者："……"

场景二

销售管理者："请问你对工资待遇有什么要求？"

金黄色销售："工资待遇我要求很明确，底薪4000元加提成，这是我最起码的要求。"

销售管理者："底薪4000元我们可能提供不了，如果底薪稍微低一些您会考虑吗？"

金黄色销售："那不行，4000元就是4000元，少一分也不行。"

销售管理者："……"

场景三

销售管理者："请问你对工资待遇有什么要求？"

水蓝色销售："我想问下工资待遇具体包括什么？"

销售管理者："主要是指基本工资加提成。"

水蓝色销售："哦……（思考）那我问下加班是否算工资，加班工资每小时多少钱？周末加班否？出差补贴怎么算？外出住宿标准怎么样？社保都应有吗？交三金还是四金？"

销售管理者："……"

场景四

销售管理者："请问你对工资待遇有什么要求？"

草绿色销售："工资待遇我也没有什么特别要求，跟公司政策走。大家多少，那我也多少。"

销售管理者："……"

虽然四种颜色的个性各有优点，各有缺点，不能武断地判定孰优孰劣，但销售这项特殊工作对于从业人员的个性在两个方面有特殊要求。一是销售工作特别需要很强的亲和力和感染力，需要快速拉近关系、快速建立关系、快速深化关系的能力和习惯，因此销售人员如果在个性中偏火红色，则更能胜任这份与人打交道的工作。二是销售工作经常需要挑战业绩目标，挑战自我，经常会遇到挫折、困境和拒绝，这就特别需要销售人员在个性中具有金黄色，咬定目标不放，执着坚定。

如果非要用一种颜色来评判销售人员的最佳个性，那便是橙色，橙色即红色加黄色。橙色销售人员兼顾了火红色热情乐观开朗的优点和金黄色坚韧执着专注的特长，又平衡淡化了火红色虎头蛇尾情绪化的弱点和金黄色过度功利和刚性的缺陷。

【案例】

左冷禅自从听了东方月对于销售人员个性特征的分析后，主动调整了团队人员结构，通过外部招聘和内部调岗等方式增加了不少橙色销售人员，整个团队的士气和公关能力明显改善。

左冷禅请东方月吃饭表达感谢，席间他再次请教东方月，除了个性特征外，评估销售人员的潜力和素质还有什么潜在的指标。

东方月微微一笑："左总，您是否想有一天对你的销售团队说一声'Thank you'。"左冷禅说："当然啊！如果哪一天我对他们说'Thank you'，那一定意味着他们表现出色，为公司创造了优秀的业绩。"

东方月说："好，如果一个销售人员能让您对他说'Thank you'，那他必须得同样具备'3Q'，这3个Q分别是EQ（情商）、AQ（逆商）和DQ（胆商）（见图3－5），这三个商构成了销售人员另一个隐性评估指标——品质。如果把销售人员比喻成一块玉，那品质指标就是这块玉先天的质地和内涵。虽然古语说'玉不琢，不成器'，但选一块质地好的玉是能否雕琢成艺术品的前提。"

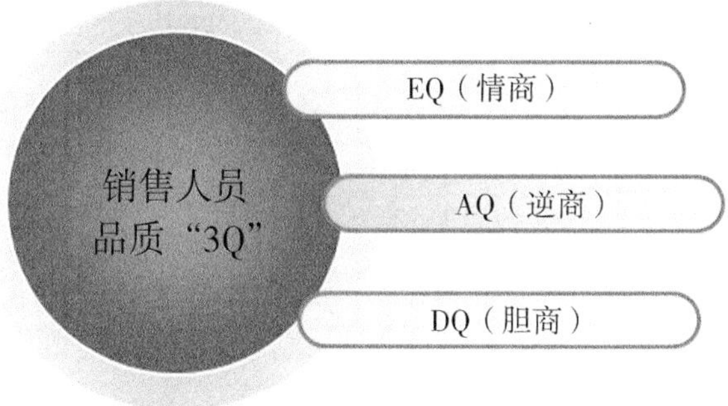

图3－5 销售人员品质"3Q"

左冷禅说："品质的优劣在入职后三个月能马上表现出来吗?"

东方月说："未必，所以我们得在招聘中认真筛选。销售工作往往是路遥知马力，很多我们不看好的人，往往具备跑长途的耐力，慢慢地会甩掉别人脱颖而出。而有些我们欣赏的黑马却不幸被证明是昙花一现之辈。这不是经验和技巧的差别，甚至不是个性的差别，而是品质的差别。"

二、销售人才品质甄别

东方月所强调的销售人员品质，主要由销售情商、销售逆商和销售胆商组成。这三个"商"体现了销售岗位和其他岗位相比对从业者内在品质最与众不同的要求，如表3－7所示。

表 3－7 销售人才品质 3Q

销售人才品质 3Q	定义	具体表现
销售情商	定义：情商指销售人员在和客户交往时能通过自我情绪控制实现有效沟通与赢得信任的程度，通过保持乐观激情和自信热情感染和影响客户的程度，以及识别客户情绪并投其所好的敏锐度	控制情绪：销售人员在面对任何人、任何情形、任何状况时，都需要保持乐观积极的情绪状态，确保自己的情绪不受外界人和事的影响，做到不以人悲，不以事哀 感染客户：销售人员的情商还在于通过自己的热情、积极、乐观、向上的情绪去带动和影响客户，给客户信心 察言观色：销售人员的情商更体现在敏锐地洞察客户和他人的表情与情绪变化，及时切换话题，迎合动机，投其所好
销售逆商	定义：逆商是指销售人员在面对拒绝、挫折和逆境时展现出的良好心态和自我激励。逆商高的销售人员具有不畏艰难，坚持到底，坚定不移，不达目的绝不罢休的韧劲和毅力	逆境中的心态：逆商高的销售人员面对逆境和挫折时拥有淡定、沉稳、正面、乐观的心态和思维 逆境中的行动：逆商高的销售人员面对逆境和挫折时具有不畏困难，坚持不懈，咬定目标，越挫越勇的行为特征
销售胆商	定义：胆商是指销售人员面对客户和他人时勇于主动接触，敢于主动表达，勇于引导对方观点，勇于激发对方行动的胆量和勇气	接触、表达和引导的胆量：胆商高的销售人员行动力强，敢做敢说，从不犹豫和优柔寡断。在接触客户，表达想法，推荐产品时都具有快速行动的非凡勇气和过人胆识 向上销售的勇气：胆商低的销售人员一般只愿意接触客户中职位较低的人员，因为这样他们不会感到有压力。而胆商高的销售人员则相反，他们愿意并敢于和客户的高层交往，没有任何心理负担和压力

正因为销售人员的品质是一个反映其未来发展潜力的重要隐性指标，因此销售管理者在面试考核时需要把这一指标列出，作为评估的重要项目。

销售人员品质的测试，在没有任何压力的环境和氛围下是很难真正有效的。品质这种潜在指标的剖析，需要围绕一个“压”字展开，即现场给对方压力并观察对方的反应。

【案例】

江海天作为一位在选拔销售人才方面特别有心得的销售总监，格外注重销售岗位候选人品质的测试。他强调，品质的测试靠问没有用，靠填写一些书面的测试问卷也没有用。他反复强调一个“压”字，即在面试过程中通过给予对方“压力”而“逼”出对方的真实反应。

在面试中，他会故意非常冷淡甚至冷漠地对待候选人，以此来观察对方的情绪是否因此而被影响，变得消极、低落和失望。当他发现有些候选人在自己的冷漠之下反而更主动，更热情，甚至自己反而被带动和感染，那他就认为这个候选人的情商非常高，能做到他所希望的“用自己的热脸去贴别人的冷屁股，并把别人的冷屁股焐成热屁股”。

江海天有时更会在面试到一半时突然对候选人说因为名额有限而只能向对方说“抱歉”，他会以此探测对方的逆商。逆商低的候选人往往会满脸失落垂头丧气地离开，而逆商高的候选人却并不放弃，而是竭力地争取机会，展示自己的特点和求职诚意，甚至建议他破例多增加一个名额。

江海天还有一个很奇怪的测试方式，他会让候选人在5分钟内完成一个任务，即到自己公司办公区找任何一个人借50元。江海天发现很多候选人就是没有胆量去尝试开口，没有勇气去行动，缺乏做销售必要的胆商。而有些候选人即使最后没有成功借到这笔钱，但过程中所展现的行动力和胆量是江海天非常认可和赏识的。

第四节　销售人才发掘五大特殊管道

为了更精准地寻找到真正适合从事销售岗位的销售人才，为了更多地储备有潜力的“左膀右臂”，同时也为了摆脱网络平台、人才市场等常规招聘渠道的限制和不足，销售管理者需要在企业人事部门协助招聘之外，建立自己独特的乃至特异的销售人才发掘管道。

并且，和通常只在销售人员流失时而紧急启动的“应急式招聘”不同，销售管理者需要打造的销售人才发掘管道应该是“储备式”的或者说是“细水长流式”的。

综合大量优秀销售总监或销售经理招聘销售人才的经验和范例，有五大特殊管道可以作为“猎鹰机制”而被销售管理者广泛采纳和使用，这五大管道分别是特设内线管道、特别偶遇管道、特定对象管道、特定场合管道以及特约实习管道，如图 3 –6 所示。

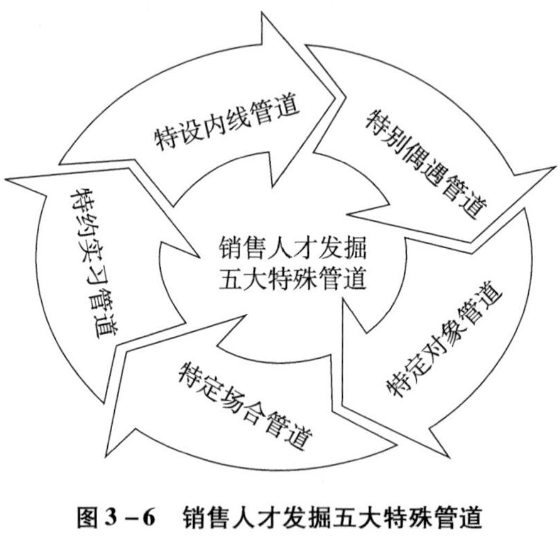

图 3 –6　销售人才发掘五大特殊管道

1. 特设内线管道

在销售人才发掘和选拔中，“内线”指的是那些能接触到潜在候选人并且有意愿协助推荐和介绍候选人的机构或者个人。销售管理者通常会发现，由于“内线”没有招聘压力且站在第三方角度，因而对潜在销售候选人的评估和判断比人力资源部门更加客观、精准、实用。

销售管理者可以发展的“猎鹰内线”，首先可以是自己的“客户”。因为“客户”和不同供应商的销售人员频繁接触，更能真实地感受不同销售人员的“能力表现”和“人品素养”。合作良好且相互信任的客户内线，能让销售管理者接触并约见到其他相关企业有培养潜力的销售人员并在恰当的时机转为自己所用。

销售管理者也可以发展“员工内线”，即让自己的销售人员在日常销售拜访和社交活动中主动留心和物色有潜质的销售人才，一旦录用即给予推荐者适当的“伯乐奖金”。

销售管理者可以发展的另一类“内线”就是“行业朋友圈”，把自己在行业中的各种关系网络、各种人脉资源利用起来，只要对方有接触到销售人才的机会，都可以发展成“行业内线”。

当然，销售管理者还可以根据自己所在行业的销售模式发展更多独特的“内线”。“猎鹰内线”撒得越广，推荐成功的奖励越诱人，所能发掘和输送的销售人才数量就会越多，质量就会越高。

2. 特别偶遇管道

物色和评估潜在销售候选人的另一个重要管道就是偶遇，很少有销售管理者将这看成是一种招聘方式，这是对销售人员招聘产生了误解。招聘销售人才应该放在销售管理的战略高度，而不是把它当成一个简单的工作，不是发布招聘广告之后等待相关应聘者来报名，然后像筛选物品一样地筛选。这种招聘流程就是将销售人才招聘仅仅看成了事务性工作，而没有当成销售管理的重要战略。

事实上，如果将招人看成是销售管理的重要战略，那么招聘就不仅是简单的事务性工作，而应变成销售管理者“日常任务清单”中的重要组成部分。

销售管理者每天都会接触到很多人，而其中70%以上的陌生人都是销售人员，又有多少销售经理认真地审视过他们，认真分析过与自己擦肩而过的这些人中是否有适合的销售人才呢？

偶遇各行各业的销售人员其实是非常难得的选才机会，但销售管理者们是否这样想过？是否这样做过？是否长期地坚持做过？

有位著名企业的区域销售经理说过：“我以前总抱怨招人难，抱怨人事部门在招聘方面支持不够。后来我才认知到每天接触的形形色色的销售人员，其中有那么多让我印象深刻的，都和我擦肩而过。意识到这点后，我就有意留心与我接触的各种销售人员，结果真的让我成功地通过偶遇物色了好几个杰出的销售精英。”

销售管理者开启“偶遇式招聘”是随时随地的，可以是在拜访客户时，可以是在出席行业活动时，可以是在参加某一会议时，可以是在外出购物时，可以是在接到“推销电话”时……一旦偶遇变成了常态化的招聘管道，销售管理者就会发现其实每时每刻都存在“招聘机会”。

3. 特定对象管道

销售管理者一旦清晰了自己所需销售人员的品质、个性等重要隐性指标以及对表达力、说服力、亲和力、勤奋度等各方面的特别要求，就可以有明确方向地寻找能和自己的招聘需求吻合的特定对象。

【案例】

某啤酒企业销售总监一直为找不到和留不住销售人才而苦恼。这一行业所需要的销售人员应具备的重要素质不是“口才好”，不是“会忽悠”，不是“善沟通”，而是“脚勤奋”“肯吃苦”“会动手”以及“能服务”，因此很多招来的大学生都因“嫌工作太累”而离职。

后来在朋友的建议下，针对自身行业对销售人才的特定要求，这一啤酒企业不远千里到经济较落后城市和当地的中专技校寻求“对口合作”，在这些学校选拔有吃苦精神、踏实肯干、学习能力强并且珍惜工作机会的“寒门子弟”。这一改变效果极佳，销售队伍不仅稳定忠诚，而且销售人员的执行力、敬业度和上进心都很强。

特定对象的选择可以瞄准某些特定行业培养和磨砺出来的销售人才。例如有些企业把选人对象锁定在“保险行业”和“房地产中介行业”，那是因为这两个行业销售人才特有的“狼性”“激情”和“冲劲”正是它们缺乏和需要的。

有位销售总监讲了这样一个真实的故事：“记得有一次，一个保险公司的推销人员向我推销保险，由于我已经买了保险因而在电话里坚决地回绝了他，但是他仍然不断地与我联系。刚开始我感到很厌烦，但转念一想，这样的销售人员不是很好吗？为什么我们不能将他招来为自己所用？为此，每次他给我打电话，我都提出各种刁钻古怪的问题，这个销售人员每次都会很耐心地回答，尽管有时候连我都感觉自己有些‘厚颜无耻’。这种状态持续了很长时间，期间我还特意安排了我的助理以谈业务的名义与他见面。后来通过沟通他愿意来我们公司工作，现在他是我手下最出色的销售领头羊。”

选择特定对象时也可以定位在某些销售中特别需要的技能和素养，例如有些企业的销售管理者喜欢从自己内部或者外部的技术部门去挖掘人才，而有些销售管理者则希望从服务部门或者服务性行业挖掘适合从事大客户维护与管理的销售人才。

4. 特定场合管道

销售管理者也可以“蹲点”或“守株待兔”地在某些特定场合发掘销售人才，这就和钓鱼高手选择他认为鱼群比较多的地方“放钩”一样。

特定场合的界定因人而异，每个“钓鱼高手型”的销售管理者都有自己独到的“钓鱼场所”。

有的销售管理者喜欢在咖啡馆或者茶馆观察和倾听，因为这种场合每天都会发生大量的商务会谈和生意洽谈，销售管理者可以非常冷静和理性地评估、分析和考察每一个可能的潜在候选人。

有的销售管理者则会选择各种展览会、展销会、展示会等活动作为“猎取”潜在销售人才的场所。这些场合里往往有最纯正的商务沟通，最真实的销售场景，也是最客观的销售人才观察视角。

而有的销售管理者则会随机利用偏向生活化的人才猎取场合，例如在卖场中观察正在吆喝的促销人员，在街头观察派发广告和宣传单页的业务人员等。行业不同，对销售人员的素质要求不同，销售管理者的“狩猎场合”也不同。

5. 特约实习管道

特约实习管道是销售管理者为发掘大学毕业生群体中有潜质的销售人才而设置的筛选机制。

由于缺乏实际的工作经验，针对大学毕业生的招聘考核和测试往往会产生偏差，销售管理者很难确认其是否真的符合公司的需要，是否能担当销售岗位的重任以及是否具备销售人员的潜质。

许多公司之所以不愿意聘用应届毕业生，主要是因为他们没有经验，需要长时间的培养，而且培养的结果也很难预料。

但是经研究发现，不少年轻人天生具有销售的特质，只要稍加点拨就可以迅速上手，很快崭露头角。这些人一旦培养出来将会非常稳定，在公司工作的时间短则三年，多则五年甚至八年。

销售管理者建立实习机制能实现销售人员招聘的“一举两得”。一来通过实习可以更真实有效地观察候选人是否适合销售工作，更好地评估其个性、品质等需要一定时间才会显露出来的隐性指标。二来通过实习可以用最小的成本和代价淘汰不适合者，以避免正式录用中高昂的销售人员离职成本和负面影响。

大学毕业生来实习时，销售管理者可以采用“宽进严用”的方式，在招聘审核上不需要尽善尽美，让更多基本符合条件的年轻人进入筛选体系。然后通过实习这一天然的筛选机制，严格选择，这样筛选出的人才可以说是“层层对比”的结果，更加客观和真实。

第五节　销售人员招聘筛选的四性原则

【案例】

一家中等规模肉类处理公司在这一竞争行业中正在逐渐失去市场份额。该公司聘用了十个区域销售经理，这些销售经理每人管理十个销售人员。

为了应对挑战、扭转局势、提高市场份额，公司总裁决定，除了退休、自愿离职及不能达到最低业绩标准要求的人员外，每位区域经理一年内要解雇和更换一位销售人员。

两年后，该公司的市场份额开始上升。五年后公司成为行业的领导者。这家公司的成功可能拥有很多原因，但有一点非常突出，那就是新的政策迫使销售经理不断寻找更好的销售人员。每年让销售人员的10%离开会使销售业绩不断提高。

这10%的人员并非最佳业绩者，他们被更好的人员更换，留下的销售人员被高度激励成为精选团队的一分子。

这家肉类处理公司总裁的做法体现了“流水活鱼”的原则，即让销售团队内的人员主动流动而不是被迫流动，通过主动而为的淘汰和更新确保团队的士气和活力。这种通过主动调整更新来实现销售团队人员结构优化的做法即是销售人员招聘筛选四性原则的第一个原则——流动性。

【案例】

在《亮剑》中有这样一个场景，乔装打扮的李云龙和其得力助手魏和尚在街道上转悠时发现一个卖米的大汉。魏和尚自幼在少林寺习武，武功高超过人，他提示李云龙这个卖米大汉一定是个武林高手。于是李云龙主动上前搭讪，并引导和游说这位叫段鹏的大汉加入八路军，干一番事业。最后几经周折，段鹏决定追随李云龙，成为他身边又一个得力干将。

很多销售管理者往往在关键销售岗位人才流失后才想到补缺招聘，而越是急着招聘越是招不到合适的人才。而李云龙却相反，他身边有魏和尚、张大彪等功夫出色的人，而且忠心耿耿追随他，按道理他没有急切的招聘需求。李云龙却随时随地去挖掘人才、发现人才、补充人才。把销售人才招聘当作一件每天都去留心的连续不断的任务，这种做法符合销售人员招聘筛选四性原则的第二个原则——连续性。

【案例】

屠应龙作为一家著名上市公司的销售经理，之前在招聘选择销售人员时，特别注重其专业对口和过往工作经验。凡是专业不对口的和没有相关行业工作经验的，在简历筛选环节就被淘汰了。

即便如此，费了千辛万苦找到的专业对口经验吻合的“优秀人才”，经过一段时间销售实战的洗礼，大多数都被证明不太适合从事具有压力和挑战性的销售工作。

在公司人事总监的建议下，屠应龙决定放开学历、专业和经验的要求，转而注重候选人的个性、意志品质、抗压能力、自我挑战欲望等评估指标，结果所招来的几个“外行”均成为团队中业绩增长最快的“黑马”。

注重工作经验和客户资源往往是很多销售管理者的普遍做法，但也反映出他们在人才筛选上的“短视”甚至“近视”。屠应龙从最初重视销售人员筛选的经验、资源等显性指标，转而关注个性、品质等隐性指标，在人才招募方面获得了巨大的突破和成功。这种从关注销售人才显性指标调整为重视隐性指标的做法，体现了销售人员招聘筛选四性原则的第三个原则——调整性。

【案例】

三国时期曹操招纳人才，遵循一定的原则，那就是道德和人品必须要过关，必须对自己的国家或主公忠心不二。所以，当武艺最高、异常骁勇的吕布被俘后表示愿意归降，并向曹操陈述了“明公所患，不过于布；布今已服矣。公为大将，布副之，天下不难定也”的利害关系后，求贤若渴的曹操没有立即表态，而是问站在一边的刘备“如何”，这说明曹操对吕布这样一个武艺超群的猛将是喜爱的，甚至想象到一旦拥有吕布便会使自己如虎添翼，在内心里是准备接受的。但是在刘备不怀好意的提醒下，曹操回想到吕布曾经为财而一刀砍下了义父丁原的头颅，为色而一戟刺穿了义父董卓的咽喉，认识到吕布的反复无常，曹操的思想发生了动摇。尽管吕布身怀刘、关、张三人联手都打不赢他的绝世武功，本来就疑心很重的曹操也断然不敢留在身边，以免除引狼入室、养虎为患。于是，曹操果断下令把吕布“先缢死，然后枭首”，这也可以看得出曹操严防“危险人物”进入团队的用人原则。

曹操爱才却杀吕布，这对于销售人员的招聘极具启发和借鉴意义，那就是千万不能因为错误招聘把“外患”变成“内忧”。存在劣根性和坏习惯的销售人员，我们可称其为“问题销售”，一旦进入团队后，很难通过引导激励监督管理实现根本性的改变。如果这些销售人员被自己的同行或者竞争对手招入麾下，那所产生的问题和麻烦就是“别人的问题”。而一旦审核不慎被吸纳进自身的团队，那这些问题全部会变成销售管理者的“内忧”，一定会让销售管理者后悔莫及。这种严防“危险人物”进入团队造成恶劣影响的做法，体现了销售人员招聘筛选四性原则的第四个原则——危险性，如图 3－7 所示。

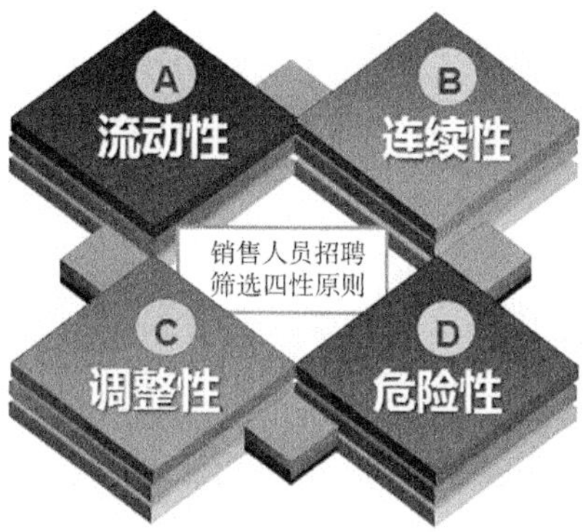

图 3－7　销售人员招聘筛选四性原则

第四章

销售区域优化设置与团队部署

导言　销售区域设置和团队部署五大任务

在销售管理者的核心职能中，排兵布阵必定是占据绝对优先级的。若要更精准地诠释销售管理者的这一核心职能，则更应把排兵布阵改为布阵排兵，即先“布阵”后“排兵”。

所谓“布阵”，即销售区域的划分和设置，也就是为销售团队和销售人员划分客户群和地理管辖范围。合理的“布阵”能将客户开发与维护的效率最大化，更能让销售资源的投入产出比最优化。

所谓“排兵”，则是根据所划定的销售区域和客户管辖范围，配置合理的销售人员规模、类型和结构，并且动态地进行销售团队效能管理和结构持续优化。

布阵排兵虽然复杂多变，但化繁为简、溯本求源，可归纳为清晰的五大阶梯式任务（见图4－1），每个阶梯式任务的关键如表4－1所示。

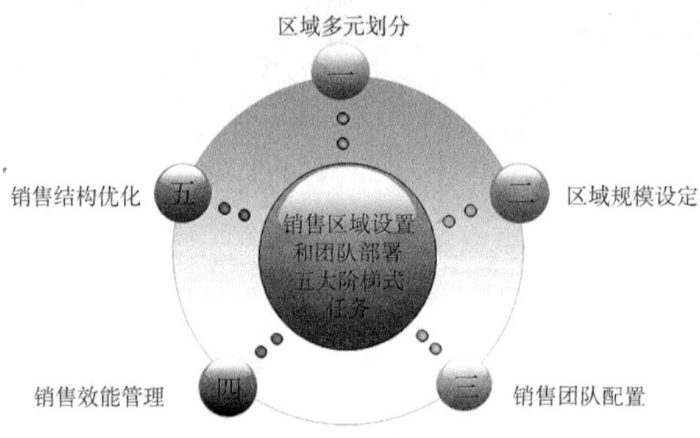

图4－1　销售区域设置和团队部署五大阶梯式任务

表4－1　销售区域设置和团队部署五大阶梯式任务的关键

阶梯式任务名称	关键
阶梯一：区域多元划分	根据不同的维度进行区域范围和客户群的划分，不同的划分方式适用于不同的行业特点、客户特征和销售模式

续 表

阶梯式任务名称	关键
阶梯二：区域规模设定	确定单一销售区域中投放的销售人员数量，即销售团队规模，避免区域内销售人员数量过少（区域过大）或者区域内销售人员数量过多（区域过小）两个极端
阶梯三：销售团队配置	根据不同区域的市场特点和客户状况，配置不同类型的销售人员。销售人员的类型和销售区域的特征需要高度匹配
阶梯四：销售效能管理	区域内销售人员的行动效能体现在时间分配的合理性和拜访路线的有效性，因此销售管理者需要帮助销售人员进行高效的时间管理和销售路线管理
阶梯五：销售结构优化	根据目标达成情况和区域内销售形势的变化，阶段性地对销售团队进行结构调整和人员优化

第一节　销售区域多元划分五大方式

【案例】

销售经理陆小凤现有的销售人员基本都属于“关系型销售”，搞关系能力强但专业性不是很好，因此他最近又新招募了6名技术专业背景很强的客户经理。但是就如何为这6名客户经理划分销售区域的问题，对着销售区域地图，陆小凤显得有些困惑。恰逢好友花满楼来访，听说此事后，花满楼亮出了他对于销售区域多元划分的整体思路。花满楼认为销售区域的划分并非仅限于单一的地理纬度，即按照地理位置或行政归属对销售区域进行切割。花满楼建议陆小凤综合比较与考虑多种销售区域划分方式的优劣，择优使用或组合使用。

花满楼作为极富经验的销售管理专家，一针见血地指出了销售区域划分的多种方式，简称“销售区域多元划分”。按地理位置或行政归属划分仅是销售区域划分的五大方式之一，其他四大方式分别是按产品划分、按客户划分、按职能划分以及按矩阵划分。五种销售区域划分方式的优劣和适用情形明细如表4-2所示。

表4-2　五种区域划分方式的优劣

方式	优点	缺点	适用情形
按地理	按照区域地理结构划分，简单容易，操作性强，区域内出差成本低	无法针对不同客户提供个性化、专业化的服务	产品不多或产品非常类似，区域地理划分便利
按产品	提供以产品为核心的专业化服务	同一客户由不同的销售人员销售不同的产品，可能引发责任不清和推诿冲突	产品类别差异大，针对不同用户群和不同使用对象
按客户	不同销售人员服务不同类型客户，与客户建立伙伴关系，为客户提供深度服务	出差费用过高，服务客户的成本高	需求集中在某几个行业和数量有限的大客户

续　表

方式	优点	缺点	适用情形
按职能	不同销售人员负责不同职责，明确分工，各司其职，提供更专业化服务	职责不清晰，容易冲突	客户对专业要求高，业务员能力不全面时，需要进行专业分工
按矩阵	多种划分方式的组合，整合各自优点	沟通、协作和内部管理成本高	区域市场需要深度开发和再度细分时

花满楼建议陆小凤，如果按照地理维度对区域再度切割存在问题，则可以考虑按产品类别进行区域划分，即原有的关系型销售负责产品线中比较简单和成熟的产品类别，而新的技术型销售可以负责和接管产品线中复杂和技术含量高的产品类别。若按产品类别划分仍然不妥，也可以考虑按客户类型进行划分。例如，在同一销售区域中，按照客户对专业要求的高低分成 AB 两类，A 类对专业要求低的客户，由原有关系型销售人员继续跟进，而 B 类对专业要求很高的客户，则由专业能力强的新销售人员接替。

花满楼的另一个建议是陆小凤可以按照职能分工来进行区域划分，即针对同一个客户，原有关系型销售负责客户关系的开拓维护与商务合作洽谈等职责，而专业背景强的新人，则可以扮演"技术顾问"角色负责技术支持和专业辅导等工作。这样两者相得益彰，扬长避短，一起更好地做深客户关系。

陆小凤觉得花满楼提议的每个分类方式各有特点，各有优劣，花满楼哈哈一笑总结道："那完全可以采用矩阵制，即把几种划分方式组合在一起，博采众长，结合不同区域的实际情况采用不同的划分方法。"销售区域多元划分五大方式如图 4－2 所示。

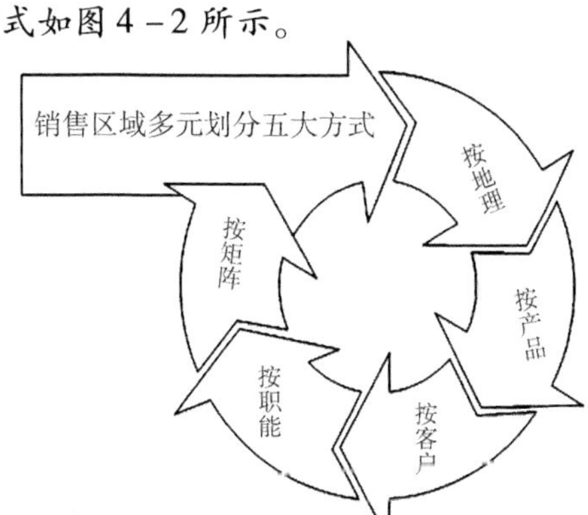

图 4－2　销售区域多元划分五大方式

按矩阵进行区域划分就是把其他四种划分方式组合起来，扬长避短，多种划分方式并存。在实际操作中，有四种常见且容易操作的矩阵组合方式可以供销售管理者借鉴和采用，如表4－3所示。

表4－3　　　　矩阵式区域划分的常见组合

四种常见矩阵式区域划分	适用情形
地理划分与客户分层并存	销售区域内同时存在按客户类型划分和按照地理区域划分。在地理区域划分的基础上，倘若细分区域内客户资源丰富，客户分层明显（大客户小客户区分明显），可按客户规模进行再度分割，即资深销售人员专门负责大客户和重点客户，经验稍浅的销售人员专门负责区域的中小客户和散客
地理划分与客户分层交叉	在地理划分与客户分层并存的基础上，倘若某些细分区域内负责中小客户和散客的销售人员没有足够的市场容量和业务量支撑，则可考虑把几个细分区域中的中小客户和散客合并在一起统一由一人负责。例如，ABC三个销售区域，大客户和关键客户开发维护分别由三个区域中的关键客户经理负责，而三个区域内的中小客户和散客则由一个业务经理统一负责
地理划分与客户补差并存	如果销售人员负责的区域特别落后，客户稀少，业务量明显不足，可考虑在地理区域划分基本不变的情况下，把相邻销售地区质量较好客户群划分归他（她）管辖，作为特殊的补贴和支持
地理划分与职能分工并存	如果有些区域的销售人员人际关系能力强，但专业能力偏弱，短期内又无法弥补，则可以考虑地理区域划分加职能类别划分的组合，即多个区域共享一名专业度强的销售技术支持 销售技术支持负责多个区域，和这些区域的销售人员进行协同拜访并对客户进行专业指导和帮助客户解决问题

矩阵式组合也可以有其他形式，包括地理划分与产品类别划分组合，产品类别划分与客户类型划分组合等。

第二节 销售区域规模设定两大方法

销售区域划分中另一个重要事项便是销售区域规模的设定，即一个区域单元中应该投放销售人员的最佳数量。用一个通俗的比喻来说，销售管理者需要考虑应该在既定的鱼缸里投放多少条鱼。倘若鱼缸里投放的鱼太多，则空间、水和养分等资源不足以支持和养活足够的鱼。相反，假如鱼缸里投放的鱼太少，则所养的鱼不足以占用足够的空间、水和养分等资源，会造成资源的浪费。

区域内销售人员数量的配置也是如此。区域过小、销售人数太多会导致客户量与业务量不足以支撑每个销售人员的工作量和销售成本。反之，区域过大、销售人数过少则会导致市场覆盖不足、市场空白点多、客户拜访频率不足和维护深度不够、销售人员疲于奔命等明显弊端。

虽然销售区域内销售人员数量的确定应视具体情况因人因地因时而异，但总体而言应该把握表 4 -4 中的四原则。

表 4 -4　　区域中销售人员规模确定四原则

区域中销售人员规模确定四原则	具体描述
目标客户覆盖	销售区域内销售人员的数量必须确保能覆盖全部目标客户，必须确保足够量的客户拜访和客户联系。随着市场开发的不断深入和细分，销售人员的数量需要逐渐增加
与竞争对手匹配	销售区域内销售人员的数量要与主要竞争对手在同一区域内的销售人员的数量相平衡和匹配。和竞争对手相比，销售人员数量太少会导致市场份额和客户的流失；和竞争对手相比，销售人数太多则会导致资源和成本的浪费
销售效率和士气	销售区域内销售人员的数量还要考虑销售工作的效率：区域过大、人数太少则会因为拜访路线太长时间成本太高而导致效率降低，销售人员疲于奔命也会导致其士气低落；区域过小、人数太多则会因为人浮于事工作量不足导致效率低下，同样导致士气低落
费用和成本控制	销售区域内销售人员的数量还要考虑销售费用与成本控制，区域过大、人数过少则会导致差旅费用与成本过高，区域过小、人数过多则会导致用人成本过高，销售人员所创造的净利润过低

区域内销售人员具体投放数量的精确测定虽然需要考虑诸多细节，但有两种方法可以初步预估和大致测定销售人员规模，这两种方法分别是工作量法和盈亏平衡点法，如图 4－3 所示。

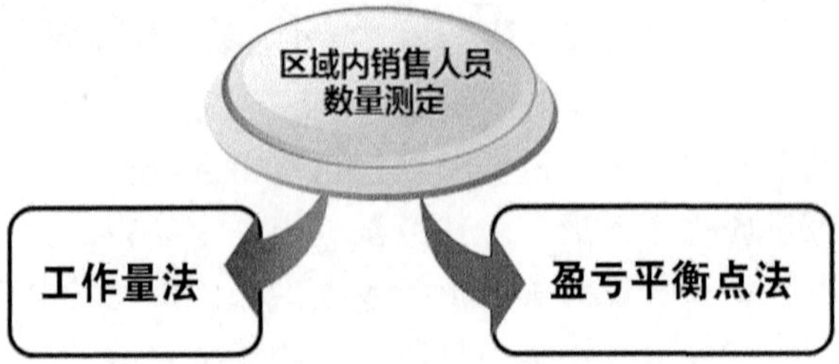

图 4－3　区域内销售人员数量测定方法

一、销售区域规模设定的工作量法

工作量法是指根据区域内不同级别客户所需拜访量和工作量来确定销售人员规模的方法。工作量法包括五个步骤：

（1）按照客户价值将其分为若干级别（例如分成 A 类、B 类、C 类）。

（2）确定各级别客户每月所必须确保的拜访次数。

（3）每个级别客户的数量乘以各自所需的拜访次数得出每月必须确保的总拜访次数。

（4）确定一个销售代表平均每月可进行的拜访次数。

（5）将月度所需总拜访次数除以每个销售代表的平均月拜访次数，即可得到所需销售代表人数。

【案例】

李世明是某医疗设备销售公司负责 A 销售大区市场开拓的经理，他把整个销售区域划分成北区、中区和南区。在招兵买马之后，李世明需要确定每个区域需要投放的销售人员规模。他首先把三个区域中现有客户及潜在客户根据其价值贡献和合作规模分成 A、B、C 三个级别。确定客户级别后，李世明测算了每个级别客户每月必须确保的拜访次数，具体为 A 级客户 1 个月至少访问 8 次，B 级客户 1 个月至少访问 5 次，C 级客户 1 个月至少访问 2 次。

李世明综合北区、中区和南区三个区域各自 A、B、C 三级客户的数量，根据表 4－5 计算出三个区域需要的总拜访量分别为 119 次、114 次和 119 次。

表 4-5 区域拜访总量统计

A 销售大区	北区		中区		南区	
	客户数量（人）	月需拜访次数（次）	客户数量（人）	月需拜访次数（次）	客户数量（人）	月需拜访次数（次）
A 级（8 次/月）	5	40	5	40	5	40
B 级（5 次/月）	7	35	6	30	7	35
C 级（2 次/月）	22	44	22	44	22	44
总计	34	119	33	114	33	119

李世明同时也估算出每个销售人员能实现的日均合理拜访次数为 3 次，按照每月 21 天有效工作日，得出一个销售人员月均的拜访次数为 62 次。

最后，李世明按照工作量法得出结论，不管是北区、中区还是南区，每个区域安排两个销售人员（即每月确保 124 次拜访）就可以确保支撑该区 ABC 三级客户所需总拜访量。

二、销售区域规模设定的盈亏平衡点法

对于销售管理者而言，测算销售人员的盈亏平衡点同样也可以估算区域内销售人员的投放规模。一般而言，销售管理者都希望确保每个销售人员尽快达到盈亏平衡点，即其实现的边际收益（销售净收入减去销售人员运营成本总额）必须大于 0。

例如，一位销售大型设备的区域经理用表 4-6 中的计算方式测算每个销售人员的边际收益。

表 4-6 某大型设备公司销售人员边际收益计算法

计算	项目	明细
	销售毛利	实际销售额减去出厂成本价
减去	运营成本	销售人员直接报酬总额（基本工资、佣金、奖金、社保等）
		销售人员差旅与客户关系费用（差旅、通信、办公、宴请等支出）
		促销推广直接支出（宣传资料、会议活动、样品赠品、折扣、赠送等）
得出	边际收益	

以实现区域内销售人员边际收益大于 0 为目标，销售管理者可以倒推出销售人员所需实现的保底销售额。换言之，为确保销售人员边际收益大于 0 而必须实现的销售额保底数，被称为销售人员的盈亏平衡点。盈亏平衡点可以按照月销售额计算或者季度销售额计算。

借助盈亏平衡点这一计算工具，销售管理者可以大致测算区域内市场

容量和客户数量是否足以确保所有的销售人员在预期的时间内均能达到盈亏平衡点。

【案例】

张丹枫为了对抗激烈的市场竞争，决定在三线城市开辟新的市场。他在某三线城市及所属乡镇配置了7名销售人员，并且采取了大规模的宣传推广和客户攻关活动。

这7名销售人员也非常努力，始终保持非常高的工作效率和工作热情，这给了张丹枫很大的期待和希望。张丹枫乐观估计不出半年，这7个人都能为团队带来良好的效益贡献。

但是让他始料不及的是，从年初启动市场开发一直到金秋十月，团队业绩一直不理想。虽然没有精细计算，但张丹枫明白这个区域一直在亏钱。

张丹枫为此采取了销售人员激励、工作技能辅导、攻关手段调整等一系列努力，但仍然收效甚微。在参加一次销售管理研讨会时，张丹枫向培训师林克提出了他的疑惑。

林克则拉着张丹枫坐下来，和他一起测算在这个三线城市区域，如果要确保每个销售人员的边际收益大于0，需要确保的月销售额是多少，即销售人员的盈亏平衡点是多少。

当盈亏平衡点测算出来后，林克又问张丹枫在他所在行业，销售人员去开发新市场大致几个月达到盈亏平衡点才是合理的。张丹枫回答按照行业经验和公司期望，这7名销售人员6个月内应能实现每月销售额达到盈亏平衡点。

林克点评道："很多销售管理者一旦发现销售人员不能在预定时间内达到盈亏平衡点，总会从培训、激励、辅导、监督、考核等途径找方法和对策。但其实可以站在管理角度从更高层面来分析，那就是区域内的客户数量和质量能否足够支撑这7个人在6个月内实现盈亏平衡？如果不足以支撑，那最需要做的就是削减人员，以确保区域市场容量能和团队对销售人员盈亏平衡点的预期相匹配。"

张丹枫听了恍然大悟："谢谢老师，我怎么就没有想到呢！"

工作量法和盈亏平衡点法给销售管理者的启示是，销售区域内销售人员投放规模的确定，需要实现两个匹配。

第一个匹配就是区域内销售人员所能提供的工作量应和目标客户所必须确保的拜访量相匹配，第二个匹配就是区域的市场容量应和销售人员在预期时间内的盈亏平衡点相匹配。

第三节　两类风格销售人员的精准部署

【案例】

销售总监黄药师麾下有两位优秀的大客户销售人员，一位是负责全国重要客户关系管理的郭靖，一位是负责全国中小客户开拓的杨康。郭靖以其值得信赖的为人、专业可靠的知识、细致尽责的态度，赢得了诸多大客户的认可和好评，对客户所提出的需求和问题郭靖总能以最快的速度解决。而杨康则极善和陌生客户交往，他的高超攻关能力能迅速拉近关系，快速赢得信赖。别人要花费半年甚至一年才能搞定的客户，杨康一般至多三个月就能攻克。

多年如一日的工作让郭靖和杨康都进入了职业平稳期，他们不约而同地找到黄药师希望能尝试角色的转换和全新的体验。黄药师也觉得不妨尝试两个人进行轮岗，即让杨康接替郭靖维护全国的关键客户，期望以杨康的聪明才智在大客户管理上有所创新和突破；而让郭靖来接替杨康进行中小客户的开发和拓展，或许他的稳重、踏实、细腻能让新客户更容易接受和信任。

然而换岗后不到半年，杨康和郭靖的业绩和表现却让黄药师跌破眼镜。相当比例的大客户居然投诉杨康不够尽职尽责，在很多问题没有妥善解决的前提下就积极游说他们增加采购品种和采购量。而杨康所擅长的关系突破和攻关行动也被这些客户认为是“华而不实”的作秀，他们强烈要求黄药师重新把“踏实稳重，可靠放心”的郭靖调回来替代杨康。而杨康本人，不到三个月就对大量细致烦琐的事务性工作产生了厌烦和倦意，开始怀念原有开拓性工作特有的新鲜感和挑战性。

反观郭靖，情况似乎更加糟糕。整整半年时间，他在新客户开拓和发展方面几乎一筹莫展，毫无建树。他的一本正经和实实在在，无法赢得新客户的快速认同和好感信任。在竞争对手积极主动的攻关之下，郭靖的产品呈现和技术展示显得有些“原始”和“落后”。而对于客户的冷漠和婉拒，郭靖也一时难以接受，甚至逐渐在心理上对拜访接触陌生客户产生了消极心态和恐惧感。

面对这一状况，黄药师仰天长叹："难道郭靖和杨康都不是真正优秀的销售人员吗?"

平心而论，原有的销售成就和工作表现足以说明郭靖和杨康都是出色的销售人员，但他们属于不同的销售风格和类型。优秀的销售人员并非千人一面，在各行各业的销售杰出人才中，既有类似杨康这样开拓进取的，也有类似郭靖这样稳健踏实的，我们分别称之为猎人型销售和农夫型销售，如图 4 -4 所示。

图 4 -4　两种类型销售人员

一、猎人型销售

猎人属于游牧民族，非常擅长逐水草而居。在商战中，他们聪明、有见识、有冒险精神和进取心。因为嗅觉灵敏，猎人型销售非常善于寻找新商机、新业务，开发新客户。但猎人的不足是"打一枪换一个地方"，他们喜欢新鲜刺激的事情，对于一成不变的人与事，通常容易厌倦。因此老客户老业务对于他们而言常常会失去挑战性，反而不容易得到他们的重视。总体而言，猎人型销售不容易维护住老客户。

二、农夫型销售

农夫则相反，他们最擅长的是守住属于自己的土地，并且在一块地里面反复地耕耘，年复一年地不断地从这块土地中获得收益。稳重细致、注重深度关系使农夫型销售最擅长的是守住和维护老客户，并持续深化合作关系，深挖销售潜力。但在开发新客户时，农夫型销售则缺少表现力，显得相对木讷，不够机灵，不容易引起别人的重视，如表 4 -7 所示。

表 4-7 两种类型销售的区别

猎人型销售	农夫型销售
快速搞好关系	慢而有条理
相对外向	相对内向
坚持、进取、支配	稳定、细致、踏实
创新与突破	服从规则，条理性强
重金钱和利益刺激	重安全和稳定意识
有些以自我为中心	对公司和客户极度忠诚
喜爱冒险和挑战	谨慎小心，稳中有进
新客户，新业务	老客户，老业务

猎人型销售和农夫型销售孰优孰劣？两者本质上只是风格和类型不同，各有优劣。销售管理者特别需要在“布阵排兵”上注意销售人员风格和市场与客户类型、销售人员风格和产品与业务类型之间的匹配。

三、销售人员风格和市场与客户类型的匹配

总体而言，猎人型销售善于“大开大合”的进攻，因此他们在新客户开发方面的表现一定优于农夫型销售。而农夫型善于精耕细作的防守，因此他们在现有客户维护上的效果一定优于猎人型销售。这就不难理解为什么农夫型的郭靖极不适应中小客户的开拓，而猎人型的杨康也不习惯大客户维护。

对于成熟稳定的市场和销售区域，销售管理者更应安排和配置农夫型销售进行关系维护、跟进服务和精耕细作。而对于全新的市场和薄弱的区域，销售管理者则应安排和配置猎人型销售进行关系开发，强力攻关和攻城拔寨。

对于优质客户和大客户的开发拓展，可能需要团队组合销售，即猎人型销售和农夫型销售协作攻关，扬长避短。对于中小客户和劣质客户的开发拓展，则可以让猎人型销售去东征西讨、南征北战。

四、销售人员风格和产品与业务类型的匹配

对于那些一次性生意和简单交易的业务，或对后续服务和维护要求不高的业务，特别适合猎人型销售去做，他们能通过灵敏的嗅觉快速地找到商机，并很快取得客户的认可与赞赏，因而能快速做出业绩。

对于那些技术含量高，特别需要后续维护和跟进服务，并且需要长期合作的产品和业务类型，则更适合农夫型销售去做，他们的细致专业和服

务意识往往能获得客户的长期信任以及和客户建立深度合作关系，如表4－8所示。

表4－8　　销售人员风格与销售区域特征匹配表

销售人员风格	匹配市场和客户类型	匹配产品和业务类型
猎人型销售	新市场开发 薄弱市场的开拓 零散的小客户群开发 难啃的“钉子户”开发	一次性交易，简单产品
农夫型销售	现有客户的维护和深挖 关键客户的维护和深挖 现有客户的转介绍 成熟市场的维护与稳定	重复购买，复杂产品，长期合作业务

第四节　销售人员效能管理

在划分了销售区域、配置了合适的销售人员后，销售管理者需要对销售人员进行效率和效能管理，其中最核心的就是帮助销售人员优化时间管理和拜访路线管理。销售团队对销售人员的雇用，其本质就是采购了销售人员的时间和精力来换取销售业绩回报。如果销售人员因不合理的时间使用和拜访路线规划而导致工作效率低下，则会导致人力成本的极大浪费。

一、销售人员时间管理金字塔

销售管理者可以运用销售人员时间管理金字塔来帮助其分析如何持续改进销售拜访的效率和质量。销售人员时间管理金字塔可分成层层递进的五个阶梯，如图 4－5 所示。

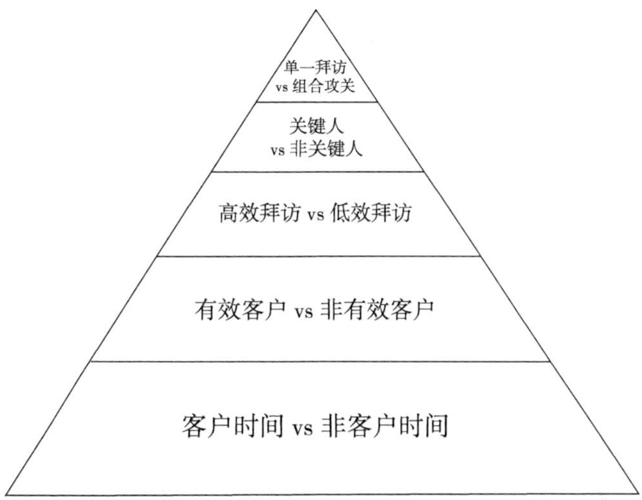

图 4－5　销售人员时间管理金字塔

（1）销售人员时间管理第一阶：客户时间 vs 非客户时间，即销售人员应尽量提升和客户接触与见面的时间占全部销售时间的比例，并降低其他事务性和行政性工作所花费时间的比重。如果一个销售人员大量时间都花费在与客户面谈和沟通之外，那他在销售时间管理方面一定存在问题。

（2）销售人员时间管理第二阶：有效客户 vs 非有效客户，即销售人员的工作效率不仅体现在多花时间和客户在一起，更体现在多花时间和什么样的客户在一起。销售人员应对客户按照其价值进行分类，把更多时间和精力花费在高价值客户上，尽量减少在无效客户上的时间投入。

（3）销售人员时间管理第三阶：高效拜访 vs 低效拜访，即销售人员不仅多投入时间在有效客户的拜访沟通上，更需要提高每次拜访的质量和效果。销售人员追求的不是拜访的次数，更要注重每次拜访所取得的突破和成果，因此一定要进行拜访前的准备和计划，不做无计划和无准备的拜访。例如，一次总计 3 小时的客户拜访（包括路程时间），至少需要在拜访前花费 15 分钟进行计划和准备，因为这 15 分钟的准备能大大提高这次总计时间 3 小时 15 分钟客户拜访的效果和质量。

（4）销售人员时间管理第四阶：关键人 vs 非关键人，即销售人员的拜访不仅要针对有效客户和高价值客户，更要找对关键人，避免在客户中的非关键角色上浪费时间。很多销售人员不善于“向上销售”，即向客户的高层和决策人进行销售说服，因此浪费了大量的销售时机和销售资源。是否拜访到关键决策人也是体现销售时间管理优劣的重要标志。

（5）销售人员时间管理第五阶：单一拜访 vs 组合攻关，即销售人员如果对一些主要客户长期的个人单一拜访没有任何突破，则需要考虑从公司和团队角度调动资源设计组合攻关策略，通过类似客户联谊、专家诊断和指导、榜样客户参观演示、高层协访等多样化形式进行销售僵局突破。如果销售人员盲目大量地进行重复拜访而不懂得和销售管理者进行会商，设计针对性的组合攻关，那也等于是在无效拜访上浪费大量时间和精力。

销售管理者应把团队内所有成员的时间作为重要资源进行管理，并运用基于时间管理金字塔五大阶梯的销售团队时间管理问题诊断表（见表 4－9）进行阶段性诊断分析。

表 4－9　　　　销售团队时间管理问题诊断表

销售时间管理问题	吻合程度（1～5）	改进建议
经过分析，团队中销售人员是否把大部分时间花费在和客户在一起？是否有些销售人员习惯于案头工作和事务性工作？是否有些销售人员花费在和客户接触的时间偏少？是否有销售人员在拜访路程上浪费了大量时间		
经过分析，团队中是否有销售人员把时间浪费在后来被证明没有价值的客户身上？团队成员是否对客户价值进行评估分类，从而分配不同的时间和资源投入		

续 表

销售时间管理问题	吻合程度（1~5）	改进建议
经过分析，团队中是否有销售人员的拜访质量和效果一直很差？团队中销售人员是否习惯于无准备和无计划的拜访？销售人员的无效拜访是否是缘于对拜访中出现的问题缺乏足够准备		
经过分析，团队中是否有销售人员总是在非关键人物的接触上花费太多时间？销售人员是否总是难以接触到客户中的关键人物		
经过分析，团队中是否有销售人员存在大量的无效拜访和重复拜访，即在明知个人拜访无法取得效果的情况下仍然我行我素，没有和销售管理层进行协商以设计组合攻关		

二、销售人员拜访路线管理

有经验的销售管理者经常发现，不少外出频率高的销售人员由于行进路线设计不合理或者缺乏有效路线布局而导致时间大量浪费途中并且错失拜访时机。

以外出拜访为主要工作方式的销售人员，每天会有不少时间花费在行进的路程中，因此想方设法缩短拜访路程上的时间就等于增加了同客户面谈沟通的时间。

根据客户分布情况和拜访目的的不同，销售管理者可以建议销售人员选择采用六大销售拜访路线（见图4－6）中的一个或者几个的组合，这六大拜访路线分别是星形式路线、跳跃式路线、直线式路线、循环式路线、三叶式路线和8字形路线，如表4－10所示。

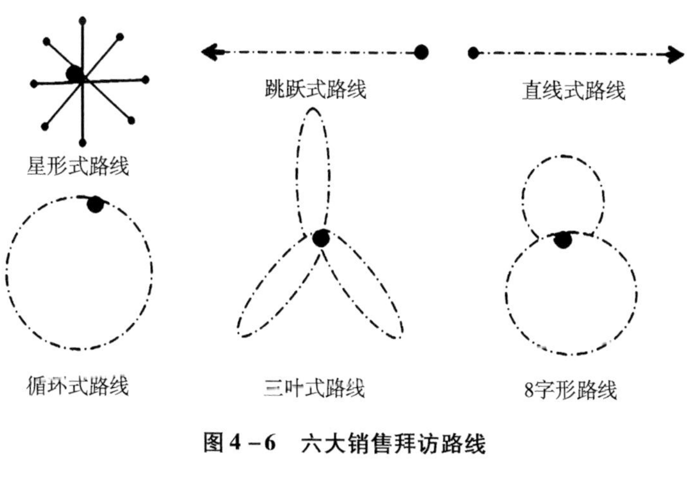

图4－6　六大销售拜访路线

表 4－10　六大常见拜访路线

星形式路线	销售人员每次只访问一个客户，这种路线通常适合销售管理者让销售明星单独拜访或技术专家协同拜访，去专门访问某个或几个区域分散的关键客户
跳跃式路线	与直线式路线方向相反，首先从离企业最远的客户开始访问，在回企业的途中对沿途客户进行访问，确保远处客户首先拜访并获得充分的沟通时间
直线式路线	从出发地出发，沿途拜访所有客户，然后按原路或其他路线直接返回出发地。拜访客户的数量不多时，或者近处的客户必须先确保拜访时，可以采用这种路线
循环式路线	由出发地出发，按圆周形拜访客户，结束时正好返回企业。这种路线要注意是否与实际路线相吻合，如果高度吻合则拜访效率很高，因为圆周形的拜访路线时间效率最高
三叶式路线	与循环式相似，只是把销售区域细分成一系列叶片形式，销售人员每次访问一个叶片区域，这种情况适合客户呈多片叶状分散分布
8 字形路线	与三叶式类似，只是把销售区域划分为两个小区域，呈 8 字形状，这种情况适合客户分布可以被分成两个相连的圆形

第五节　销售团队结构优化

销售团队的管理必须是一个持续优化和调整的过程。承担了区域销售指标的销售人员，在目标推进和客户开发的过程中，不断地展示出自己对工作的胜任程度和对所负责区域业绩增长的推动能力。即便是通过有效的招聘和筛选，再经过系统的培养和辅导，不同的销售人员所创造的业绩结果和所展示的发展潜力也一定会存在差别，甚至良莠不齐。因此，销售管理者需要从整体层面和全局高度去剖析销售团队的能力现状和组成结构，持续进行阶段性的调整和优化。如何对待表现优秀贡献突出的明星销售，如何对待处于职业倦怠期但业绩稳定的老销售，如何对待持续成长但存在不确定性的新销售，如何对待业绩持续低迷且士气低落的问题销售。这些不同类型销售人员的应对与管理是否得当妥帖，不仅直接影响团队整体销售能力的变化，更会影响团队的和谐、稳定、士气和可持续发展。

按照现有业绩贡献和未来业绩增长潜力两个维度，可以把销售团队中的各个成员全部归入四象限。现有业绩贡献高且未来还有很大增长潜力，这样的销售人员被定义为“明星类销售”。现有业绩贡献高但未来增长潜力低，这样的销售人员被定义为“金牛类销售”。现有业绩贡献低但未来增长潜力高，这样的销售人员被定义为“黑马类销售”。现有业绩贡献低且未来增长潜力低，这样的销售人员被定义为“瘦狗类销售”。我们把这种按照现有业绩贡献和未来业绩增长潜力两个标尺对销售人员分类的方式称为销售团队结构象限分析图（见图4－7）。

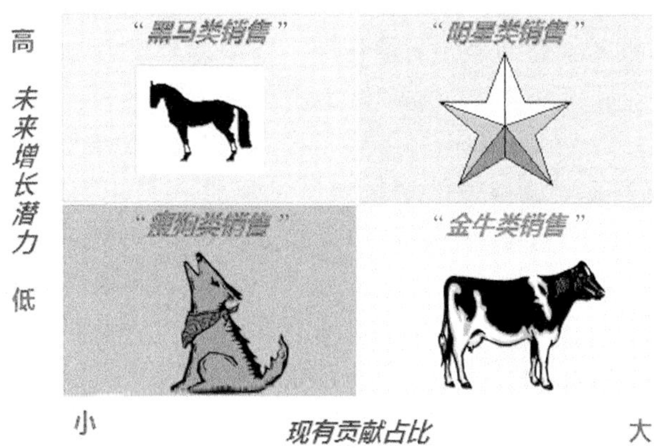

图4－7　销售团队结构象限分析

【案例】

作为资深区域销售总监的金世遗，管理着一个以老销售人员为主的直销团队。这个团队75%以上都是工作至少8年的老销售人员，这些老销售人员曾经为团队辉煌的销售业绩做出了突出的贡献，和金世遗的私交都很不错。但是令金世遗十分头痛的是，由于竞争日益激烈，团队的销售额增长十分缓慢，甚至有下滑的危险。而这批老销售人员则有些安于现状，不思进取，失去了往昔的拼劲和动力，甚至有些自由散漫。而剩余的25%新销售人员则基本都是入职一年以下的，人员流动率高，并且业绩很差，士气低落，要从中挑出几个未来的希望之星，十分困难。

金世遗也和部分老销售人员进行过思想沟通，提出"二次创业"的号召，但响应者寥寥。金世遗感到要让这批老销售人员重新焕发"更上一层楼"的激情十分困难，而私底下这些老销售们都在议论金世遗在用他们创造的效益去养一批根本没用的新人。金世遗感到老销售人员的不思进取已经严重影响了团队的士气和新人的积极性，于是他决定破釜沉舟，壮士断腕，大胆变革。他在没有告知团队成员的前提下，出台了一系列针对老销售人员的薪酬调整和奖励变革方案。金世遗希望这些激进的变化能重新逼迫老销售人员们恢复冲劲和动力，但结果却恰恰超过了他的掌控和预期。

老销售们对新政产生了极大的反弹，他们抱成一团，消极怠工，并以集体辞职来要挟，这种对抗和冷战持续了一个月，而持续恶化的结果和可能的危害是金世遗无法承担和接受的。最终他被迫妥协让步和委曲求全，他撤销了全部的变革和政策，恢复原状。他的退让不仅让其信誉和威风扫地，更让新销售人员们觉得公司过度迁就和袒护老销售人员，一碗水没有端平，于是自由散漫之风在新销售人员中也散播开来。

以这个案例的最终结果为衡量基准，很多人必定会指出金世遗的种种不足。但对于金世遗作为销售管理者能根据环境变化动态地对团队进行结构性调整的愿望和初衷，我们必须给予肯定和认可。结合销售团队结构象限分析图不难发现，金世遗的销售团队的确存在结构性问题。在其团队中，存在着不少现有业绩表现不错但未来成长潜力很小的"金牛类销售"，这些销售都是追随金世遗多年的创业元老，他们陷入销售职业的倦怠期和稳定期也是常见的客观现象。而金世遗团队中的新销售人员，则基本都是业绩很差、士气低落且不思进取的"瘦狗类销售"，"瘦狗类销售"不仅业绩贡献极差，而且往往把问题和责任推给环境和团队，到处散布抱怨、不满、推诿、消极、不自信等负能量。

金世遗的问题在于他有对销售团队进行结构性调整的意愿，却没有调整的经验和对策。首先金世遗团队特别缺少“黑马类销售”，这类销售人员虽然现有业绩贡献少，但在能力、心态、士气等各个方面都有成为“黑马”和“未来之星”的潜力。“黑马类销售”往往对自己有较高的自我要求，积极主动，在工作上愿意投入，注重未来的成长。“黑马类销售”的存在能给安于现状的老销售们一定的“后浪推前浪”的压力，更能给予金世遗向老销售们谈判施压的筹码。“黑马类销售”的存在更能给新销售人员带来自信，带来希望，带来驱动力，在新销售中形成你追我赶的竞争机制。因此，对于金世遗而言，团队调整的首要步骤，是花精力和时间去招募选拔和培养发展有潜质的“黑马类销售”，帮助他们迅速成长，从而逐步摆脱对老销售人员业绩贡献的过度依赖。

而金世遗最大的问题和败笔，则来自他对为团队业绩做出稳定贡献的“金牛类销售”的激进调整策略。一个不可否定的事实是，“金牛类销售”曾经为团队业绩做出了不可磨灭的贡献，“金牛类销售”仍然是销售团队短期业绩稳定的基石甚至是定海神针，而“金牛类销售”陷入“求稳定求安逸”的职业倦怠期是各行各业的普遍情况。很多销售管理者在求新求变求突破时往往要求“金牛类销售”快速跟上，迅速转变，甚至发出最后通牒。这样的激进做法大多都会因为“金牛类销售”的集体抱团抵制而失败或流产，所导致的恶果远胜从前。因此，销售管理者在对团队成员进行结构优化和调整时，必须重视“金牛类销售”可能的抵制和反抗对整个团队绩效稳定产生的致命打击。销售管理者最好采取“软着陆”，正面激励和负面处罚结合，渐进式地推行新政策、新制度和新规范。销售管理者在有些方面可以采用“新人新办法”“老人老办法”的双轨制，利用“温水煮青蛙”的效应让“金牛类销售”逐步适应新环境和新体制。

另外，金世遗团队中的新人大多都是“瘦狗类销售”，由于缺乏“黑马类销售”的引进和培养，导致金世遗对于“瘦狗类销售”的长期存在听之任之，没有积极地实施优胜劣汰、主动分流和惩罚性的退出机制。由此产生的直接后果是，新人中大量的“瘦狗类销售”不思进取却也高枕无忧，而“金牛类销售”则抱怨公司“花他们赚的钱却养了一批无用之人”。阿里巴巴的董事局主席马云曾在各种场合多次强调管理者不能对“小白兔型”的低绩效员工太仁慈，对他们的仁慈就是对团队的残忍。而他口中所指的“小白兔型”员工可以类比的正是四类销售人员中的“瘦狗类销售”。

最后，金世遗团队中没有一个或几个现有业绩贡献大且未来还有很大成长潜力的“明星类销售”，这种左膀右臂式的人物，能大大增强销售管理者对整个团队的影响力和谈判筹码。金世遗应该在更早阶段识别和培养这样的“明星类销售”，使之在价值观、未来目标、发展方向等方面和自己保持高度一致。对于“明星类销售”，单纯的佣金奖金等物质激励已经无法驱动其长期留在团队，销售管理者应该通过职位晋升、股权激励、权力分派、特殊任职、特殊荣誉等高阶的激励措施来满足其更高层次的心理需求。

通过金世遗的案例，我们对销售管理者在团队结构调整和优化中对待四类不同销售人员的策略，有如表4－11中的四字建议。

表4－11　　　　四类销售人员的应对要诀

销售人员类型	关键字	策略建议
“瘦狗类销售”	分	分即分流，这些销售人员应该逐步纳入心态培训和能力培训，如果效果不明显应纳入淘汰序列，逐步接管其资源，并防止负面效应。适当分流能给留下的“瘦狗类销售”起到警示和督促作用
“黑马类销售”	增	增即增加，这些销售人员要大量增加，通过扩大招募网络，优化招聘机制和快速培养机制，增加有潜力的销售人员，并且努力帮助其渡过成长期，在理念和能力上加大塑造，让其快速成熟
“金牛类销售”	稳	稳即稳定，对于处于倦怠期但业绩稳定的老销售人员，虽然其未来成长潜力有限，但目前仍对团队业绩贡献巨大，仍然是当前业务的支柱，因此要在政策调整和转型期关注其感受，循序渐进，短期内稳定其军心
“明星类销售”	任	任即任用，对于这类明星级的销售人员，一定要想办法挽留住，而且要满足其更高层次的需求，可以在职位晋升、权力赋予、个人发展、长期奖酬等方面全方位给予特殊政策，从“奖励留人”升级为“事业留人”

第五章

销售人才分阶培养与加速锻造

导言 销售人才培养的两大陷阱

【案例】

EFG公司的销售总监维克特特别重视销售人员的培训和培养，几乎到了不惜代价的地步。在他的新人培养计划中，所有新销售人员自入职之日起，都要在度假村酒店集中封闭四周接受系统培训。

在这四周培训中，EFG公司几乎把整个营销管理MBA课程全部引进，销售人员除了接受产品知识、公司文化、客户知识、竞争知识等系统学习外，还需要深入学习销售谈判、客户心理学、营销战略、营销分析、客户关系管理、客户服务等方面的知识技能。用维克特的话来说，EFG要用四周的时间完成销售人员四年学习的周期。

大量的投入、封闭式的训练、精英式的培养，按道理维克特的团队应该精英荟萃，人才辈出。但结果却让维克特伤心不已，四周的封闭学习与训练让销售人员走出训练营后反而觉得迷茫混乱，抓不到重点。销售人员普遍反映有用的没有学透，没用的学了很多。

维克特的做法反映了部分销售管理者“急于求成”的团队训练思维和心态，他们希望在最短的时间内把能传授的技巧、知识和经验全部复制到新人身上，从而让这些销售新人快速上手，迅速做到独当一面。

殊不知销售人员的培训与辅导，必须和他们在特定阶段的工作实践和实际体验相结合，没有实际体验或者不能马上学以致用的培养与训练，不仅不能产生深刻启发和改变，更会造成思维混乱和“营养过剩”。

销售人员在不同的成长阶段有不同的学习和培养需求，只有对销售人员的成长过程划分不同阶段，根据不同阶段的特点来设计针对性的培训内容和培训方式，才能确保销售培训与辅导做到恰到好处和层层推进，才能真正吻合销售团队培养的阶梯性原则和递进式原则。

【案例】

大成公司的销售经理李大成有句名言，他认为销售人员不用去教，都是被骂出来的。他竭力主张“野放式培养”，主张让销售人员自己多经历，多体验，多跌打滚爬。他觉得销售人员被客户骂得多了，被自己骂得多了，自然会成长起来。

而他采用的训练方式就是“以老带新”，让新销售人员跟着老销售人员跑上几个星期，然后就单独去拜访客户与开拓市场。

但是大成公司在李大成这种培养模式下，除了2~3个和他有些亲戚关系的业务骨干之外，团队其他成员的流动率极其频繁，基本就是几个月换一大批。被骂的那些销售人员根本没有从所谓的“骂”中学习到有用的知识技巧并得到成长，反而心生去意。而跟着老销售人员跑市场的新销售人员，每天只看到他们的“老前辈”和客户吃吃喝喝，拉拉家常，聊聊天，根本体验不到他们即将碰到的销售难题和障碍，也学习不到他们真正需要的销售技能。

和维克特在团队培养中填鸭式的“营养过剩”相比，李大成的做法体现了另一个极端，即“营养不良”。缺乏规范系统的培训与指导，销售人员即便靠自己的努力去摸索和总结，但其成长周期将会大大延长，新人培养的不合格率将大大提高。“以老带新”是一种可以选择的新人训练模式，但处于什么成长阶段的销售人员更适合接受以老带新，“以老带新”该如何做以变得更加有效，这些都需要销售管理者精心设计与实施。

维克特和李大成的做法分别揭示了销售人员培养中常见的两大陷阱，即“营养过剩”陷阱和“营养不良”陷阱。销售管理若真正希望销售新人能实现快速、稳定、可持续的成长，就必须在培养模式设计上遵循如下三个原则。

（1）阶梯性原则：销售人员的成长过程可以被划分为多个特点鲜明的阶梯，只有针对不同成长阶梯针对性设计的培训模式才是切实有效的。

（2）递进式原则：销售人员从高度依赖到逐步独立再到独当一面，其成长阶梯是不断提升和升级的。因此销售管理者所设计的培养内容和方式也需要随着销售人员成长阶梯的提升而对应地升级，用更高阶的培训模式去培养处于更高发展阶梯的销售人员。

（3）实践性原则：销售人员对基本知识和技能的学习，必须与当前的工作实践高度契合，不能过度超前，也不能过度滞后，学以致用，只有这样的培训内容才能快速转化为行为的改变。

第一节　销售人员加速成长四阶梯

【案例】

洪七公是位经验极其丰富的区域销售总监，尤其注重销售人才的培养和发展。在短短6年中，整个集团公司从他的团队中走出了7位区域销售总监，8位关键客户经理和超过30位各级团队管理者，而他所在的区域也被称为行业精英的成长摇篮。在年终会议的内部经验分享会上，即将荣升全国销售总经理的洪七公和与会的30多位销售管理中层以上干部，分享了他潜心研究和打造的“降龙四掌”，如图5-1所示。

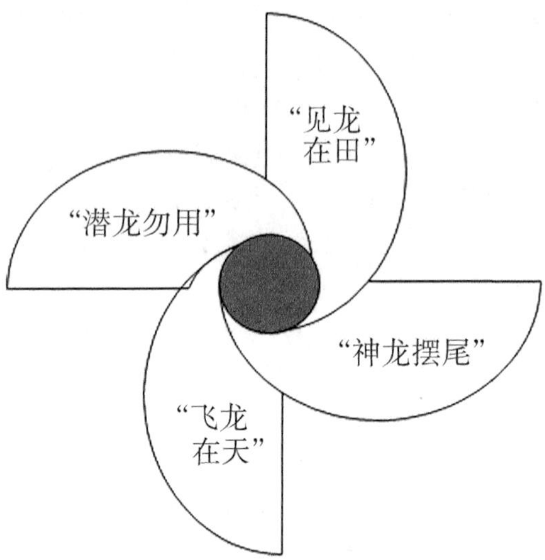

图5-1　“降龙四掌”

“在座的不少同人都和我一样，非常注重销售人员的培养和发展，也希望能加快销售人员的成长速度，缩短销售人员的成长周期。结合20多年带销售团队的经验，我认为销售人员进入团队之后，他们的成长是可以划分成几个阶梯的，每个阶梯都具有迥异的鲜明特征，每个阶梯都有各自不同的成长需求，每个阶梯应有差别化的培养方式。”

“就我个人而言，我把销售人员的成长分成了四个阶梯，并取了个非常通俗易懂的名字叫‘降龙四掌’。销售人员刚进入团队，充满好奇和新鲜感，很多是一张白纸，这个阶段最容易进行理念同化、习惯同化和关键知识植入。对于这个阶段，我起了个名字叫‘潜龙勿用’，就是暗示销售人员要像一条蛟龙一样潜伏在深渊中好好吸收能量，谦虚学习，认真专注，而不要急着显山露水。‘潜龙勿用’这个阶段是销售人员成长的‘关键时刻’，该让他们掌握的理念、知识和方法，一定要做到趁热打铁，做到‘一次塑模成功’。”

“等销售人员完成了‘潜龙勿用’阶段的入职培训，他们就开始独立承担销售指标，独立拜访客户，独立承担销售压力，独立面对市场挑战。在这个阶段，销售人员必须掌握能基本应对常见问题和挑战的销售方法和销售套路，我称之为‘标准动作’或‘基本功’，这是销售人员能真正快速成长的基础和方向。只有掌握了销售的基本套路和动作，销售人员在独立拜访的初期才能应对常见难题，逐步树立信心，赢得客户认可，产生业绩回报。因此我把这个阶段称为‘见龙在田’，就是比喻掌握了标准动作的销售人员能很快地在市场中站稳脚跟，树立名号。”

“经历了‘见龙在田’阶段的销售人员，日渐成熟，他们均能把销售套路和基本动作熟练掌握和应用，并独立应对来自市场的常规性问题和困难。”

“但是，来自短期内市场环境、竞争对手、客户动态等方面的变化会产生很多原先无法预料的问题和挑战。这些问题是新产生的，预料之外的，依靠原先掌握的销售套路无法应对和解决，并且这些问题是处于这个阶段的销售人员共同遇到的。这时候我作为销售管理者就需要把大家召集在一起，集思广益，深入讨论，共同去分析问题，寻找对策，达成一致的解决方案。唯有这样定期举行针对某些具体问题的研讨和对策会，才能让我们的销售人员更好更快地把握市场动态，更有自信地应对变化，才能针对性解决问题，所以我把这个阶段称为‘神龙摆尾’。”

“经历了‘神龙摆尾’阶段之后，销售人员可以真正做到独当一面，销售管理者基本可以放手任其驰骋。但是，对这些资深销售而言，也有非常个性化的挑战和问题会让他们产生疑惑和困惑。这些个性化问题每个人各不相同，只能具体问题具体分析。并且这些问题靠纸上谈兵是绝对不行的，我会陪同这些销售人员亲自拜访客户，现场倾听和观察，在结束后给予针对性的建议和指导，这个阶段我称之为‘飞龙在天’。对处于‘飞龙在天’阶段的销售人员，平时你可以不用多管，任其飞翔，但必要时需要我们陪他一起飞一飞，看看到底遇到了什么具体问题。”

洪七公的难能可贵之处在于，他已经把销售人员培养的宝贵经验，上升到了规范的流程，我们可称之为销售人员加速培养流水线。他把靠经验和直觉的“农业化”销售团队培养升级为靠流程和标准的“工业化”销售团队培养。

“农业化”依靠的是经验，是直觉，因而在销售人员培养上往往具有随意性和不确定性。“工业化”依靠的是流程，是标准，是过程控制，因此能确保成品率和合格率，运用在销售人员培养方面也是如此。

洪七公用“潜龙勿用”形象地比喻了销售人员培养的第一阶梯，即启蒙化阶段。他又用“见龙在田”形象地比喻了销售人员培养的第二阶梯，即标准化阶段。洪七公用“神龙摆尾”形象地比喻了销售人员培养的第三阶梯，即共性化阶段。他又用“飞龙在天”形象地比喻了销售人员培养的第四阶梯，即个性化阶段，如表 5 - 1 所示。

表 5 - 1　　　　销售人员加速成长四阶梯的特征及表现

销售人员加速成长四阶梯	销售人员心理特征及表现
启蒙化阶段 “潜龙勿用”	• 启蒙化阶段是销售人员成长的第一阶梯，销售人员刚刚入职 • 启蒙化阶段根据行业不同，一般短则二三周，长则二三个月 • 在启蒙化阶段，销售人员刚加入团队不久，没有业绩及指标的压力 • 在启蒙化阶段，销售人员对新事物接受度高，抗拒性小，比较愿意融入 • 在启蒙化阶段，销售人员没有挫折感，充满信心，学习欲望强烈
标准化阶段 “见龙在田”	• 标准化阶段是销售人员成长的第二阶梯，在这个阶段销售人员分配了区域、指标和任务，独立拜访客户和承担销售压力 • 在标准化阶段，销售人员通常会产生挫折感和压力，因此特别需要有一套成熟的销售套路和标准方法帮助其应对全新的销售环境和挑战 • 在标准化阶段，以标准化的销售套路和方法为基础的实战感悟和成长是最快速的，也是最事半功倍的 • 在标准化阶段，缺乏销售基本功和标准动作训练的销售人员将经历漫长而迷茫的成长周期

续　表

销售人员加速成长四阶梯	销售人员心理特征及表现
共性化阶段 “神龙摆尾”	• 共性化阶段是销售人员成长的第三阶梯，这个阶段销售人员能把标准销售动作活学活用，基本掌握了与客户交往的全部关键点和核心技能 • 在共性化阶段，销售人员一般都能应对和应付来自客户的常见问题和挑战 • 在共性化阶段，短期内来自市场环境变化，来自竞争对手行动，来自客户需求变化以及来自其他方面的挑战和问题会超越销售人员已有的经验，产生很多具有共性的新问题和新难题 • 在共性化阶段，具有共性的销售难题和困境如果不能集中解决，则会对整个销售团队产生很大的负面影响和心理打击，挫折感和失落感会弥漫开来
个性化阶段 “飞龙在天”	• 个性化阶段是销售人员成长的第四阶梯，销售人员日渐成熟，基本可以独当一面 • 在个性化阶段，销售人员基本能在不需要上司指导的情况下良好地解决常见的销售难题 • 在个性化阶段，销售人员只有在遇到极其特殊或紧急的个性化问题时，才需要销售管理者提供支持和辅导

销售管理者一旦对销售人员的成长过程划分了清晰的四阶梯，就可以针对不同阶梯的特点设计不同的培养方式（见图5－2）。大量实战案例表明，启蒙化阶段的最佳训练方式是入职塑模（入职强化培训），标准化阶段的最佳训练方式是专项训练，共性化阶段的最佳训练方式是集训轮训，而个性化阶段的最佳训练方式则是协同拜访，如表5－2所示。

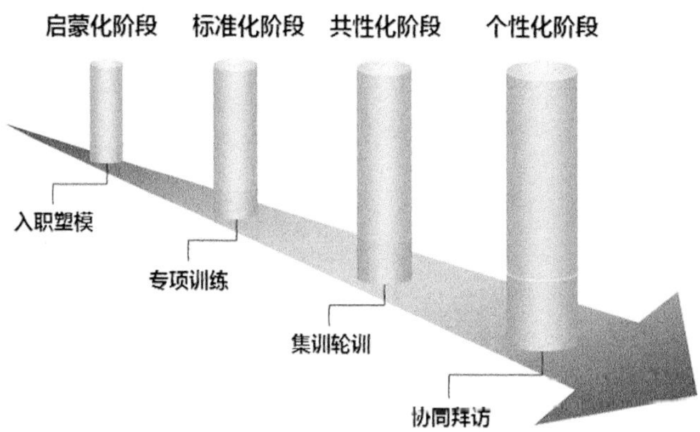

图5－2　销售人才的分阶培养

表 5-2　　销售人员加速成长四阶梯培训重点与培养模式

销售人员加速成长四阶梯	培养重点与关键	培养模式
启蒙化阶段	新销售人员进入团队后，入职培训至关重要，需要在其学习欲望和学习动力最佳阶段“一次塑模成功”。入职培训除了理念价值观、公司规范制度等之外，最重要的是三大知识的培训，即产品知识、竞争知识和客户知识。这三大知识的培训务必求实战，对这三大知识培训效果的检查，务必要从“知道”升级到“说道”，即能说会道	入职塑模
标准化阶段	销售人员独立开拓市场拜访客户阶段，标准销售套路和动作的学习与训练尤其关键，这是销售人员迅速成长的基础，能起到保驾护航的作用。标准销售技能可以被划分成破冰润滑、需求挖掘、价值呈现和异议引导四大专项训练	专项训练
共性化阶段	销售人员掌握了销售基本功和标准动作后，对于特定阶段出现的新问题和新变化还是会产生迷惑或困惑，这些迷惑或困惑具有很大的共性 这时候销售管理者需要把有相同问题的销售团队成员召集在一起，通过集训轮训的方式，汇总难题，分析对策，制订解决方案	集训轮训
个性化阶段	销售人员即使能做到独当一面，也会在工作中遇到一些非常见的个性化难题，而且这些难题销售管理者很难在不了解实际情况的前提下三言两语解决，必须通过协同销售人员拜访客户，当场倾听分析后才能给出建议和意见	协同拜访

第二节　启蒙化阶段之入职塑模

教育专家通常认为，虽然人的一生都在接受教育，但核心大脑智能的开发和培养，却具有特定的阶段和期间。具体而言，人在0～1岁最适合母语听力、空间、颜色、人与物的认知；1～3岁最适合表达能力、学习能力的初级发展；3～6岁最适合语言能力、数学能力、学习能力、生活和学习习惯初步形成；6～12岁最适合知识灌输和各种能力基本形成；0～12岁被称为“最佳受训期”，12岁以后，孩子已经基本不适合“被”教育了。

但凡新人进入销售团队，虽然会经历一个相对较长的培养和学习周期，但“最佳受训期”却非常短暂。能否在新人入职培训阶段抓住“最佳受训期”进行基本知识和理念的导入，是整个销售人才加速培养流水线的基石和根源。在启蒙化阶段，销售人员刚加入团队不久，没有业绩及指标的压力，因此对新事物接受度高，抗拒性小，比较愿意融入。在这个阶段，销售人员受到的负面干扰少，信心足，学习欲望相对比较强烈。许多销售管理者在新人培养方面犯的最大错误便是没有趁热打铁，在“最佳受训期”内做到“一次塑模成型”。等到销售人员在市场上跌打滚爬、油滑老练之后再回来学习和补充基础知识，则事倍功半，为时已晚。

虽然入职培训阶段销售新人培训的项目纷繁复杂、五花八门，但可以化繁为简地归纳为三大基本项目，可被简称为销售新人入职塑模培训的ASK，如表5－3所示。

表5－3　　　　销售新人入职塑模培训的ASK

Attitude（心态）	团队文化，价值观和发展愿景导入 团队精神和敬业精神 士气激励和信心植入
Standard（规矩）	公司政策和员工守则 业务政策和奖惩措施
Knowledge（知识）	产品知识 客户知识 竞争知识

在销售新人入职塑模培训 ASK 三大基本项目中，很多销售管理者总是注重“心态”和“规矩”的强化和导入，但最重要的“知识”培训却往往被忽略和忽视，没有起到“塑模成型、一步到位”的目的和效果。在启蒙化阶段，销售管理者对于销售人员的培训和导入，特别需要关注两个不容忽视的要点：

（1）销售人员往往喜欢学习“一招鲜”的经验和技巧，而不喜欢学习基础性的关键知识。因而在入职培训阶段，往往对于销售关键知识和基础知识的领悟和体会浅尝辄止，蜻蜓点水，似懂非懂。而在销售人员真正面对客户时，基本知识不过关导致客户不信任的现象随处可见。

（2）在入职塑模培训阶段，销售管理者对于销售基本知识的学习要求，还仅仅停留在让销售新人“知道”的层面。但销售知识和其他岗位所需基本知识学习目的的最大区别是，销售知识必须以“说道（能说会道）”为是否领悟和掌握的评价标准。因此传统的书面学习、书面测试及简单复述的培训模式必须被更具实战和挑战的情景式训练所替代。

销售新人启蒙化阶段的基本知识培训，由 PCC 三个层面构成，即产品知识（Product）、客户知识（Client）以及竞争知识（Competition），如图 5－3所示。

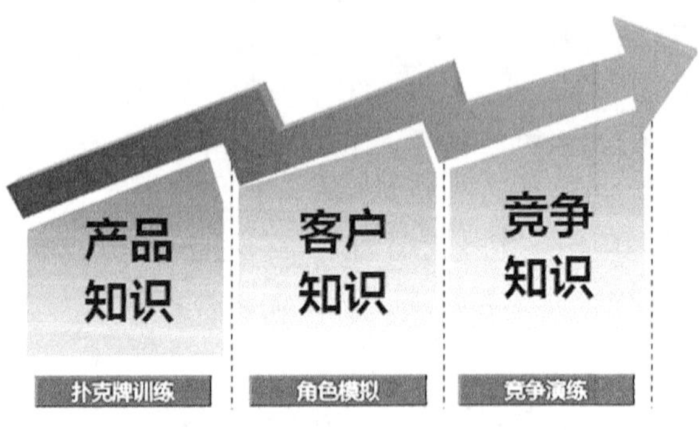

图 5－3　销售新人基本知识培训的构成

任何一个经历过启蒙化入职训练洗礼的销售人员，必须具备扎实的产品知识，能就产品的方方面面回应客户的疑问和疑虑并进行引导和展示，让任何客户都感受到其在产品方面的专业和可信赖。

任何一个经历过启蒙化入职训练并合格的销售人员，也必须具备扎实的客户知识，能对未来所遇到客户的组织结构及采购流程，内部各类采购角色及其应对方式有充分的认知和心理准备，做到预知预判。

任何一个经历过启蒙化入职训练并通过的销售人员，更需要具备扎实的竞争知识，能对自身产品及服务在各个方面与主要竞争对手的优劣对比有清晰的认知，并能在遇到客户挑战时扬长避短地加以分析引导，做到知己知彼。

一、产品知识三层面与扑克牌训练

不少销售管理者将产品知识培训等同于产品技术培训，等同于产品说明书上相关内容的培训，殊不知这些仅仅是产品知识的一个层面而已。销售人员真正与客户沟通时运用到的产品知识必须包括三个层面（见图5－4），分别是核心产品、外延产品和附加产品。核心产品指的是产品本身在物理层面的技术原理、性能和功用；外延产品指的是产品在商务和服务层面的各项条款和承诺；而附加产品则是指产品在品牌和商誉方面的光环效应，诸如企业的荣誉、产品的认证、专利与奖项、媒体报道等，如表5－4所示。

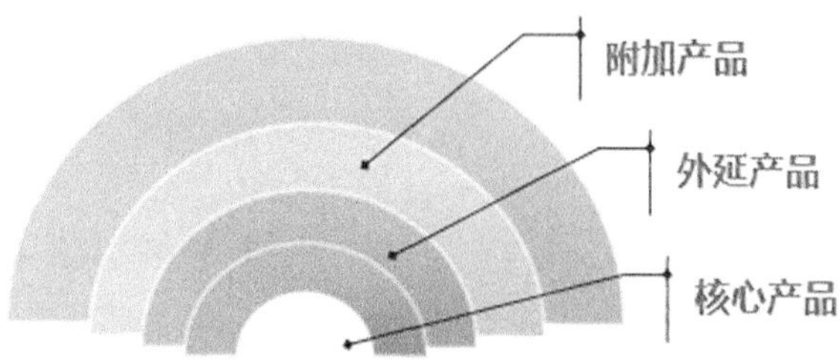

图5－4 产品知识三层面

表5－4 产品知识三层面

产品知识三层面	要点
核心产品	核心产品：物理与功用层面 产品的性能、功效、作用、规格、用途、包装、卖点等
外延产品	外延产品：商务与服务层面 产品的价格、折扣、返利、促销、质保、风险承诺、送货、付款方式、销售政策、特殊服务条款等
附加产品	附加产品：品牌与光环层面 产品的品牌、商誉、荣誉、口碑、媒体报道、企业市场地位、产品未来愿景等

不同的行业和销售模式在产品知识三个层面的权重和排序或有不同，

但三个层面的产品知识却在销售过程中缺一不可，甚至外延产品和附加产品等被销售管理者忽视的产品知识往往扮演着至关重要的作用。

某些技术知识过硬的销售在客户面前却没有足够的影响力和可信度，可能的原因就是他们拥有足够的核心产品知识，却缺少外延产品知识和附加产品知识。

相反，某些在小客户开发和维护方面得心应手的资深销售，在与专业要求高的关键客户沟通时却被投了不信任票，可能的原因是他们对外延产品和附加产品知识的演绎堪称高手，但对核心产品的知识演绎则明显不足。

在销售训练中往往存在如下让销售管理者迷惑不解的问题。

(1) 为什么那些专业背景很出色技术能力很强的销售人员在面对客户时反而显得不那么专业了？

(2) 为什么那些产品知识考核得高分甚至把产品说明书倒背如流的销售人员在面对客户时却不能流畅表达了？

(3) 为什么那些非本专业的“外行”经过规范训练在客户面前的表现甚至优于本专业出身的“内行”？

其实这些现象用销售学习的本质来剖析不难理解。任何销售知识的学习特别是产品知识的学习，其评价点和考核点不在于“知道”，而在于“说道”。换句话说，只有被表达出来并被客户接受的那部分产品知识才是有效的才是有价值的，而藏在肚子里只能体会不能言传的那些内容则是无效的。

正因如此，才有一位著名销售管理专家评价道：“在销售领域，真懂假懂不重要，貌似很懂最重要。”的确，启蒙化阶段产品知识培训的目标绝对不是让销售人员“记得住”，而是让他们“说得出”“说得好”“能说会道”。

也正是如此，在国外风行的扑克牌训练才真正被认为是实战高效的“产品知识训练”。虽然销售管理者需要花费足够精力和时间从产品知识三层面中整理出各种客户关心的与产品采购相关的问题做成扑克牌，但这项工作的努力和付出将被证明是卓有成效甚至是一劳永逸的。

在52张扑克牌上，印着销售管理者精心筛选的52个常见问题，这些问题既有关于核心产品的，也有关于外延产品和附加产品的。

在实战训练中，每个销售人员必须完成类似“少林十八铜人阵”的打通关竞赛。被训练者随机抽牌，抽到任何一张牌后铃铛三响马上回答，所有回答必须一气呵成，不能中断和停顿，否则马上会被“淘汰”。任何一个连续抽取 18 张扑克牌而能流利回答出正确答案的，即被认为顺利通关。扑克牌训练和传统的书面测试和问题考评相比，具有三大显著特色，如表 5 –5 所示。

表 5 –5　　扑克牌训练的特色

三大特色	具体要点
流畅表达	扑克牌训练侧重流畅自信的表达，以“说得出说得好”而非“记得住听得懂”作为考核的标准 扑克牌训练注重产品知识的熟练度和一气呵成，但凡停顿和中断即淘汰，这会大大增强销售人员面对客户时的专业形象和印象
快速反应	扑克牌训练更侧重思维和反应训练，销售人员根本无法预测抽到的是哪张牌，就好比无法预测客户提的问题一样，快速反应是流畅表达的基础 扑克牌训练实战中铃铛响三声必须回答，这对销售人员反应度和自信度的训练是极有帮助的
抗压程度	扑克牌训练快速淘汰的方式，会给销售人员很大的心理压力，而恰恰在压力下的表现和表达才最具说服力 扑克牌训练能提升销售人员的抗压程度，使之能较好适应真正面对客户时的压力

二、客户知识五者分析表

客户知识作为启蒙化入职训练阶段三大关键销售知识之一，却没有得到足够的重视和关注，不少销售管理者对于客户知识的训练存在两大认识误区。

（1）客户知识不像产品知识那么重要，比较简单，只要向销售新人简要描述下客户的概况和特征即可，即使要讲解也很难深入。

（2）入职阶段无须花费时间去讲解客户知识，因为销售人员一旦亲自开拓市场接触客户，自然会快速了解和掌握，因此入职阶段的客户知识培训基本是多此一举。

然而，大量案例证明，在入职阶段销售人员如果对客户结构、客户特征和客户习惯有提前的认知和准备，那么在独自面对客户时其心理准备和经验储备将会对后续沟通有极大裨益。

入职阶段启蒙化训练的客户知识培训，如果真正要起到预期效果和收获，必须做到两个“化”，即模式化和模拟化。模式化是指客户知识培训不能流于表面，对客户进行散乱无章的介绍，而是需要突出重点和要点，提供规则和套路。对于组织型客户而言，客户内部采购角色五者分析表（见表 5 –6）是一个非常重要和有效的客户分析工具，能极大提升销售人员认知客户内部采购角色，洞察不同采购角色动机，掌握与不同角色沟通交往套路的能力和技巧。销售管理者通过客户采购角色五者分析图，向销售人员化繁为简地清晰展示了所要面对客户的内部结构，详尽介绍包括决策者、技术者、采购者、使用者和守门者五大角色在客户内部对应的职位和岗位，并分享与这些岗位相关人员沟通交往的原则、经验和技巧。

表 5－6 客户内部采购角色五者分析表

五大角色	作用	他们是谁	关注点	常问问题
决策者	最后批准购买	控制经费、拨款、拥有表决权的人	购买对公司发展的影响	从这个购买投资中我们能得到什么回报
技术者	制定产品挑选标准	衡量你的方案，判断其是否可用的人	产品性能指标	它符合技术指标吗
采购者	控制采购成本	管理采购流程、负责商务谈判、实施采购的人	价格和付款条件	更优惠的价格和付款条件
使用者	评价产品其对工作效率的影响	使用或管理使用你产品的人	产品的使用功能和便利	如何为我简单而有效率地工作
守门者	引路人，提供消息，帮助内部引荐	最初接触的人，职位偏低	个人利益和好处	我能得到什么？为什么要帮你

正如开车出门，在不熟悉路线之前，可以开启导航进行路线设计和模拟导航一样，销售人员在正式拜访客户和与客户交往之前，也需要提前进行角色模拟和角色导航。

客户角色模拟与导航，侧重在与客户不同采购角色沟通的情景模拟训练，销售管理者现场进行指导和点评。扮演客户中不同采购角色的销售人员根据角色的特征和表达习惯真实地呈现不同的场景和案例，而被训练者则需要判断角色的动机和特点，针对性地进行迎合和引导。

销售管理者虽然需要花费一定时间设计与策划“角色扮演卡”，但这些浓缩了真实情境和宝贵经验的“角色扮演卡”，足以成为销售团队培养的“宝贵财富”和“长期工具”，为处于启蒙化入职阶段的销售新人提供更贴近实战的训练和指导。

三、竞争分析方格表

在入职培训的启蒙化训练阶段，基础销售知识培训的第三个层面则是竞争知识的辅导和训练。在竞争知识培训方面销售管理者往往存在两大常见错误。

（1）销售管理者往往希望销售人员对自身的产品高度自信，因此或多或少会贬低竞争对手的产品和服务。然而一旦销售人员真正接触市场和客户，发现自己产品和竞争对手的真实对比与原先了解的不符合，则会感到很大的心理落差和挫折感，并且对自己的企业、团队和产品瞬间失去信任。

（2）销售管理者对于销售人员对竞争产品和竞争对手的好奇与兴趣采取回避和避重就轻的态度和方式，导致销售人员对竞争产品的情况了解不足，对于竞争要素的对比准备不足，从而在面对客户时由于信息不够而盲目被动。

竞争分析方格表是一种非常实效的竞争知识训练工具（见表5－7）。在表格中销售管理者需要把自身产品和几个主要竞争产品在全部关键对比项目上的表现进行评价和打分，以让受训者做到全方面深入了解，真正知己知彼。

每个拿到竞争分析方格表的销售人员可以一目了然地掌握竞争形势，并简明快速地把握竞争项目优劣对比的特点。

表5－7　　竞争分析方格表

	竞争要素	A品牌产品	B品牌产品	C品牌产品
品牌	品牌吸引力			
	宣传促销力度			
	……			
产品	性能功效			
	技术特长			
	材质用料			
	包装款式			
	……			
服务	交货配送			
	质量保证			
	风险承诺			
	……			
价格付款	价格			
	付款条件			
	返利			
	……			

竞争分析方格表仅仅是竞争知识训练的基础，真正的深度训练还在于“竞争演练”。“竞争演练”是指扮演客户的一方利用竞争信息来给扮演销售的一方施加压力和提出挑战。

挑战方运用和竞争对手有关的真假情报来贬低销售方的产品，来压低销售方的价格，来攻击销售方的漏洞，来引诱销售方做出让步，来让销售方知难而退。而销售方则需要根据竞争分析方格表提供的关键信息灵活应对。

熟练掌握竞争分析方格表并灵活应用在“竞争演练”中的销售人员，在真正面对客户时往往善于应对客户挑战，懂得引导客户的采购标准，能够灵活地迂回变通，扬长避短。

第三节 标准化阶段之专项训练

经历了启蒙化入职塑模阶段之后，销售人员开始被分配销售区域和承担销售任务，独立进行销售拜访和背负销售指标，这时候销售人员最需要掌握的就是实战的销售技巧。

很多销售新人往往在这一阶段急功近利，要么希望快速学习和掌握“一招鲜”式的销售绝招，要么希望不按部就班而是按照自己的理解来实施销售行为。

这正如每个初学高尔夫的人都期待自己能击出“一杆进洞”的漂亮一球，但几乎所有专业的高尔夫教练都要求初学者老老实实地学习挥杆的标准分解动作。

有位培养了多名世界冠军的高尔夫教练认为：万丈高楼平地起，要是没有一套可靠的挥杆标准动作，就不能保证随时都可以挥出流畅的、正确的强劲一击。其实，无论男女老少都可以成为高尔夫好手，唯一的条件是要有一套有效的基本挥杆法，而且能随时遵循此法，扎好根基，基本功练得如举手投足般的自然时，功夫就水到渠成了。他仅将挥杆法分解为六个浅显易懂的步骤，分别用“带、转、移、放、跟、收”六个字来代表。每一个动作都是不可或缺的一环，如同骨牌作用一般，一波接着一波，一个动作引发下一个动作。如果能了解并练熟各项分解动作，日后自然便可以把它们连贯起来，毫无阻碍地加以运用。在每次击球前，都必须注意到自身的握杆、站姿、球位、杆面方向、身体的放松、握杆的力量等基本要求，丝毫不可忽略，更不可因几次的失击而对上述的基本动作产生怀疑。

曾经有高尔夫爱好者开玩笑说：“即便是遇到泰格·伍兹，即便他愿意把毕生的高尔夫技巧倾囊相授，但结果可能还是这几个标准动作。”普通的爱好者只能偶然地挥出漂亮的一杆，但伟大选手的过人之处在于，他在任何时候任何场景，都能把每个动作做到完美。

初学高尔夫球的关键在于掌握并反复练习分解动作，学习销售技巧同样如此。打高尔夫球的要领在于“带、转、移、放、跟、收”六字动作，而销售技能也分为四大标准动作，破冰润滑，需求挖掘，价值呈现和异议引导四大分解动作构成了销售技能专项训练的四大基石。

有位资深销售教练在短短10年中陪同超过1万名销售人员共同拜访客户，观察分析其销售动作和销售技巧，这1万名销售人员大部分都是从业多年的老销售人员。这位销售教练得出的结论是75%的销售人员销售基本功不过关，销售工作时间越长，纠偏和纠正的难度越大。

标准化阶段的销售专项训练，必须做到让销售人员熟练掌握并反复练习四项基本功，并且把四项基本功串联在一起，灵活使用。标准动作学习的核心在于标准化，因而四项基本功又被称为“5454训练法”（见图5－5），即每个基本功又包含几个规范的标准动作。破冰润滑具体又分为五大润滑剂，需求挖掘分为四部曲，价值呈现则分为五步骤，而异议引导又分为四大对策。

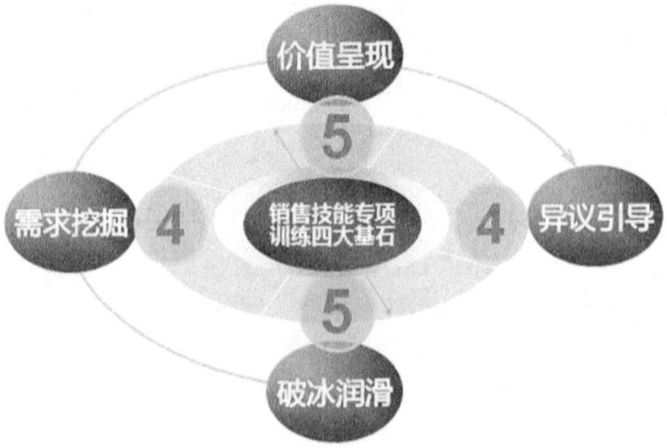

图5－5 “5454训练法”

一、关系破冰五大润滑剂训练

在销售过程中快速破除隔阂，拉近与客户的心理距离，展示亲和力，建立良好的面谈氛围，这是销售四大技能中的破冰润滑能力。

虽然不同销售人员由于性格、习惯、背景和专业的不同，会展现出不同的风格，有些人天性就是“热得快”，有些人本性就是“一本正经”，但优秀的销售人员无一例外都会不同程度展示出“关系破冰的五大润滑剂”。赞美、感谢、请教、道歉、找共同点这五大润滑剂的封闭式训练，可以大幅度提升销售人员拉近客户关系的能力，如表5－8所示。

表 5－8 关系破冰五大润滑剂训练

润滑剂	训练目标	训练要素
赞美	训练销售人员善于在沟通时抓住赞美点，通过赞美拉近关系，赢得好感	找到具体的赞美点，赞美必须具体而不能空泛 赞美不能直露，而需要含蓄和旁敲侧击
感谢	训练销售人员在与客户交往时懂得“小题大做”式地表达感谢，并配合以小恩小惠来拉近心理距离	感谢并非客户有恩于己才需要感谢，而是小题大做，抓住任何可以感谢的小事项表达谢意 感谢之核心在于彰显自身“知恩图报”的人品，让客户产生亲近感和可信感 感谢可以适当配合以小恩小惠，让客户难以拒绝
请教	训练销售人员用“请教”的方式打开话题，挖掘客户隐藏在心中值得炫耀和自豪的经历和成就	善于用“请教”捕捉客户愿意分享的话题和值得自豪的经历 请教中需要特别训练鼓励客户表达的附和性语言，表情和肢体动作
道歉	训练销售人员“无中生有”地向客户道歉，给客户信赖感和安全感	道歉需要“无中生有”，并非自己犯错才要道歉，无错且道歉才是一种高明的人际关系技巧 道歉必须要做到诚挚，真诚，以情感打动人
找共同点	训练销售人员迅速找到自己和客户之间的共同点和共同话题	寻找共同点需要训练销售人员的侦探能力，捕捉自己与客户之间任何可能的共同点 寻找共同点需要训练销售人员的关联能力，把看似不相关的事项和信息关联在一起，建立共同点

关系破冰五大润滑剂训练可以强迫销售人员打破原有的沟通习惯，打开思维，强迫受训者在一两天的全封闭环境中不断地用五大润滑剂与人沟通交流，并通过竞赛评比刺激受训人员提升“五大润滑剂”使用的频率，次数和时机。

二、需求挖掘四部曲训练

【案例】

销售新人李青书在完成入职培训后开始拜访新客户，但处处碰壁，几乎所有客户都告诉李青书暂时没有需求。李青书垂头丧气，并向销售主管宋远乔抱怨市场难做。宋远乔呵呵一笑，说自己愿意亲自帮李青书去拜访一个之前拒绝过他的客户。一周之后，宋远乔拿着刚签的采购合同对李青书说：“你看，销售总是从没有需求的拒绝开始的。”李青书大感困惑：“我问了好几遍，对方反复强调暂时不需要啊？”

宋远乔说："你看过西游记吗？我给你讲一个新版的西游记故事，在这个故事中白骨精和蜘蛛精同时喜欢上了唐僧，并向他发起了爱情攻势，你先听听白骨精和唐僧的对话。"

白骨精问："从大唐而来？"

唐僧答："是。"

白骨精问："所去何方？"

唐僧答："西天取经。"

白骨精问："所带何人？"

唐僧答："三徒一马。"

白骨精问："如此好的花花世界，大可尽情享乐，你又何必如此受苦呢？"

唐僧答："为了世间众生。"

白骨精说："此去西天，路途遥远，也许回到大唐，已是暮年了。"

唐僧答："心甘情愿。"

白骨精说："一路山高岭峻，恐怕你困在山中，无法找到西天。"

唐僧道："我徒儿有引路之能。"

白骨精说："你以为带回经书，皇帝能真像他说的那样嘉奖你吗，他可能早忘得一干二净。"

唐僧答："我不在乎。"

白骨精说："老百姓才不会感谢你呢，他们很快会忘记你。"

唐僧答："我本就无须纪念。"

白骨精说："你看我这儿山青水美，丫鬟成群，何不与我在此共享荣华？"

唐僧答："不可能。"

白骨精说："如果你留下来，你就是山寨的寨主，我是寨夫人，所有人都要听你的。"

唐僧说："住口！"

白骨精大怒："告诉你，你若不从，我便把你吃掉！"

唐僧大叫："悟空！"

"白骨精被孙悟空一棒打死，青书我问你，你觉得唐僧有和妖精结婚的需求吗？白骨精的竭力说服有用吗？"

李青书说："那肯定没有，唐僧怎么可能接受妖精呢？"

宋远乔再说："那你再听听蜘蛛精和唐僧的对话。"

蜘蛛精问："藏经之地有多远？"

唐僧答："几万里。"

蜘蛛精问："现今行了多远？"

唐僧答："两成。"

蜘蛛精问："一路上可顺利？"

唐僧答："很多凶险。"

蜘蛛精问："经书带回大唐能如何？"

唐僧答："百姓可安居乐业。"

蜘蛛精问："后面的路途凶险还会很多吗？"

唐僧答："应该很多。"

蜘蛛精问："未来这么多凶险会安然度过吗？"

唐僧答："不太容易，有可能再也回不到大唐。"

蜘蛛精问："你能保证凭你自己一定能在有生之年见到佛祖吗？"

唐僧答："不能保证。"

蜘蛛精问："如果你有生之年佛祖也给不了你经书又当如何？"

唐僧答："大唐就再也得不到经书了。"

蜘蛛精问："大唐再也得不到经书又如何？"

唐僧答："那真是灾难，百姓会很失望，而且还会继续生活在苦难中。"

蜘蛛精问："如果大唐得到了经书，百姓的生活就会改善很多吗？"

唐僧答："岂止是很多可以形容！"

蜘蛛精问："既然前途如此艰险，如此多的不确定，如果有很多人帮你，且世世代代、不断延续，那会对你有帮助吗？"

唐僧答："那我大唐之事必成！我虽死不辞！有何办法？"

蜘蛛精说："让我们成为夫妻，生无数子孙，前仆后继，恳求佛祖，待到佛祖认为考验结束，他必会同意。"

唐僧答："啊！真是好办法！好！好！"

"于是唐僧和蜘蛛精喜结连理，过上了幸福的生活。青书，你刚才说唐僧没有和妖精结婚的需求，结果他怎么会接受蜘蛛精了呢？"

李青书说："蜘蛛精的确聪明，她挖掘到了唐僧的痛处，并把唐僧的痛苦放大和紧迫化，所以她最后的提议才顺利被接受。"

宋远乔说："你很聪明，把握到了需求挖掘的关键，那就是挖掘到客户的痛处，而且是以提问的方式。其实所谓需求不就是客户对现状的不满吗？接下来我就教你环环相扣的提问挖掘需求四大问题，分别是背景问题、难点问题、暗示问题和需求效益问题。你学了以后就会发现蜘蛛精正是运用这四大问题逐渐把唐僧的需求挖掘出来的。"

宋远乔所提到的四类问题，正是需求挖掘引导四部曲的组成部分。如果用“伤口”来比喻，需求挖掘的四个步骤分别可以被称为“找伤口”“挖伤口”“伤口撒盐”和“伤口抹蜜”，这四个步骤分别与背景问题、难点问题、暗示问题和需求效益问题一一对应，如表5－9所示。

表5－9　　客户需求挖掘四部曲

需求挖掘步骤	提问类型	提问目标
“找伤口”	背景问题	通过旁敲侧击地询问和了解客户的现状来寻找客户心中潜在的难点与不满点，背景问题的目标是侦探出“难点问题”
“挖伤口”	难点问题	直接询问客户对于所存在“难点”和“不满”的感受和可能后果，让客户认识到问题的存在和解决问题的重要性
“伤口撒盐”	暗示问题	暗示性地询问客户如果“难点”和“不满”不能有效及时解决，会产生怎样的更坏后果和更大损失，把“难点”进一步放大，让客户产生解决问题的紧迫性
“伤口抹蜜”	需求效益问题	针对客户被放大了的难点和问题，提供有效的解决对策，用征询和提问的方式询问客户的意见和建议，这样的解决方案呈现更加柔性和隐蔽

销售管理者需要根据自身产品能帮助客户解决的问题以及和竞争产品的比较优势，倒推式地设计出难点问题，并衍生出背景问题、暗示问题和需求效益问题。销售管理者更要销售团队成员熟练地运用四类问题进行客户需求的探询，挖掘和引导，把客户不紧迫的隐性需求转变成迫切需要解决的显性需求。

三、价值呈现FABTE五步骤训练

价值呈现就是把自身产品和服务独特的亮点及给客户带来的价值快速地展示和呈现出来，不少销售人员在价值呈现环节普遍存在如下不足。

（1）产品介绍太杂太乱太多，抓不到亮点和重点。在产品和服务的价值展示中有一个核心原则：伤其十指不如断其一指，十个毫不出彩的特点不如一个与众不同的亮点，价值呈现必须要“准”。

（2）销售人员总以为客户有足够的耐心和时间听自己慢慢地一一呈现，殊不知客户能给予销售人员的价值呈现时间是极其有限和短暂的，销售人员必须在极短的时间内快速秀出亮点，抓住客户的兴趣点，价值呈现必须要“快”。

（3）销售人员往往会站在自身角度去说服客户接受自己产品的优点和

好处，但客户则会认为这是“王婆卖瓜，自卖自夸”，因而会产生自然而然的反感和抗拒。销售人员需要站在客户的角度分析价值并提供证据和证明，价值呈现必须要“信”。

为了实现价值呈现“准，快，信”三大原则，有一个被称为价值呈现FABTE五步骤的训练对销售人员帮助极大（见表5－10）。例如某个药店的销售人员，正在向一位培训讲师推荐其主打的润喉糖。

“蔡老师您好，这个品牌的润喉糖含有纯天然的金银花成分，具有润喉清爽的功能。如果您在讲课期间服用，就会感到喉咙特别清爽舒服，可以避免连续讲课后咽喉不适和声音沙哑，您看这里有几个您的同行李老师和陈老师的购买记录，他们都认为效果特别好。”

短短30秒的快速表达，这位销售人员抓住了产品的最大卖点，“快速，准确，可信”地向客户展现了润喉糖的价值。其中“含有金银花成分”是产品的Feature，即特别属性，“具有润喉清爽的功能”则是这一特别属性所产生的Advantage，即功能，“如果您在讲课期间服用，就会感到喉咙特别清爽舒服”是产品给蔡老师带来的Benefit，即价值，“可以避免连续讲课后咽喉不适和声音沙哑”则是产品帮助蔡老师摆脱的Trouble，即烦恼，最后“您看这里有几个您的同行李老师和陈老师的购买记录，他们都认为效果特别好”则是为前面所说的Evidence，即提供证据和可信证明。

表5－10　　产品价值呈现FABTE五步骤训练

F：Feature	特性、特点	总结2～3个产品和服务最大的卖点和特色
A：Advantage	功效，作用	快速表达这几个特色有什么作用和功效
B：Benefit	给客户带来的价值	站在客户角度分析这些功效能给其带来什么价值
T：Trouble	帮助客户摆脱的麻烦	站在客户角度分析这些功效能帮其摆脱怎样的麻烦，解决怎样的问题和不便
E：Evidence	提供证明和证据	提供具有说服力和鼓动性的证据

销售管理者需要根据自己产品和服务的特色，挑选2个或3个大的卖点，设计成FABTE的说辞，让销售人员快速、准确、可信、流利地复述和展示。受过FABTE价值呈现训练的销售人员往往说话一针见血，快速流畅而且准确到位。

四、异议引导四大对策

销售人员在面对客户时一定会遇到各种各样的异议，如何有效应对和引导异议，是销售人员是否具备合格销售技能的基本标准。销售人员在客户异议处理时常见的问题如下。

（1）面对客户提出的异议，不顾对方的情绪和情面，急着反驳争辩，而不善于迂回应对和柔性引导。

（2）面对客户提出的异议缺乏应对的组合策略，而是用单一的讲道理方式来说服对方。

销售管理者应把自身应对客户异议的丰富的实战经验归纳成可训练和模仿的套路。而被称为“四大异议引导”对策的补偿法、交换法、反转法和淡化法四种方法，可以帮助销售人员通过熟练运用以达到“见招拆招”的高超水准，如表5－11所示。

表5－11　　　　异议引导四大对策

四大对策	针对异议
补偿法	客户存在隐藏的顾虑、担忧和不安，例如质量、信誉、服务、风险等，销售人员通过倾听和分享成功挖掘出这些异议，并通过完善方案和服务，提供承诺，增加合同条款的方式予以解决
交换法	客户存在的习惯性异议，很可能是在签约前希望多争取利益，尤其是价格服务等方面，这时销售人员需要运用谈判技巧，和客户进行“条件换条件”，通过挂钩一个附加条件来让客户重新权衡利弊，以阻止客户无限制的要求
反转法	客户对产品或服务有某些误解或者个人成见，而这些误解与成见主要来源于客户主观认知或者信息不完整，因此销售人员可以通过信息补充或逻辑关系梳理来改变客户的认知，把客户认为的缺点反转成自身产品和服务的优点
淡化法	如果客户的异议来自产品或者服务客观存在的缺点和不足，销售人员若无法对这些客观缺陷进行掩饰和辩解，则可以采取“淡化法”，即通过强化自身与众不同的优点来淡化这些缺点

补偿法的特点是针对客户提出的可以被满足的异议，通过给予弥补和完善商务及服务条款来扫除其顾虑和不安，敦促其尽快做出采购决定。

交换法则是针对那些客户的额外要求甚至不合理要求，通过“条件换条件”的方式来柔性婉拒。

反转法则是把客户指出的某些弱点和不足反过来变成自身的特长和优点。

淡化法则是针对那些自身无法改变的弱项，通过强调和强化自己与众不同的强项来淡化这些弱点。

销售管理者需要训练销售人员熟练运用四大异议引导对策，并根据客户异议的不同特征来设计不同的异议对策组合。

第四节 共性化阶段之集训轮训

销售人员历经了启蒙化阶段的入职塑模和标准化阶段的专项训练，基本掌握了三大核心销售知识及四大销售分解动作并能活学活用后，其能力培养就进入了下一个阶梯，即“共性化阶段”。

在共性化阶段，销售人员虽然掌握了销售基本知识和销售基本技能，但随着和客户交往的不断深入，更多难题和僵局的出现会对销售人员的能力提出更大的挑战。这些难题虽然纷繁复杂，各不相同，但处于这个阶段的销售人员普遍对三类问题最为困惑。

（1）客户关系发展从陌生到熟悉比较容易，从熟悉到真正信任却非常难，不知道如何打开信任僵局。

（2）进展到一定阶段，对于一些城府较深，老于世故的客户，销售无法真正洞察其动机和想法，对于客户提出的各种意见、异议、想法和情报，无法辨明真伪。

（3）处于共性化阶段的销售人员，不少业务的跟进已经从需求开发进展到商务谈判阶段，但处于这个阶段的销售人员往往缺乏必要的谈判技巧。

在共性化阶段，销售人员除了会面对以上三项常见问题外，还会遭遇到来自两个方面变化所产生的困境和挫折。第一是来自竞争对手短期内的闪电战和突击战，对手在价格、产品、付款、促销等方面突然的变化导致己方的被动，这些变化销售管理者如果听之任之或者大事化小，则会对销售人员的心理产生很大的负面影响。第二是来自行业环境的突然变化而产生的销售压力，例如法规、政策、行情波动、经济周期等，往往让销售人员措手不及，销售管理者必须给予销售人员方向指引和信心导入，如表5－12 所示。

表 5－12　　共性化阶段挑战

共性化阶段挑战	目的	具体描述
三大常见问题	信任建立	不知道如何从表面的熟悉关系进一步突破到真正的信任关系，销售进度往往在这个阶段陷入僵局，一直拖延下去 因此销售管理者需要帮助处于这个阶段的销售人员分析与辅导如何全方位从组织、产品到个人三个层面与客户建立深度信任
	心理洞察	对于比自己资深和老练的客户，无法识别其言外之意和心理动机，不能通过察言观色去识别对方的情绪和真正想法，对客户提出的真假信息和情报无法分辨和判别 因此销售管理者需要帮助处于这个阶段的销售人员进行客户心理分析、客户动机分析、客户“言外之意”的辨别
	销售谈判	把业务推进到最后关键阶段的销售人员，缺乏足够的谈判经验和技巧应对客户提出的条件和要求，因此销售管理者需要帮助销售人员针对具体问题指导谈判技巧，分享谈判经验
两类常见变化	竞争应对	新竞争对手的加入或者已有竞争对手在各项竞争指标上突然的调整和攻击所产生的销售难题，必须由销售管理者帮助销售人员进行分析、决策和指引方向
	环境变化	大环境或地区环境中政策、经济、行情、文化等变化所产生的销售压力，也需要销售管理者通过集思广益制订解决方案和行动计划来帮助销售人员走出困境

由于以上五个方面的挑战都是处于共性化成长阶段的销售人员普遍遇到的、共同经历的，因此这个阶段不建议采用低效率的单独辅导，而需要采用效率更高、效果更好、团队氛围更浓的集训轮训。

所谓集训轮训，就是定期针对市场上普遍存在的共性问题，把销售团队成员召集在一起，针对具体问题进行分析研讨，集思广益，共同理清思路，共同交流分享，共同探讨解决办法，共同制订行动计划。

集训轮训和专项训练另一个不同之处在于，专项训练是把过去已有的方法和技巧进行传授，而集训轮训针对的是最新出现的问题和难题，目的是为解决近阶段出现的具体问题而寻找对策。

集训轮训时销售管理者往往会把销售人员召集回公司，在会议室内集中安排 1～2 天时间封闭式地探讨问题和解决问题。有效的集训轮训一定不是盲目的，而是有计划、有规程、有成果的，集训轮训的安排一般分成三个环环相扣的重要步骤，如表 5－13 所示。

表 5－13　　集训轮训三大步骤

第一步： 问题汇总与议题设计	在确定集训轮训日期后，发放问题汇总表，把不同销售人员的问题集中起来，进行集训议题的设计。议题设计务必做到少而精，以确保集训轮训的深入有效
第二步： 开放式交流和集思广益	集训轮训过程中，由专人负责议题引导，销售管理者务必在后面倾听，不要控场和施加压力，目的是让销售人员放松心态进行讨论、交流、分享和寻找解决办法
第三步： 达成解决方案及行动计划	集训轮训成功与否，主要看在结束时是否达成了一致的解决方案。销售管理者需要把解决方案设计成可执行的行动计划并配套时间表

第五节　个性化阶段之协同拜访

销售人员经过足够的市场洗礼，经历了大量的集训轮训，在心态、能力、经验、客户关系等方面足可独当一面，因此其成长阶段就进入了个性化阶段。

处于个性化成长阶段的销售人员，其阅历、资历和能力足以应对和处理常见的销售难题和客户问题，销售管理者可尽量放手，少一些干预。

但是，即便是经验丰富阅历深厚的销售人员，也会遇到极其个性化的难题需要销售管理者提供建议和对策，但这种难题往往并不普遍，而是非常个性化和具体化。这些具体的难题如果不能获得直观和一手的信息，销售管理者是难以洞察本质、探究原因和分享建议的，因此针对此类问题，销售管理者必须和销售人员共同拜访客户，实施协同拜访。

销售管理者实施协同拜访的整个过程可分成三个阶段，而销售管理者也需要在三个阶段扮演三个不同的角色，如图 5 –6、表 5 – 14 所示。

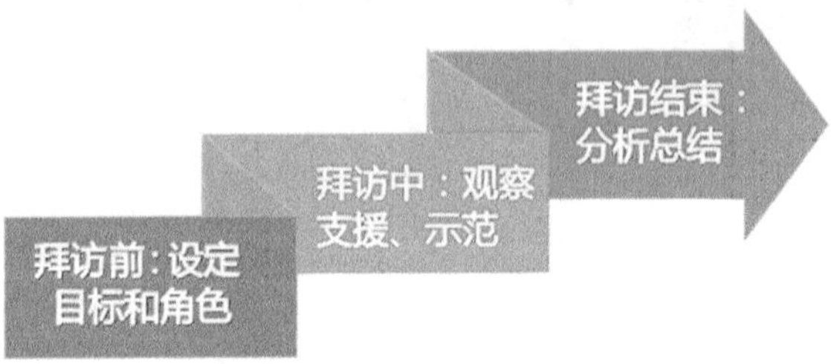

图 5 –6　协同拜访三个阶段

表 5 –14　销售管理者参与协访的三种参与方式

三种方式	目的	角色	参与程度	扮演角色
观察式	主要是观察	观察者	低	哑剧演员
支援式	主要是观察，必要时及时介入	观察者和帮助者	中	配角
示范式	主要是示范	示范者	高	主演

（1）在实施协同拜访前，销售管理者需要扮演“编剧”的角色，即要提前给销售人员“说剧本”，界定此次拜访的目标，并且明确双方所扮演的角色以及职责。

（2）在实施协同拜访过程中，销售管理者需要扮演“演员”的角色。根据拜访目的的不同，销售管理者可以扮演“哑剧演员”，即观察而不参与；销售管理者也可以扮演“配角”的角色，即观察加支援；销售管理者也可以扮演“主角”的角色，即示范。

（3）在协同拜访结束后，销售管理者则需要扮演“导演”的角色，要帮助销售人员回顾过程，总结分析，制订行动计划。

销售人员经历了入职培训与专项训练等成长阶段后，羽翼渐丰，在心态和能力等方面日渐成熟。往往在启蒙化阶段与标准化阶段，销售管理者总是向销售人员灌输“独担责任，独当一面”的思维和意识，培养他们从“依赖”逐渐过渡到“独立”，支持他们尽可能自己履行职责与达到目标。

然而，当销售人员成长到共性化阶段和个性化阶段，对自己的能力自信甚至自负时，销售管理者应该在思维和理念上切换引导轨道，从“独立思维”转变为“双赢思维”，致力于培养他们的团队精神和团队意识，培养他们的合作习惯和对团队的忠诚度。

若销售管理者未能在销售人员成长至共性化阶段灌输和引导“双赢思维”，放任其日益滋长“独行侠”式的意识和习惯，那成熟的销售人员很有可能在羽翼丰满以后展翅高飞，或自立门户，或投奔他人。若真如此，则销售管理者必将为“替他人做嫁衣”“为自己树敌”的行为而深感懊悔和遗憾，如表5－15所示。

表5－15　　　　销售人员思维引导方向

阶段	启蒙化阶段	标准化阶段	共性化阶段	个性化阶段
训练方式	入职塑模	专项训练	集训轮训	协同拜访
思维引导	从依赖到独立		从独立到双赢	

第六节　销售人才突击训练之四大手段组合

入职塑模、专项训练、集训轮训和协同拜访作为销售人才培养发展的四大常用手段，其相互关系既可以是阶梯递进型的，即完成一个培养阶段再递进到下一个阶段。同时，这四大训练手段也可以是组合型的，即针对各种具体情形综合使用以实现突击训练和快速改善。

尤其是对那些相对稳定且具有一定入职年限的销售团队，销售管理者同样可以综合运用四大手段针对性地进行突击改善和速成训练，本书把四大手段简称为“塑模”“专练”“集训”和“协访”，如图5－7所示。

四大销售能力突击提升的训练手段各有不同目标，“塑模”的目标是基本知识的强化掌握，“专练”的目标是单项业务技能的重点培养，“集训”的目标是针对当前主要普遍问题的对策探讨，而“协访”的目标则是针对重要的个性化问题的现场解决。

销售管理者要密切关注任何一个需要启动四大手段进行销售团队突击训练的“诱发点”。所谓的“诱发点”可能是所销售产品的调整和产品线的变化，可能是公司销售政策和方向的变化，可能是行业政策和外部环境的变化，可能是竞争格局和竞争态势的变化，可能是近期销售团队人员调整和结构变化，也可能是销售挑战升级和困境恶化带来的负面变化……

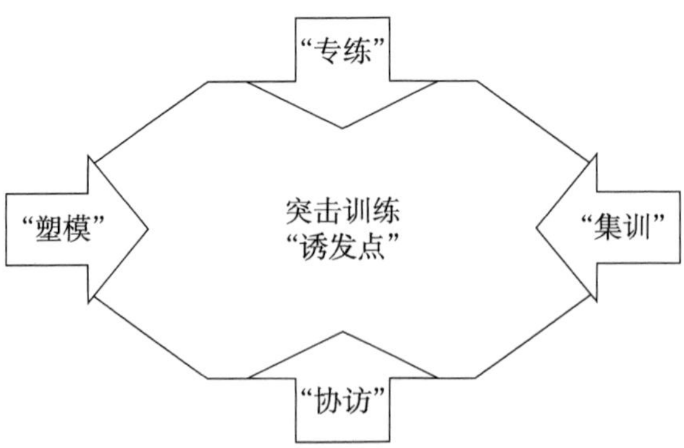

图5－7　突击训练四大手段组合

以产品线变化为例，当销售团队销售的产品品类有所变化时，销售管理者绝对不能忽视这一变化对业务过程带来的各种影响，并且要有目的地启动四大手段对销售团队进行突击改善和快速培养。

首先，销售管理者需要用扑克牌训练等方式把新产品的基本知识全部提炼，并且把话术标准化、规范化，进行产品知识的“塑模”训练，再有经验的销售人员也需要“回炉再造”，以避免销售团队对产品不熟悉，导致客户不信任。其次，销售管理者要密切关注新产品销售过程中销售团队最明显的技能短板，它或许是产品的价值说服力不够，或许是客户异议的化解力不足，或许是客户购买决定的促成力低效，或许是其他。技能短板一旦被识别，销售管理者就可以据此强化整个业务团队的单项训练，快速补上短板。再次，销售管理者也要密切关注在新产品销售过程中是否存在技能之外的造成销售团队共性困惑的，并且已有的技能和方法尚无法解决的客观困难和挑战。如果有，则销售管理者需要把销售团队召集在一起，启动“集训”以便集思广益地探询对策。最后，针对重要客户和关键客户，如果有销售人员遇到特别个性化的挑战和问题，销售管理者也需要适度配合以“协访”，以便到市场一线了解问题的根源并且协助问题的解决。

再以竞争对手攻击导致业务压力这一“诱发点”为例，销售管理者也有必要综合运用四大手段来快速提升销售团队的应对能力。

销售管理者需要运用“塑模”训练中的“竞争方格图”把己方和竞争方的各项优劣势列成明细，不仅让销售团队了然于胸，更要让销售人员熟练掌握扬长避短的应对话术。“竞争方格图”把双方各项竞争指标一一明确并且细化成要点与话术，销售人员一旦掌握不仅能做到知己知彼，更能做到有效地转移客户关注，改变客户认知以及重塑客户的评价。

销售管理者更需要启动“专练”以强化训练“客户异议处理”以及“竞争对比正反手”等单项技能，通过“角色演练”“实战模拟”“范例呈现”等手段把“单项”技能的水准快速提升。与此同时，对于竞争对手某些攻击手段导致客观业务压力并且让销售团队产生困顿和迷茫的情况，销售管理者也需要启动“磨刀不误砍柴工”的“集训”，把大家召集在一起寻找对策和解决办法。

针对由于竞争干扰而产生问题的客户，如果销售人员以个人之力难以解决，则销售管理者要启动“协访”，协助销售人员拜访客户，以便洞察问题根源，制订有效对策。

当然，四大手段组合的诱发点还有很多，销售管理者应该更加敏锐地洞察各种“诱发点”并且把四大手段的组合使用变成一种常态。表 5 – 16

为突击训练四大手段组合使用工作表，读者可根据实际情况进行填写。

表 5－16　　突击训练四大手段组合使用工作表

“诱发点”	“塑模”	“专练”	“集训”	“协访”
产品线调整或者产品增减				
竞争对手策略变化或施压				
公司销售政策和策略调整				
行业政策/环境/需求变化				
销售团队人员结构调整变化				
短期销售任务或者销售活动				
阶段性突出问题和销售困境				
其他“诱发点”				

第六章

销售团队内驱激励与杠杆激励

导言　销售人员的内驱式激励

【案例】

某位王爷手下有个著名的厨师，他的拿手好菜是烤鸭，这道菜深受王府里人的喜爱。虽然王爷给了这个厨师丰厚的待遇和报酬，但这个王爷从来没有给予过厨师任何鼓励和表扬，这使得厨师整天闷闷不乐。

有一天，有客从远方来，王爷在家设宴招待贵客，点了数道菜，其中一道是王爷最喜爱吃的烤鸭，厨师奉命行事。然而，当王爷夹了一条鸭腿给客人时，却找不到另一条鸭腿，他便问身后的厨师说："另一条腿哪里去了？"

厨师说："禀告王爷，我们府里养的鸭子都只有一条腿！"王爷感到诧异，但碍于客人在场，不便问个究竟。饭后，王爷便跟着厨师到鸭舍去查个究竟，因为他觉得王府里的鸭子都喂了最好的粮食，甚至小鱼虾米。到了鸭舍，时值夜晚，鸭子正在睡觉，每只鸭子都只露出一条腿。

厨师指着鸭子说："王爷你看，我们府里的鸭子不都是只有一条腿吗？"王爷听后也很诧异，怎么鸭子真的只有一条腿呢。

于是他问厨师："如何让这鸭子变成两条腿呢？"厨师呵呵一笑："王爷，只要您拍手鼓掌，鸭子就能变成两条腿。"王爷于是便大声拍掌，鸭子当场被惊醒，都站了起来，果然全部变成了两条腿。

厨师说："王爷您看，这些鸭子，也需要鼓励啊！"

王爷自认为给予厨师待遇丰厚，对他不薄，但想不到厨师还是内心郁闷，深感失落。恰如不少销售管理者自认为给予销售人员的薪酬奖励足够到位，因而对他们依然缺乏足够工作责任心和工作热情表示难以理解。

王爷通过鼓掌来让鸭子"长"出另外一条腿，这暗示着厨师也需要鼓励和激励才能保持工作的激情和动力。同样销售管理者若希望团队保持长期的斗志和士气，不仅需要外在的物质奖励和刺激，更需要植入和塑造由内而外的驱动力。

简而言之，销售团队的士气激励可以通过两大途径实现，其一是外在的物质刺激和有形奖励，其二是内在的意愿驱动和精神动力。我们可以把前者称为销售人员的外驱式激励，后者称为销售人员的内驱式激励。内驱式激励和外驱式激励相比，在以下三个方面存在巨大差异。

（1）持续性：外驱式激励的特点是得即归零，意思是一旦得到激励效果马上归零。内驱式激励则最能经受时间的检验，销售人员士气维持不仅持续周期长，而且后劲十足。

（2）抗压性：外驱式激励是通过外在的诱惑和刺激激发动力，一旦销售人员遭遇挫折、陷入困境，对完成任务获得奖励失去信心，则外驱式激励即刻荡然无存。而拥有内驱式激励的销售人员则不然，他们在面对逆境和挫折时往往展现出强劲的驱动力和突破力，正所谓愈挫愈勇。

（3）丰富性：外驱式激励受限于公司的奖惩制度和资源供给，一旦确定之后，调整和变通的空间有限。而内驱式激励所需要消耗的不是物质资源，而是销售管理者的“用心”。只要善于钻研和设计，内驱式激励的手段千变万化，层出不穷。

销售人员内驱式激励的成功实现可以借助“六四七”组合工具的灵活运用，“六”即销售人员士气变化的六个区间，“四”即销售人员内驱激励的四大标尺，而“七”即销售人员内驱激励的七个杠杆，如图6－1所示。

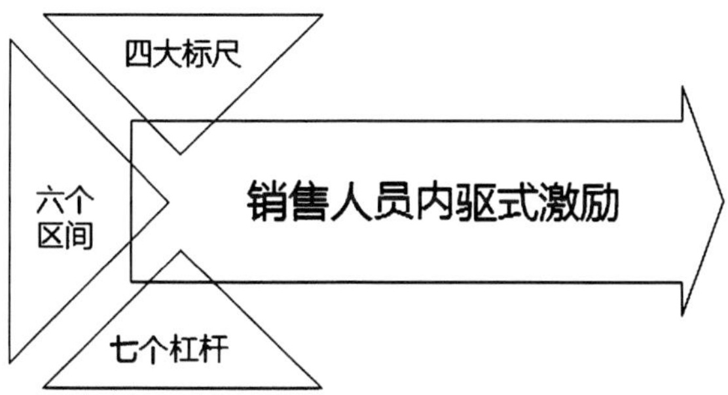

图6－1　销售人员内驱式激励“六四七”组合工具

第一节　销售人员士气变化的六个区间

【案例】

程咬金来AB公司已经两年了，两年时间不长，但他觉得在团队中已经算是个老人了。在一次年度销售会议后，他和上司秦琼回顾了这两年的心路历程。

程咬金还记得刚来公司的时候那种兴奋和好奇，在参加了公司的入职培训后，对这个行业和平台产生了极大的兴趣，而且充满信心。秦琼记得那时候程咬金总是第一个到公司，最后一个离开，他也是这批新销售人员中的积极分子。

程咬金乘着酒劲对秦琼说："记得三个月后我开始独立拜访客户，才发现现实比想象的要难很多，处处碰壁和客户的拒绝让我开始怀疑自己的能力。虽然我也做了很多调整和努力，但持续努力三个月一点反馈都没有，当时感到非常迷茫，没有方向。"

程咬金站起来握着秦琼的手满怀感激地说："当时多亏您给我鼓励，给我指导，教我如何找到客户里面最合适的人，并且怎么用最快时间秀出我们的亮点。在您的支持下，我慢慢找到了一些思路和对策，并且心里越来越有安全感了。虽然那个阶段还有很多问题和挑战，但我自己感觉心态逐渐稳定，不像刚开始那么急躁了。特别是有了一些客户反馈并逐渐产生了业绩，我感觉自己的信心又逐渐回来了。"

秦琼问道："是不是后来心态就比较成熟和稳定了？"

程咬金说："但后来一段时间，我感觉自己的安全感还没达到100%，而是在不断波动中。有时候客户有反馈了自己就很兴奋，士气高涨；有段时间工作没有进展停滞不前了，又很失落和沮丧。这种起伏不断的状态持续了好几个月。"

"一直到第二年春节后，由于业务持续突破并趋于稳定，而且自己的脸皮也厚了，心态也平了，真的做到不管再大的问题和挑战，自己的心态总是很平稳，那个时候感觉自己磨砺得很成熟。"

秦琼问："那就好，但这段时间，我感觉你没有了当年的冲劲啊，你感觉呢？"

程咬金叹气说："咱们这么熟悉了，很多想法也不瞒您。我的确感到现在对这份工作失去了当初的动力，该赚的钱也赚了，自己也成家了，有了小孩，整个重心也部分转移到了家庭。而我太太也不喜欢我经常出差，她是个知足常乐的人。因此我现在主要是维护一些老客户，您再让我像以前那样去开拓新客户，还真找不到往昔的感觉了。"

程咬金两年的销售职业生涯，在士气和心态上，恰好反映和展示了绝大部分销售人员都会经历的销售人员士气变化六个区间，如表6－1所示。

表6－1　　销售人员士气变化的六个区间

销售士气变化六个区间	具体特征
兴奋期	刚加入销售团队不久，对新岗位、新行业、新挑战充满期待、希望和好奇，特别是如果团队的入职培训做得好，会让新入团队的销售人员斗志昂扬
迷茫期	开始承担销售指标和独立拜访客户后，遇到很多问题和挑战，在四处碰壁和冷淡拒绝之下看不到希望，心灰意懒
磨合期	在同事、主管和客户的认可和鼓励下开始逐步适应，增强自信，心态波动逐渐变小，开始学会自我调节和自我激励
徘徊期	心态随着业绩的波动而波动，业绩好或者工作开展顺利时士气高昂，业绩不好或者遇到不顺利时士气低落
稳定期	心态平稳，士气保持高昂，不断进行自我调整。心态和士气不太受外界环境和结果的影响，销售心态开始成熟和稳定
倦怠期	失去对销售和本职工作的动力和冲劲，日趋安于现状，追求工作的舒适和安逸，不太愿意做开发新客户等具有挑战性和辛苦程度高的工作

这六个区间（见图6－2）可以说是销售人员在职业生涯中士气变化的必经之路，销售管理者可以用这六个区间诊断和分析自己团队中的销售人员分别处于六个区间中的哪个位置，并且对处于不同区间的销售人员分别采取差别化的激励措施和策略，以做到"因区间而异"地实施激励。

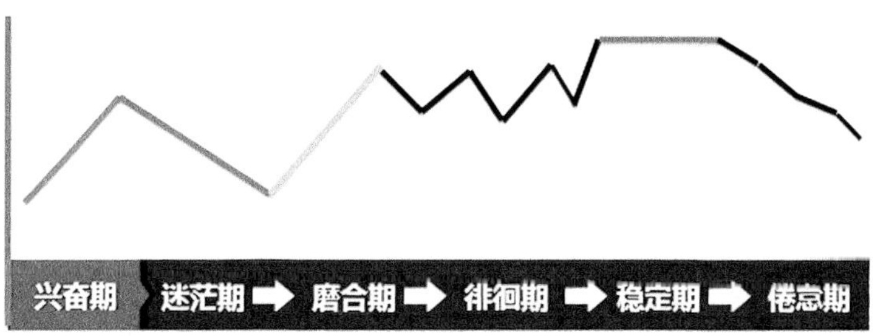

图6－2　销售人员士气变化区间

虽然销售管理者对处于每个士气变化区间的销售人员都必须关注，但有两个区间是需要格外重视和特别关注的。一个是销售新人最感到痛苦和艰难的迷茫期，很多销售新人由于没有能走出心理上的迷茫期而流失，因此迷茫期是销售管理者挽救销售新人的“生命线”，在这个阶段必须通过激励、辅导、资源支持等方式“扶他们上马”。

另一个更需要给予关注的区间则是倦怠期，往往工作年限长的老销售人员极有可能陷入“职业倦怠”，开始追求安逸和稳定，不愿意挑战自我，不愿意开拓市场，甚至消极懈怠。倦怠期之所以要格外加以重视，是因为老销售人员的士气表现是一把“双刃剑”。努力拼搏、积极向上、不断挑战自我的老销售人员会对销售新人产生强大的正向激励和正面引导，而消极怠工、寻求安稳、四处抱怨的老销售人员则会对销售新人产生难以估量的负面示范和负向激励。

因此，销售管理者必须花费更多的精力和心思去激励处于倦怠期的老销售人员，通过老销售人员的重新振作和重新起飞来更好地带动新销售人员的士气和激情。

第二节 销售团队内驱式激励的四大标尺

【案例】

石破天是一家著名设备制造公司的区域销售经理，他正为手下两位销售人员的激励和士气提升而发愁。黄蓉是一位入职已经超过10年的老销售人员，当年和石破天一起进入公司，业绩上也是你追我赶，但是最后在区域经理的选拔中公司还是选择了为人处世更加稳重的石破天。

黄蓉表面上似乎无所谓，但石破天知道她心里肯定感觉很失落，因此在工作上也不如以前那么努力和投入了。黄蓉所负责的城市还有不少潜在客户可挖掘，但她似乎满足于现有客户带来的销售额，不太愿意进一步开发中小客户了。并且，由于黄蓉还是一名普通的销售人员，她还是必须和新销售人员一样按时提交报表，汇报工作细节，在客户谈判等自己完全有能力处理的事情上必须全部由石破天参与决定，这让黄蓉日益觉得这10年除了收入方面的增长外，其他方面没有任何进步和收获。

陈玄风则是一名入职不久的新销售人员，当时他加入石破天团队也是看中了公司给予的高于竞争对手的基本工资和销售补贴。陈玄风在入职后的三个月内工作十分努力，他的客户拜访量是全团队最高的，而且和新客户的沟通都比较顺利。但由于他们的新产品对客户而言属于重大采购项目，因此客户内部需要较长周期的审批和决策。三个月颗粒无收让陈玄风有些心灰意懒，他觉得这个行业的销售比他想象的难很多。虽然多家客户都表示将来会考虑，但他对未来没有十足的信心。

同时，公司为了改变很多销售安于现状的问题，降低了固定工资的比重，提升了绩效奖金和佣金的比例。这样的调整反而让陈玄风觉得自己的可实现收入减少了，本来他计划要在年底买房，而按照现在的形势，他觉得短期内赚够首付难度很大。

石破天也清楚这两人的情况不同，所需要的激励措施和方式也各不相同，但他的思路却有些混乱，因此登门拜访了销售激励专家诸葛谨。

诸葛谨呵呵一笑说："销售人员的激励和饮食中的食补一样，讲究缺什么补什么，缺乏针对性的激励措施很有可能产生'负激励'，反而降低销售人员的士气。我和你分享一个工具，叫销售团队内驱式激励的四大标尺。以后遇到士气问题，你可先用这四大标尺诊断分析再确定激励措施。”

诸葛谨给石破天的建议，恰恰道出了当前很多管理者在销售人员激励方面存在的问题，也就是盲目激励和无针对性激励，往往看似“好意”的激励手段和措施却产生了和初衷背道而驰的“负激励”。销售人员的激励的确需要先评估激励需求再设计激励措施，而评估销售人员激励需求的最佳途径便是运用销售团队内驱式激励的四大标尺。

销售人员的激励水平（即受激励程度）取决于其四个方面的心理感受被满足的程度，这四个方面心理感受合称四大标尺，分别是价值标尺、回报标尺、自主标尺和自信标尺，如图6-3所示。

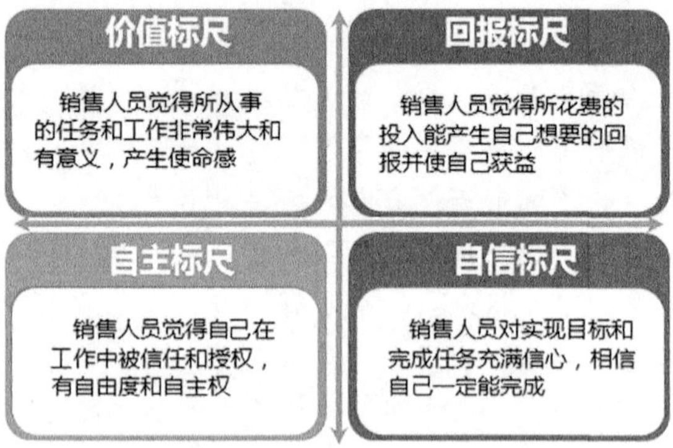

图6-3　销售团队内驱式激励的四大标尺

所谓价值标尺，是指销售人员觉得所从事的工作和执行的任务非常有意义，产生由内而外的价值感和使命感。即使执行微不足道的任务，作为激励高手的销售管理者依然能让销售人员对所执行任务深感自豪和伟大。

所谓回报标尺，是指销售人员坚信自己所从事的工作和执行的任务一定能给自己带来所期望的回报。当销售人员认定所付出的努力一定能获得对应的回报时，他们将受到极大的激励。反之，如果销售人员认为自己即便全力付出最终实现目标和完成任务，也不能得到自己所期望的收获时，他们就会产生很大的“负激励”，丧失动力和士气。

所谓自主标尺，是指当销售人员感到自己在工作中获得一定的自主权和决定权，被充分信任和授权时，他们的激励水平便会提升。销售人员普遍喜欢享受一定自由度，不喜欢处处受制约、事事汇报，因此销售团队的管理切忌不能“过细过紧”，尊重销售人员对自由度的需求，适度放权和授权，达到收和放的平衡，是任何销售管理者不可忽视的关键要点。

所谓自信标尺，是指当销售人员认为自己的目标和任务极有可能完成时，他们的激励水平会非常高。反之，当他们觉得目标和任务遥不可及时，将消极被动，士气低落。销售管理者要学会“卖自信”，即定期评估销售团队的自信水平，当发现自信度下降时，要从多角度灌输信心，鼓舞士气。

运用四大标尺来回顾石破天面对的激励困惑，不难发现，黄蓉和陈玄风在不同标尺上的激励水平完全不同。对于黄蓉而言，日复一日的单调工作让她失去了对工作的热情和动力，这份工作对她的吸引力在不断降低，并且她觉得销售人员这一岗位再也无法体现出自身的价值，因此她在价值标尺方面激励水平很低。同时，作为一名经验丰富的资深销售，石破天没有给予她一定的自主权和对应的尊重，她还是和新销售人员一样事无巨细地汇报，黄蓉在自主标尺上的激励水平也非常低。

反观陈玄风呢，三个月毫无进展的业绩表现让他失去了信心和动力，原有的热情一落千丈。显而易见，他在自信标尺方面激励水平很低。在销售团队薪酬结构调整之前，陈玄风还能得到相对较高的固定报酬，然而在薪酬调整之后，由于业绩不佳，陈玄风的收入反而降低了不少。而更让他绝望的是，按照当前的情形，即便自己再努力和拼搏，要实现年底前凑满购房首付的钱看来希望渺茫。由此不难得出结论，陈玄风认为自己无论如何努力都不能获得自己期望的利益回报，即他在回报标尺方面的激励水平也比较低。

【案例】

孔捷任团长的独立团打了大败仗，新团长李云龙上任，面对士气低落的士兵们，李云龙发表了如下演讲：“弟兄们，知道我李云龙喜欢什么吗？我喜欢狼！狼又凶又狡滑，尤其是群狼，老虎见了都要怕三分。从今往后，我李云龙要让敌人知道，碰到我们独立团，就是碰到了一群野狼，一群嗷嗷叫的野狼！在狼的眼里，任何叫阵的对手，都是嘴里的一块肉！我们是野狼团，吃敌人的肉，还要嚼碎他的骨头。狼走千里吃肉，狗走千里吃屎。咱们野狼团什么时候改善生活？就是碰上敌人的时候！”

李云龙是一位卓越的指挥官，也是个出色的团队激励高手，他把四大标尺中两大重要标尺的激励嵌入了简短的演讲中。他关于独立团是野狼团的豪言壮语大大提升了士兵们在自信标尺上的激励水平，让大家重塑信心。而他最后那句“咱们野狼团什么时候改善生活？就是碰上敌人的时候”的动员号令，则让全体士兵摩拳擦掌，让不服气的孔捷都禁不住鼓掌叫好。这句话提升了士兵们在回报标尺上的激励水平，告诉大家跟着自己打败敌人，大伙就能改善装备，改善生活。

诸葛亮乃人中龙凤，他决定出山辅佐刘备，一定是刘备在三顾茅庐中给予了诸葛亮足够的激励，而按照四大标尺来分析，诸葛亮在每个标尺上都受到了足够的激励。从价值标尺来分析，诸葛亮之所以选择刘备而非曹操或孙权，是因为刘备具有最吸引诸葛亮的价值感和使命感，刘备是大汉宗亲，刘备手中有一面代表正义和正统的大旗“匡扶汉室”。从回报标尺来分析，根据刘备对诸葛亮的信任和做出的承诺，如果大事得成，诸葛亮一定能实现成就事业，大展宏图，治理天下的期望和理想，卧龙飞天，流芳百世。从自主标尺来分析，刘备能给予诸葛亮其他人不能给的充分授权和放权，诸葛亮能完全掌控军政大权，这是希望一展抱负的诸葛亮最需要的。从自信标尺来分析，诸葛亮之所以选择出山辅佐，是因为他对自己的军事政治才能很自信，而且他已经规划好了辅佐刘备拓展地盘的路线图，未出茅庐，三分天下。

【案例】

西门吹雪是一家上市企业的客户经理，由于对一家大客户的销售跟进很久没有进展，公司决定让资深销售陆小凤去协同拜访，在拜访中对西门吹雪进行指导和帮助。在协同拜访过程中，陆小凤为了显示自己的能力，不仅抢西门吹雪的话题，把他晾在一边，而且明确告诉客户西门吹雪有很多地方不是很懂，以后可直接联系自己。回到公司，根据陆小凤的提议，公司决定两人共同跟进这个客户，奖金对半分。但由于陆小凤的介入，西门吹雪发现客户对他的态度发生了改变，他觉得自己人微言轻，在客户面前抬不起头来。三个月以后，西门吹雪备受压力，提出辞职。

按照四大标尺判断，西门吹雪最后的辞职是必然的。首先，西门吹雪在价值标尺上的激励水平在降低，本来他是个独立的客户经理，但后来由于陆小凤的介入，他似乎变得可有可无了，他觉得公司不尊重他，忽视了他的价值。其次，西门吹雪在回报标尺上的激励水平大大降低，因为最后即使拿下这个客户，他的奖金也只有原来的一半。再次，西门吹雪在自主标尺上的激励水平也直线下降，在协同拜访及以后的跟进中，他似乎只能言听计从地做陆小凤的跟班和助理。最后，西门吹雪在自信标尺上的激励水平也更加恶化，本来就觉得在客户面前低人一等的他，由于陆小凤的强势介入更觉得没有自信了。

第三节　销售团队内驱式激励的七个杠杆

“杠杆效应”讲究的是四两拨千斤，这可以给销售管理者在团队激励上极大的启示。销售人员的激励主要依靠的并非大规模的金钱和物质投入，而是销售管理者别具匠心的激励思路和事半功倍的激励策略。销售人员士气波动六个区间帮助销售管理者诊断团队成员在士气波动上分别处于哪些区间，销售团队内驱式激励四大标尺帮助销售管理者诊断销售人员在哪些激励标尺上表现欠佳，而销售团队内驱式激励的七个杠杆则为销售管理者设计激励政策和激励措施提供了组合工具。

本着“化繁为简”“大俗大雅”的原则，销售团队内驱式激励的七个杠杆可以被简单地归纳为七组词总计 21 字的口诀，分别是搞竞赛、树荣誉、造归属、拓空间、输信念、立样板和调报酬，如图 6－4 所示。

图 6－4　销售团队内驱式激励的七个杠杆

一、内驱式激励杠杆之一：搞竞赛

【案例】

“数年保险两茫茫，不思量，自难忘。发展任务，无处话凄凉。纵使休假也要忙，尘满面，鬓如霜。夜半三更手机响，客户报案忙起床，默默无语，唯有泪千行!”

这是一位保险行业销售人员对自己生活的写照。保险行业营销员们的收入之所以叫“佣金”而非“工资”，是因为整个寿险行业的用人制度是代理制，而非雇员制，即绝大多数寿险营销员不是公司职员，他们只是一头联系着保险公司，一头联系着被保险人的“中介”。

对于这样一个无底薪、无社保、无销售费用的“三无销售团队”，要留住人、维系人、发展人的难度可想而知。

余超是某知名外资保险机构上海公司的营销总监，虽然人到中年，但他依然保持着年轻人的热情、激情和斗志。有一次他的好友，知名销售管理专家蔡成到其办公室拜访。余超带其进入公司 1 号大会议室，发现里面人声鼎沸，士气沸腾。蔡成进去时，看到现场分成两个方阵，中央舞台背景板上“巅峰对决”四个大字夺人眼球。两个方阵中的优秀销售代表正在宣誓和表决心，而两个方阵前面各摆放着关公和秦琼的画像，画像脸部则被镂空，替换成两个中年人的面容。看到疑惑不解的蔡成，余超呵呵一笑：“关公那张脸是我们上海公司的老总，秦琼那张脸则是我们北京公司的老总，我们上海和北京片区在 PK 下半年的业绩，今天恰好是誓师大会。”蔡成用眼神扫了下全场，发现现场每个人满脸激动，热血沸腾，士气如虹，发言代表的每个口号，都引来现场阵阵掌声和呼应。巧合的是，蔡成在现场遇到了他熟悉的销售员施健，他刚才呼喊的“上海必胜”掀起了上海方阵的阵阵狂潮。

回到余超办公室，蔡成笑着问：“这能管用吗?”余超叹了口气：“蔡兄，您走了这么多行业，这么多企业，论给予销售团队的待遇、保障和福利，我们保险企业是最拿不出手的。在没有基本保障的情况下，如何激励这些代理人始终保持热情和激情，从年初拼搏到年尾，我想换任何人坐在我的位置上，都会感到这几乎是不可能完成的任务。而我们不仅完成了这个任务，而且完成得比很多待遇优厚的销售团队都要好。”

余超的话多少还是让蔡成信服的，他走南闯北研究了不少行业和企业，这些行业与企业中销售人员的福利待遇都相当不错，但要找出几个在士气和激情上能和余超团队相比的，却着实不容易。

蔡成笑着说：“余兄，你能告诉我秘诀在哪里吗?”余超笑着说：“三个字——搞竞赛。每一年从年初到年尾，我们会设计和组织一系列的竞赛和 PK，既有个人的 PK，也有团队的 PK，这些热火朝天的销售竞赛一个接一个，像接力棒一样把保险代理人的热情一直传递到一年的终点。你看今年春节一过我们就开始了春雷行动，春雷行动刚结束一个月又开始了飞鹰计划。飞鹰计划5月底结束，到7月我们模仿‘我是歌手’这个形式举办了‘我是高手PK赛’，这个PK赛选出7位去美国总部交流的保险销售精英。到了9月我们则组织‘秋收起义’突击行动，全体保险代理人PK最近两个月的销售业绩。‘秋收起义’结束后就是国庆节了，在休整1个月后，我们就启动冲刺全年业绩的大比武，即‘狮王争霸’。”

蔡成边听边竖起大拇指，称赞道：“余兄，都说销售团队激励是巧妇难为无米之炊，你能通过销售竞赛完成这无米之炊，着实让人敬佩。”

蔡成作为职业销售管理顾问，对余超的敬佩是发自肺腑的。他对这家保险机构在销售激励方面无中生有的能力表示赞赏，更对销售竞赛在销售人员激励中所起的惊人作用表示认同和接受。销售竞赛之所以能产生如此超乎想象的激励效果，其主要驱动力来自表6－2中的四大效应。

表6－2　　　　销售竞赛四大效应

销售竞赛四大效应	具体说明
长短效应	销售管理者往往用年度销售目标来激励和约束销售人员的行为，但一年期限就如漫长的马拉松，逐渐会让人失去冲劲和热情。而阶段性的竞赛和PK，就如同把马拉松般的一年目标分解成多个刺激紧张的百米短跑，后者所产生的压力和动力是前者无法比拟的
游戏效应	销售管理者总认为激励销售人员靠的是报酬和奖励，但为什么这么多年轻人打游戏乐此不疲？为什么打游戏没有经济回报甚至要自掏腰包买装备，还是有这么多人沉迷其中？那是因为年轻人喜欢游戏中PK获胜赢得竞争的氛围。如果销售团队通过竞赛和PK也能营造游戏般的刺激效应和竞赛氛围，那销售人员不仅不会觉得累和辛苦，而且甚至感到很过瘾
竞争效应	销售管理者要清楚地认识到，现在的“80后”及“90后”，如果家庭条件还不错，对于通过销售努力获得经济回报这件事情没有绝对的兴趣和动力。业绩差一点钱赚得少一些，他们也能接受和自我满足。但这些年轻人却最需要自尊和面子，自己和自己比（即实际的结果和目标比）他们可能无所谓，但自己和别人比如果输了，他们却会非常在意
攘外效应	有句话叫“攘外必先安内”，其实在销售团队激励中也有一句话叫“安内需要攘外”。一个军心涣散的团队，或许会因为一个外部的“敌人”和“对手”而变得同仇敌忾、齐心合力、士气高昂、豪情万丈

虽然销售竞赛作为销售团队激励的重要杠杆能产生巨大的激励效果，但销售竞赛的成功设计和组织需要销售管理者花费足够心思，尤其要严格把控好表6－3中的四大关键环节。

表 6-3　　销售竞赛四大关键环节

销售竞赛四大关键环节	具体说明
指标设计	销售竞赛的指标设计反映了每次竞赛的导向，并非每次一定要以销售额为衡量标准。如果为了鼓励全体销售人员投入到新客户开发，特别是激励那些求稳求安逸的老销售人员，则新客户开发量也可以作为竞赛指标。又如新老销售人员同时参加的销售竞赛，为显示公平，可以目标完成率和销售增长率为指标
对手设计	销售竞赛可以是个人之间的 PK，反映的是个人的努力、能力和业绩表现。销售竞赛也可以是团队之间的 PK，通过争夺集体荣誉而激发销售人员的斗志。销售竞赛也可以同时包含团队 PK 和个人 PK
主题设计	销售指标和目标往往是冷冰冰的数字，因而无法对销售人员产生形象化刺激和 PK 氛围营造。有效的销售竞赛一定要主题化、形象化、氛围化和游戏化。一个朗朗上口、生动形象的主题以及配套的口号，能快速营造氛围，产生联想，让销售人员热血沸腾
奖励设计	销售竞赛最后的胜者往往会获得奖励，奖励可以是金钱，可以是其他更吸引人的形式和载体，例如出国旅游、汽车、外派学习等。这些可视化的奖励比看不到的经济回报更具吸引力和震撼性，而且这些奖励可以图像化，在宣传推广竞赛时不断展示和强化

二、内驱式激励杠杆之二：树荣誉

【案例】

在一次销售经理研讨会上，主持人抛出了这样一个话题：如果一个销售人员表现优秀，你想奖励他 500 元，你会如何做？

在七嘴八舌的讨论下，大家纷纷发言。有的说直截了当汇到销售人员的个人账户就行了。有的则认为应该汇款到销售人员家人的账户，让家人的尊严和面子激发销售人员的动力。

有的则说 500 元很少，不如买一件能长期使用的物品作为奖励，这样的激励效果可以长远些。有的则希望举办一个颁奖仪式，不仅颁发奖金，还要宣布颁奖词和播放得奖理由，让大家都受到鼓舞。更有人补充说在颁发奖金之外，还要制作一个奖杯留作纪念，这样的激励效果更好。

紧接着又有人补充说在颁奖现场要请出获奖者的太太，颁发一个“最佳配偶奖”给她，以感谢其默默无闻的支持和奉献。

话题打开后，不断有新的点子和建议涌现出来，大家都觉得这个话题讨论得很尽兴。主持人在收尾总结时这样说：“各位销售管理者，我们今天讨论的内容和销售人员的激励有关，但这个激励手段并非是钱。500元的确是很少，但后来大家集思广益所提出的建议，却把这500元的激励效果无限放大，甚至起到了5万元都没有办法买到的提升士气的效果。任何激励高手都懂得奖励中的‘放大效应’，即花小钱却把激励效果放大。而如何真正起到‘放大效应’，那就需要我们懂得去树立和营造销售人员的‘荣誉感’。”

主持人的总结引出了销售人员七个激励杠杆中的第二个树荣誉，即通过引导销售人员追求和捍卫某种“荣誉”来激发其持续的斗志和动力。

通过激发销售人员的荣誉感从而产生激励效应，可以从两个层面展开，分别是以激发自尊为目标的个体荣誉和以激发责任为目标的集体荣誉，如图6－5、表6－4所示。

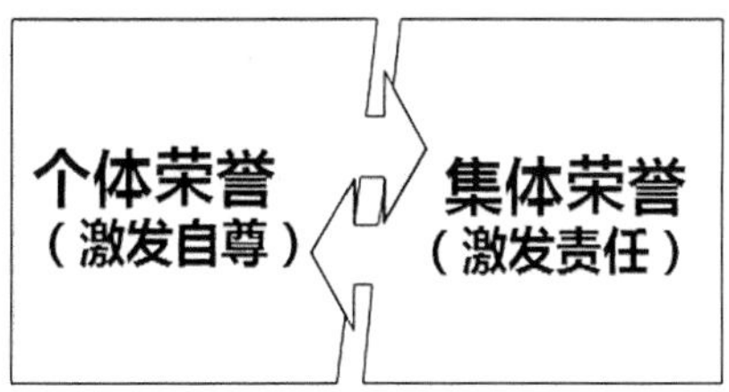

图6－5　个体荣誉和集体荣誉

表6－4　荣誉激励的类型和方法

两种类型的荣誉激励	具体方法
以激发自尊为目标的个体荣誉	分类奖项：设置各项最佳奖项，多角度多层次覆盖在不同方面表现出色的销售人员 特别资格：通过某种行业性或者专业性会员或者成员资格来激发销售人员的士气和激情 荣耀体验：通过给予销售人员某种普通人无法获得的尊荣体验和享受来激发斗志 命名认可：通过以某项绩效指标最佳表现者的姓名来命运这项指标来激发内在驱动力
以激发责任为目标的集体荣誉	团体荣誉：通过横向竞争争取某项荣誉或者纵向追求某个具有使命感的愿景和目标来激发销售人员的责任意识和动力 家庭荣誉：以激发为家人争光的责任感和让家人幸福的使命感来驱动销售人员保持士气和工作热情 特殊责任：赋予激励对象某项使命和责任，让对方感受到自己在团队任务完成中举足轻重的作用和关键的角色，激发其责任感

1. 以激发自尊为目标的个体荣誉

在 NBA 赛场上，满身伤痕的老将为什么还在继续拼搏？金钱已经不是他们前进的动力，荣誉才是他们心中的奋斗目标。

NBA 是一个极其善于用荣誉来激励优秀球员的联盟，“名人堂”就是一个极好的激励手段。每个加入 NBA 打球的人心中都有希望能进名人堂的热切期盼和动力源泉。NBA 还设置了各项细分指标的历史排名，包括得分、盖帽、抢断、三分球等，很多球员都努力拼搏以希望在某项指标的历史排名中获得一席之地。NBA 的荣誉激励至少可以给销售管理者两大启发，第一是设置各类细分指标进行奖励，可以是最佳销售额、最佳目标完成率、最快进步、最佳客户维护或者最佳新客户开发等。这些细分指标可以对不同销售人员的优秀行为和贡献进行多角度奖励和鼓励。倘若仅仅以销售额为衡量标准，那与最佳无缘的销售人员就彻底失去了动力。第二是设置某项特别荣誉资格，只有取得足够业绩的人才能享有这种特别资格，例如名人堂就是一种资格，保险销售人员则视获得“百万圆桌俱乐部”会员资格为终生荣耀。

友邦保险也同样是一家以荣誉激励著称的机构。对于业绩突出的营业代表，友邦保险不惜重金让他们去全球各地享受尊荣体验，包括豪华五星酒店、著名景点、沙滩美女、异域风情等。这些荣耀体验被拍成各种图片和视频，设计成各种宣传单页和幻灯片，激发了正在拼搏奋斗中的销售人员的无限向往和期待。那些享受过尊荣体验回来的销售人员，往往成为他人学习和模仿的“英雄式人物”，友邦保险的荣誉激励方式可被称为“荣耀体验”。

中国体操队和世界体操界的荣誉激励也是独具匠心，对于体操运动员而言最大的荣誉莫过于用自己的名字来命名某个动作，被定格为历史的一个部分。程菲跳、李宁交叉、莫慧兰空翻、李小鹏挂、童非转体等，这些命名动作体现了运动员无与伦比的荣耀。销售管理者同样也可以在团队中用表现最佳者的名字来命名某项绩效指标，这种荣誉激励被称为“命名认可”。

2. 以激发责任为目标的集体荣誉

流动红旗与流动奖杯，这些符号性载体的背后，不仅是销售人员个人的自尊，更是一种为追求和实现团队荣誉而产生的巨大责任感。不少销售管理者善于用团队荣誉来激发成员的斗志，他们会从两个维度来塑造团队荣誉。一是和其他团队竞争而获得的荣誉，二是设定团队发展的愿景或者目标，并赋予足够的使命感、神圣感和价值感，然后激励团队成员努力去实现。

为什么有些聪明的销售管理者非要把销售人员获得的奖金汇给他们的家人，因为他们希望激发销售人员让家人幸福、让家人为其骄傲、让家人分享荣耀的内在动力。相比个人荣誉，有些销售人员“为家争光”的意识更强、动力更足。

刘备白帝城托孤，拉着诸葛亮的手表示，自己的孩子刘禅和蜀国的未来就全部交给他了。刘备表示自己对诸葛亮极其信任，将来大事小事都由诸葛亮说了算。如果他觉得刘禅作为皇帝不合格，他可以取而代之。刘备这些话，反而激发了诸葛亮效忠刘姓，誓死辅佐刘禅的决心。刘备的这种荣誉激励方法，被称为“特殊责任”，也就是把团队的某些重大责任与使命委托给对方，让对方觉得自己的努力与团队的命运休戚相关。“特殊责任”作为一种特别的荣誉激励方式正被许多经验丰富的销售管理者运用着，例如某些销售管理者习惯于在特定的关键场合拍拍他手下骨干人员的肩膀说一句：“这次就拜托你了！”

三、内驱式激励杠杆之三：造归属

销售管理者必须重视的一个挑战性事实是：销售人员由于外出频繁，在外时间长，社交圈广，因此对团队的向心力相对较低，而且比较缺乏团队归属感。很多企业往往把金钱和物质奖励当作维系销售人员和团队之间的唯一纽带，殊不知这一纽带其实比想象的更加脆弱和经不起考验。

为什么新销售人员一遇到挫折和困难就很容易放弃和退出，为什么销售人员稍觉利益不公就会消极怠工甚至暗地里假公济私，为什么销售人员这么容易受到外部的引诱和蛊惑，为什么老销售人员在生活稳定后就不愿意承担团队业绩增长的责任？

很简单，因为这些销售人员和团队之间只有金钱纽带，而没有情感纽带，销售人员并没有把团队真正当成“家”，当成一个和自己的命运休戚与共的平台。

销售团队“归属感”是如此重要，因为它能让销售人员和团队之间的关系从简单的“金钱交换”升级为“心理承诺”，从简单的“利益衡量”升级为“责任约束”，销售团队的归属感至少有三大不可忽视的作用。

（1）磁石作用——归属感强的团队能像磁石一样，把散落各地销售人员的心牢牢拴在一起，产生很大的凝聚力。

（2）指南针作用——归属感强的团队像指南针一样，把不同背景和动机销售人员的行动引向同一个目标和方向。

（3）身份证作用——如果团队能让每个销售人员有很强的归属感，那他们就如同拥有一张特殊的身份证，这张身份证深深地印在销售人员的心中，让其牢记自己是团队的一部分，让他们能把团队的整体利益置于个人利益之前。

销售管理者塑造团队归属感可以围绕一个“家”字展开，“归属感”简而言之就是让销售人员把团队当作他们另一个“家”。而把团队营造成一个“温馨”的家，需要紧扣六个关键点，如图6－6所示。

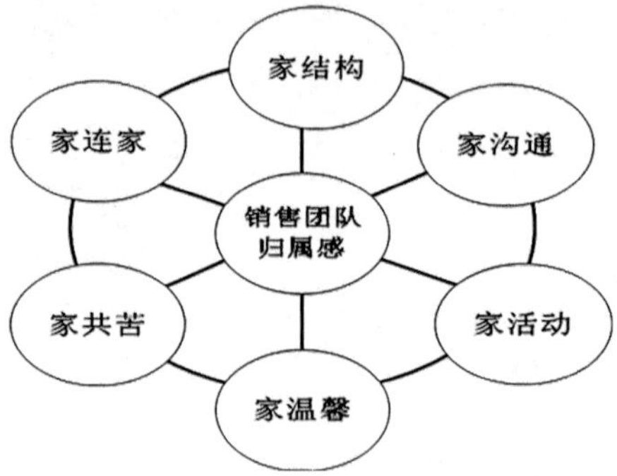

图6－6 销售团队归属感的六个关键点

【案例】

段正龙是一家房产中介机构的区域经理，管理着多个门店。在经济危机之后房地产行业遭遇大萧条，许多销售人员纷纷离开，大量门店被迫关闭。然而段正龙所管辖的几个门店，不仅人员稳定，而且士气高涨。更让人诧异的是，即使几个月连基本工资都难以确保，但却没有一个人愿意离开。许多销售人员都觉得段正龙管辖下的几个门店，就好比一个大家庭，一家人在一起共同抵御风雨，同进同退。的确，段正龙对“家”的营造煞费苦心，而且独具匠心。段正龙认为他的几个门店之所以家的氛围如此浓厚，首先得益于他特别重视男女比例和男女搭配。段正龙特别善于挑选那些亲和力强活泼开朗的女同事加入团队，以男性为主的销售团队因为这几个女同事的存在而产生了很大的黏合力和活力。

由于几个门店的销售人员超过80人，因此段正龙认为必须要有一个正式的沟通媒介和载体来传递大团队的文化和价值观。于是他特地安排专人办了一个销售区域专刊小报，这份小报一经推出随即变成为销售人员的最爱。小报上有销售团队成员的先进事迹、心路历程、书法绘画、诗歌对联、散文随想、专业观点等，这一文化传播的武器让段正龙的团队成员倍感“家”的存在。每到月底，小报刚出来就会被一抢而光，有些销售人员还会把小报寄给家人，送给朋友，送给客户。

房产中介销售工作枯燥单调，而且业绩压力很大。段正龙需要适时地给团队减压放松，增强团队的凝聚力。因此他会定期举办团队联谊活动，并且他总是能把社会上热点的事件和活动引进到团队内部。例如湖南电视台举办了《我是歌手》，他马上会在团队内部举办类似活动，又如《中国好声音》《中国达人秀》《奇舞飞扬》等热点节目都被他引进到内部并产生了巨大的好评。用他的话来说，举办团队联谊活动一定要“引进热点，引爆热点”。

段正龙更是特别能捕捉细节，把握团队氛围营造中的“感动点”。他有一份全部销售人员生日和重要纪念日的清单，定期会举办生日派对等活动，而且每次活动的气氛营造都能让人感动。他会特别关注其他人忽视的节日来制造感动，例如儿童节、重阳节等。他一定会给销售人员的孩子和父母准备小礼物和小惊喜。虽然礼物很小，但销售人员普遍觉得段正龙的这份心思让他们倍加珍惜。

段正龙作为这个团队的“大家长”，并不希望下面的销售人员觉得自己高高在上，不理解他们的难处和疾苦。他有时候会故意跑到销售一线和销售人员一起处理问题，他的出现让销售人员既意外又感动，几乎所有的销售人员都觉得“段老大是一个能同甘共苦的人”。

段正龙深知销售人员最牵挂和关注的是自己的那个“家”，包括父母、子女和爱人。因此他会阶段性的组织家人聚会，让销售人员的爱人之间，子女之间也建立情感纽带，把团队这个家和销售人员自己的家紧紧联系和串联在一起。

段正龙之所以能打造出凝聚力这么强的团队，能让销售人员有这么强的归属感，正是得益于他对团队归属感六个关键点的理解、把握和实施，如表6－5所示。

表6－5　　团队归属感六个关键点

归属感六个关键点	具体说明
家结构	家庭是由男女组成，销售团队的构成也要注意男女搭配，优化的男女搭配能产生强大的凝聚力和黏合力
家沟通	具有一定规模的销售团队，需要有自己的文化载体和沟通媒介，一份期刊、一份小报、一个微信群、一个电子专栏等，都能起到极好的文化纽带和价值观磁石的作用

续 表

归属感六个关键点	具体说明
家活动	定期把社会上的热点节目引进到团队内部，举办联谊活动，增加团队成员彼此的互动和交流
家温馨	关注生日、节日、纪念日等细节，制造“感动点”，特别要关注那些一般人不会关注的日子和事项，这样才能产生意外和惊喜
家共苦	销售管理者需要摆脱“高高在上”的印象和距离感，需要定期到一线去进行慰问和制造“同甘共苦”的场景，让销售人员感受到自己和他们“心连心”
家连家	把销售团队这个家和销售人员自己的家联系起来，互动起来，在销售人员的家人之间，在销售人员和销售管理者的家人之间，建立情感纽带

四、内驱式激励杠杆之四：拓空间

【案例】

一家生产高速公路安全设备的成功企业主要向政府机构销售他们的产品。该公司的销售总监杜兰特发现在他三位最优秀的销售人员中出现了日益增长的不满情绪。公司已经给了他们很好的奖酬、认可和一定的权利，而他们都超过了35岁并为公司工作了12年以上。他们的不满让销售总监杜兰特一直感到很困惑，直到他意识到，这三位销售人员作为个人已经失去了向上的冲劲，他们认为自己的热情已被耗尽，他们的自我感觉越来越不好。

但问题是，这三个人向上职位升迁短期内变得很难，因为他们的销售主管都很年轻，而且表现良好。杜兰特觉得失去上升的通道和缺乏工作内容的变化可能是导致这三位优秀销售人员士气低落的主要原因。杜兰特虽然感到很棘手，但他依然希望继续激励这三位忠诚度挺高的老销售。

经过对三个人个性、需求、特长和兴趣爱好的研究，杜兰特开始了他的计划。

首先，他把三位销售人员从事了12年的客户经理这一岗位进行了拆分，设立四个级别，即青铜级、白银级、黄金级和钻石级四个级别，并在自主权限、报销权限、福利待遇、荣誉认可等方面进行区分。销售团队中的新人大多数位列青铜级，部分资深销售人员位列白银级，而包括三位优秀销售在内的资深客户经理则位列黄金级。这样一来，三位销售人员果然感受不同，他们既体会到了自己和初级销售之间的差别，又看到了向上攀登和奋斗的阶梯，士气和热情逐步回升。

其次，杜兰特在公司内部设置了一个新的职位“首席培训师”，毫无悬念地，这个职位被三个人中最喜欢出风头，最喜欢演讲和分享的科比获得。果然科比很珍惜这份兼职工作，非常投入和认真地进行新员工的培训和辅导，往日的激情又回来了。

而三人中另一位爱运动爱唱歌有文艺天赋的詹姆斯则被委以“文艺部长”的职位，负责定期组织团队内的体育和文娱活动，在詹姆斯的组织下活动办得有声有色，久违的笑容又展现在詹姆斯的脸上。

最后一位乔丹则担任了销售团队“突击手”的角色，定期帮助其他销售人员对关键客户进行攻坚，他出色的个人销售能力得到了充分的展现，得到了同事们的认可和赞扬。

杜兰特也经常主动和科比、詹姆斯及乔丹沟通交流职业生涯规划，他和三人分享了职业生涯长度的观念和销售人员的职业生命周期。在分享中杜兰特以自己为例，强调了销售人员可以拥有漫长的职业生涯和多次职业高峰。他强调三个人才刚过35岁，正处于职业生涯的第一个高峰期，还有更大的潜力可以开发。如果这么早就陷入职业倦怠，早早地进入职业生涯尾声，那不仅是公司资源的浪费，也是对自己的不负责任。他的销售职业生涯理论得到了三个人的认同，他们在杜兰特的帮助下，开始规划未来五年的奋斗目标。

这一案例揭示了销售管理者不容忽视的销售人员激励需求，那就是他们希望在有成长空间的团队中工作。当销售人员觉得自己的团队无法给自己成长空间，他们或选择消极度日，或选择毅然离开。销售团队成长空间这个定义或术语或许被经常提及，但所谓的“成长空间”究竟是什么呢?用一个简单的比喻，销售人员的成长空间就是一个立方体，立方体的高度、宽度和长度即构成了成长空间的三个维度。

销售人员成长空间的高度是指销售人员在团队中向上发展的空间，即在职位和职级上继续升迁攀登的可能性。如果销售人员能通过自己的能力和努力不断在职级上得到升迁，那他就会认为团队有向上发展空间。反之，无论多么努力，其结果就只是从一个新销售人员变成一个老销售人员，那他就会觉得团队没有上升空间和成长高度。

销售人员成长空间的宽度是指销售人员在团队中，除了自己的本职工作外，是否还有其他的虚拟职位和关联职位能发挥他们的特长或兴趣爱好，能让他们在团队中得到自我价值的实现。有些销售人员即使没有向上升迁的可能，却仍愿意留在团队中并保持工作热情，原因就是聪明的管理者懂得发挥其特长，设置虚拟岗位来体现其价值。

而销售人员成长空间的长度是指销售管理者帮助销售人员进行职业生涯规划，延伸销售人员的职业生涯预期，并让那些自认为处于销售生涯尾声并追求安逸稳定的销售人员，重新设定职业生涯规划与个人奋斗目标，再度拥有拼搏奋斗的欲望和热情。

销售人员成长空间的高度、宽度和长度，组成了一个成长空间立方体，而这立方体的大小，正是销售人员心目中团队成长空间大小的直接感受，如图 6 –7 所示。

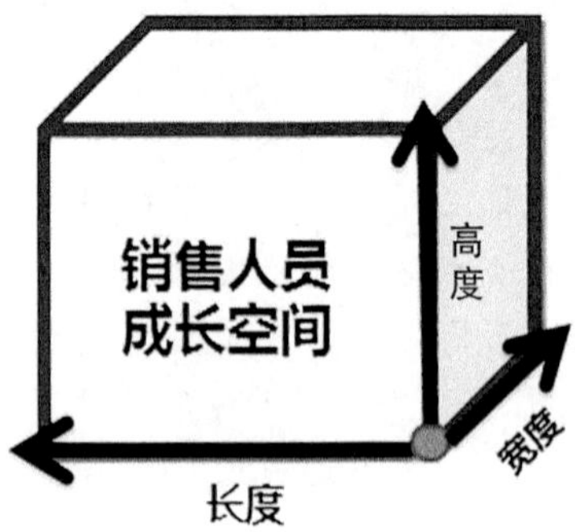

图 6 –7　销售人员成长空间

面对三位处于倦怠期的老销售人员，杜兰特深谙销售人员成长空间的三个度及其应用。他人为地把“客户经理”这个职位分成四个阶梯，就是有意地拓展高度，让新老销售能享受在团队中不断“爬楼梯”的成就感。

杜兰特分别授予三位老同事“首席讲师”“文艺部长”和“突击手”这样的虚拟职位，则是为了发挥这三人的特长，让他们得到自我实现，拓展了成长空间的宽度。

杜兰特和三人分享和交流职业规划，拓展他们的销售职业生命，和他们再次规划 5 年成长计划，那就是开拓了成长空间中的长度，如表 6 –6 所示。

表 6－6　　　　销售人员成长空间立方体

立方体三个度	定义	销售管理者的对策
高度	团队中的销售人员在职位和职级上往上升迁的可能性、程度和幅度	人为进行职位的分割，设立更多阶梯，每个阶梯之间环环相扣
宽度	在销售人员本职工作外设置可以发挥其兴趣和特长，实现其价值的虚拟职位和关联职位	设置虚拟职位，发挥激励对象的特长和兴趣
长度	帮助销售人员在思维、意识和行动上延伸其销售职业生涯和销售生命周期	发展愿景规划，销售职业生涯规划和销售职业生涯四季理论

五、内驱式激励杠杆之五：输信念

【案例】

孟尝最近觉得自己的销售团队越来越消极懈怠，团队士气日下。他发现手下的 80 后以及 90 后的销售人员其思想观念和价值观和他这个 70 后显得格格不入，差异很大。

孟尝感叹现在的年轻人根本没有他毕业后刚工作那几年所展现的吃苦耐劳品质和事业心。在一次和公司老总徐克的沟通中孟尝无意中流露出对团队心灰意懒的情绪。于是徐克就问他这些销售团队中负面消极的能量到底来自哪里，孟尝思索片刻后总结了四大来源。一是来自这些年轻销售人员的父母和家人，因为这些家长对独生子女总是娇生惯养，不少家长总是给孩子灌输“工作不要太累，如果太辛苦就不要做了”等思想。二是来自社会风气，当前社会风气弥漫着好逸恶劳的浮躁情绪，这么多优秀的人才去追求“铁饭碗”足以反映出社会追求稳定和安逸的思想，对年轻人安心投入销售工作是很大的负激励。三是来自社交网络，当前微信等网络社交工具使用频繁，年轻人有了网上的社交圈，这些社交圈往往会对销售人员专心工作产生干扰和影响，让他们很浮躁。最后负能量还来自内部的老同事，那些消极懈怠的老同事给新人带来极大的负面示范效应。

徐克认为孟尝总结得非常好，他反问孟尝如果把销售人员的心态比喻成一个水桶，如果很多污水进去了该如何做。徐克接着说这水桶就好比被负能量影响的销售人员，与其费心费力地纠正其行为，还不如进行思想观念的彻底排污，输入正能量，植入正面信念。徐克说如果这些销售人员内心的正面信念足够强大，就会对外面的不良风气和思维产生很大的免疫力，就等于打了一针疫苗并产生抗体，这种激励效果是持续而长期的。

孟尝一听恍然大悟，于是和徐克一起制订和实施了“销售团队正面信念输入计划”。孟尝首先推出了经典信念输入计划，即让销售团队深入学习经典的电影和经典的书籍，将电影和书籍中的价值观和正面信念植入到销售人员心中。他在一年时间里反复让销售人员“精看”两部电影，一是周星驰的《喜剧之王》，二是威尔·史密斯的《当幸福来敲门》。经过反复学习，反复导入，这两部经典影片中的大量台词和情节深入人心。销售的责任感，销售的逆商，销售的学习心态，销售的专业度，销售的洞察力等核心思想在团队中逐渐变成共识。而孟尝更要求销售人员深入学习学透两本书，即《高效能人士的七个习惯》和《羊皮卷》，“关注圈和影响圈”“积极主动操之在我”“希望就在拐角处”“取法乎上得其中也，取法乎中得其下也”等经典语录逐渐成为团队成员的共同语言。

除了经典信念输入计划，孟尝还推出了“外来和尚念经”计划。他定期邀请在各个领域业绩出色、表现卓越的成功人士来给销售人员们分享自己的成功经历和心路历程，让销售人员体会成功背后的付出和汗水。这些“外来和尚”不仅给年轻的销售人员带来了拼搏的冲劲和动力，更让他们懂得脚踏实地专注专心对于未来事业成长的重要性。

孟尝还特别推出了“兴趣点”信念植入计划。他发现团队中很多人都是武侠迷，对金庸武侠中的各种人物了如指掌。于是他要求每个销售人员为自己取一个“花名”，即用自己欣赏的武侠人物来命名自己，以后内部就用“花名”互相称呼。于是“陆小凤”“西门吹雪”“杨过”“风清扬”“乔峰”等名字在团队中流行开来。那些侠客身上的“责任担当”和“侠义精神”也极大地渗透进了销售人员的思维。孟尝发现有个本来做事自私自利的老销售人员自从取了“乔峰”的花名后变得乐于助人，敢于担当，极有“老大风范”。

最后孟尝也借鉴了李云龙“狭路相逢勇者胜”这一“亮剑”精神。他身先士卒、以身作则地推广自己所提倡的信念和价值观，让大家看到自己的改变，看到自己对价值观的身体力行。

在孟尝和徐克的谈话中，他总结了销售人员负能量的四大来源，即来自家庭的负能量、来自社会风气的负能量、来自社交网络的负能量和来自内部同事的负能量。而孟尝和徐克设计和实施的多途径“正面信念植入”可以为想给销售团队植入“信念疫苗”的管理者提供直接的经验借鉴，如表6-7所示。

表 6－7　　销售团队信念植入四大方式

四大方式	说明
利用“经典”植入信念	让销售团队反复学习反复参悟最经典的书和电影，书和电影不在多，在于少而精。通过读后感/观后感，心得体会，征文竞赛等方式把书和电影中的核心价值观植入销售人员心中
利用“外来和尚”植入信念	邀请通过拼搏获得成功的各行各业人士来座谈交流，分享经历，激励斗志，启发思维，促进感悟
利用“言传身教”植入信念	通过销售管理者自己的“言传身教”和“行为示范”去推广团队的正面信念和核心价值观
利用“兴趣点”植入信念	利用销售团队成员普遍关注的热点和兴趣点，可以来源于体育、娱乐、武侠、时政等多个方面，因势利导地进行信念和价值观的植入

六、内驱式激励杠杆之六：立样板

许多年轻人都梦想有朝一日能成为职业的 F1 赛车手，那是因为他们有一个共同的偶像“车王”舒马赫。很多年轻人热爱网球并立志成为职业球手，那是因为一个人让他们备受激励和鼓舞，他就是“球王”费德勒。如此多年轻人希望投身互联网事业，很可能是因为他们膜拜一个人，那就是教父级的人物马云。大量武术替身在横店不辞辛劳，不怕伤痛地拍戏，他们心中肯定有一个梦：将来成为成龙或李连杰那样的功夫明星。“向雷锋同志学习”的口号，营造了整个社会几十年“互帮互助”的良好氛围和乐于助人的习惯。

在这些范例中，影响和激励人勇敢前行的，不是空洞的口号和教条式的语言，而是一个个鲜活生动的标杆式人物，这些人物的言行和所营造出的光环效应能催人奋进，激励人勇往直前地拼搏。

在销售团队激励和士气提升中，标杆效应和样板示范的成功案例也是比比皆是。正面标杆的垂范效果胜过千言万语，负面标杆的破坏效应则不可估量。

当销售人员进入一个新团队，团队中最初对他产生最大直接影响的是销售管理者本人，因为这是新销售人员对团队优劣判断的第一标准。而几个月以后，决定销售人员对团队更“客观真实”评价的不是销售管理者本人，而是团队中资历最早、业绩最好的那几个老销售人员。新销售人员总是会预测和分析自己在团队中奋斗若干年后能达到怎样的高度，能获得怎样的成长，能取得怎样的回报。而获得这些信息最有效最真实的方式就是去评估团队中最早最优秀的那几个“资深销售”的现状，因为今天的“他们”或许就是明天的“自己”。这些“资深销售人员”对整个团队工作热情和销售士气的影响主要表现为表6-8中的三大效应。

表6-8　“资深销售人员”对团队激励影响的三大效应

三大效应	具体表现
镜子效应	“资深销售”取得的成就是其他团队成员能取得高度的参照标准和“天花板”，其他销售人员可以通过团队中“资深销售”的成就来衡量与评估团队这个平台未来的发展前景和成长机遇
同化效应	“资深销售”的工作态度和敬业程度会对其他销售人员产生直接影响，这种影响程度往往超过了销售管理者的预期。所谓“近朱者赤，近墨者黑”，这里所指的“朱”和“墨”，就是指团队中的“老兵”。起负面示范的“资深销售”往往是销售团队负激励的主要来源，这是让诸多销售管理者倍感郁闷的事实
头羊效应	“资深销售”往往是团队中的非正式群体领袖和意见领袖，他们对其他销售人员产生的影响力甚至超过销售管理者本人，他们的言行能对其他销售人员产生极大的“示范效应”和“头羊效应”

正因为“资深销售”在团队激励中如此重要的地位和价值，富有经验的销售管理者懂得如何在“资深销售”中选择合适对象作为“标杆人物”进行推广和宣传，花满楼就是其中一位。

【案例】

在年底的全国销售会议上，花满楼面对30多位大客户经理侃侃而谈，他分析了来年的市场形势和竞争动态，提出了来年销售额增长15%的目标。他本以为在座的客户经理们会随声附和，至少表面上会给他足够尊重。但令人尴尬的是，当花满楼大声询问“有没有问题”时，在座居然没有一个人点头应和，全场沉默不语，鸦雀无声。花满楼虽然感到意外，但他却不慌不忙。他再次大声疾呼：“有没有问题?”话音刚落，在整个团队业绩始终稳居前三名的陆大锋站了起来，自信满满地发表了如下演讲：

“同事们，我知道提高销售额目标对我们都会产生压力，对我这样的老销售，因为基数大，增长任务完成难度比大家更大。但既然花总已经提出了期望，而且明年的确有多个十分难得的争夺市场，这是我们打败竞争对手的利好消息，我觉得大伙应该拼搏下。我首先表个态，我一定100%完成销售增长任务。”

听到陆大锋如此自信和坚定的发言，其他客户经理也纷纷效仿和跟随，这次为促进销售增长而召开的销售会议举办得非常成功。

为什么花满楼面对窘境会如此淡定？为什么陆大锋会如此配合花满楼？背后的缘由是陆大锋是花满楼约定的“标杆销售”。半年前花满楼就寻找陆大锋密谈，希望树立他为团队的标杆和典范，希望他能在言行举止方面，工作主动性方面，士气和激情方面为整个团队做好示范和表率。为了赢得陆大锋的配合，花满楼决定在待遇和报酬方面给予一定的奖励和支持。成为“内定”的标杆人物后，陆大锋果然不负所望，比以前更加努力，更加勤奋，在销售工作的各个方面都做出了良好的表率。让花满楼欣喜的是，“成为标杆”不仅让陆大锋带动了整个团队尤其是新销售的士气，营造了拼搏向上的氛围，而且同样也再度激励了陆大锋自己，让他重新恢复了最初时候的活力和拼搏精神。

究竟什么样的资深销售人员能被树立为标杆？销售管理者可以根据两大维度把销售团队成员归成四类，一个维度是销售人员的业绩表现，另一个维度是销售人员对销售管理者的配合服从程度。业绩表现差且配合服从度差的销售人员，被称为问题分子。业绩表现好但配合服从度差的销售人员，被称为独行侠。业绩表现差但配合服从度高的销售人员，被称为老实人。而业绩表现好且配合服从度高的，则可以被树立为团队的标杆模范，如图 6－8 所示。

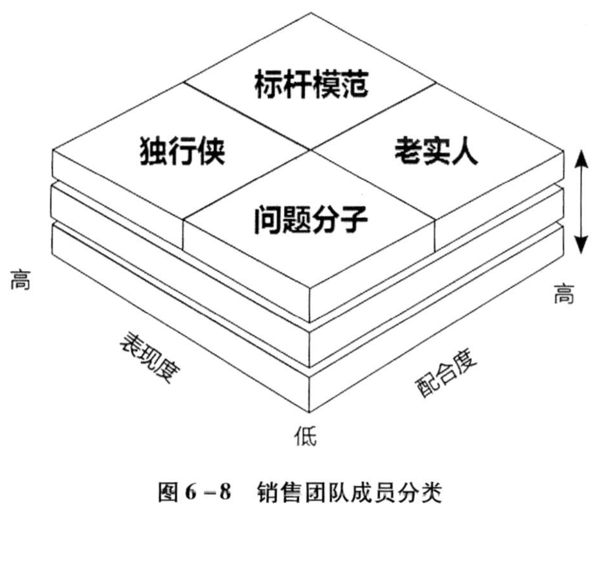

图 6－8　销售团队成员分类

七、内驱式激励杠杆之七：调报酬

【案例】

王经理为了进一步挖掘落后市场的潜力，招募了几个新销售人员。王经理考虑到这些落后市场开发难度大，因此提供了非常高的基本工资，而把佣金比例下调。结果招聘来的人在工作了几个月后都觉得市场难，因此逐渐失去工作动力，追求稳定，敷衍了事。他们还责怪公司给了他们不够好的市场，没有老销售人员躺着拿钱舒服。而当老销售人员得知这些新销售人员基本工资这么高，感到非常不公平，更加消极懈怠。

另外让王经理头痛的是，他希望推荐的主打新产品，不管如何三令五申，销售人员总是积极性不高。主打产品的利润很高，但对销售人员而言，佣金都差不多，而且市场推荐相对困难。

更让王经理郁闷的是，不少客户款项拖延已经很严重，但销售人员似乎对催款并非十分积极。虽然他不断三令五申强调回款问题，而且新近出台了惩罚措施，即完不成回款任务每月要扣掉300元表现奖，但销售人员似乎觉得无所谓。

王经理实在没有办法，把这几个新销售人员开除了，重新恢复了低底薪高提成的结构，再次招聘到了4个有活力的年轻人。这4个人被安排到客户基础极差的落后市场区开疆辟土，虽然他们也深切感受到所负责区域的难度，但他们一直活力很足，动力很强，工作很拼命。然而时间一长，由于业务量少，他们的收入偏低，有的人甚至入不敷出。同时，这4个人发现其他同事所管辖的区域和客户质量明显比自己都要好很多，他们觉得自己的努力都是白费，逐渐心灰意懒。收入明显偏低，加上对所管区域市场的失望，导致这4个人相继离职。

王经理的经历或许道出了不少销售管理者心中的“郁闷”，很多时候薪酬奖励制度在设计与执行中一旦被认为不公平不合理，销售人员马上就会感到极大的不满与失落，产生很大的“负激励”。

对销售管理者而言，虽然公司的销售薪酬奖罚政策相对确定，难以进行大幅度的变革和调整，但还是可以进行一定幅度的“微调”。用有些销售管理者通俗的话来讲，对于薪酬奖励政策，即使不能动大手术，但还是有必要进行一些“微创手术”。销售管理者若要对薪酬奖励进行适度调整，表6－9所示的销售薪酬奖励五大原则可以作为依据和参照。

表 6－9　　销售薪酬奖励五大原则

五大原则	详细说明
反映出所需要招募的销售人员的类型	销售人员的薪酬结构分为固定部分和变动部分。高固定部分低变动部分的销售薪酬奖励机制吸引的是求稳定求安全团队工作型的销售人员，而低固定部分高变动部分的销售薪酬奖励机制吸引的是闯劲型拼搏型愿意挑战自我的销售人员。因此，销售管理者必须根据自己最希望吸引的销售人员类型，设计薪酬结构中固定部分与变动部分的比重
反映出新老销售人员薪酬奖励的差别	老销售人员往往拥有成熟的客户基础因而业绩稳定收入可靠，而新销售人员往往因为一时难以打开局面，导致收入普遍偏低甚至不能提供足够保障。因而针对处于业务开拓初期的新销售人员，主要奖励的不是结果，而是正确有效的销售行为，因此对于行为考评方面表现优秀的销售人员，需要给予一定的奖金鼓励，把奖励正确行为的奖金和奖励业绩结果的佣金区分开来。同时，可以通过设置"最快进步奖""最佳新人奖""最佳突破奖"等短期奖励来刺激销售新人相互竞争，尽早取得业绩突破
反映出市场优劣与客户质量的差别	销售人员由于所分配销售区域的差异可能会导致市场质量和客户质量差别很大。如果销售人员所辖区域市场差客户质量低，其努力工作和辛苦付出的回报明显低于获得好市场和优质客户的同事，因而极有可能导致其心怀不满和抱怨。因此对于此类状况，销售管理者要适当给予一定补差性的补贴，奖励和佣金上浮，以体现公平，并刺激更多的销售人员愿意"开疆辟土"，开垦市场荒地
反映出主推产品和次推产品之间的差别	在销售团队对外销售的产品组合中，主推产品往往要么利润空间大，要么是需要大力培育的"未来明星"，要么具备特殊的竞争力。但销售人员往往因为利益导向或难易程度而在不同产品推荐力度上与销售管理者期望背道而驰。因此，销售管理者需要对主推产品的佣金和奖励适当进行上浮和增加，以体现不同产品在营销推广中的地位和受重视程度
反映出销售管理者所要奖励与强调的政策导向	销售管理者如果要强调新客户开发，强调货款回收，强调费用控制，仅仅靠号召动员是没有影响力的。这些政策导向必须与薪酬奖励挂钩才能产生强大的驱动力。例如来自新客户的销售额佣金比例适当上浮，例如佣金结算和货款回收挂钩，又如佣金奖金与费用控制挂钩等，都能产生"导向性激励"

对于王经理而言，刚开始他采用"高基本工资低绩效奖金"的薪酬结构，结果吸引来了求稳定、求安逸、不适合做开拓性工作的销售人员，导致这批销售新人由于缺乏拼劲和韧劲而迅速失去动力转而追求安稳。当他

最后启用了“低基本工资高绩效奖金”薪酬结构后，的确招聘到了符合要求的有闯劲的销售人才，这印证了薪酬结构必须反映出所需要招募的销售人员的类型。

但是，最后招募到的四个销售人才，虽然工作很努力，愿意挑战自我，但由于一直没有足够的业绩回报，导致被迫相继离开。如果王经理能对销售新人采取和老销售人员差别化的薪酬政策，适当提供认可其努力和行为的奖金，并设计刺激短期业绩突破的奖励政策，那对于销售新人激励会起到立竿见影的效果。

这四位开拓性的销售新人一开始工作极其努力，但后来发现其他同事所管辖区域的客户质量明显比自己都要好很多，他们觉得自己在团队中得不到公平公正的对待，士气很快低落下去。而作为销售管理者的王经理，应该认识到薪酬激励必须反映出市场优劣与客户质量的差别，应该对负责落后市场的销售人员给予补差性的收入补贴，应该对这四个销售新人在佣金、补贴和奖励上进行激励。

王经理即使三令五申要求销售人员主推新产品，但由于新产品推荐难度大，而且佣金和老产品一样，因此销售人员没有积极性。倘若新产品的销售佣金较老产品有一定比例上浮，则销售人员一定会受到利益的驱动和激励。

最后要说明的是，虽然王经理再三强调催讨应收款，但由于销售人员的佣金只和签约销售额相关，与回款情况无关，因此销售人员对回款事项并无任何积极性。如果王经理把“实到销售额”作为佣金计算基数，那销售人员就会对回款产生很大的内在驱动力。

第七章

销售执行力塑造与行动提升

导言　销售团队执行力塑造三大工具

【案例】

完颜亮是一家企业的全国销售经理，手下有超过30个销售人员，遍布全国各省。随着销售团队人数的逐渐增加，完颜亮感觉自己对团队的控制力在不断下降，他明显感到对于公司的销售目标和销售政策，各地的销售人员普遍存在阳奉阴违、欺上瞒下的现象。并且，私下串货，价格不一致，甚至吃回扣等现象也日益普遍。完颜亮作为一位年过五旬的老将，虽然明知这些问题一旦恶化，残局将难以收拾，但无奈个人精力有限，四处救火也无济于事。况且很多销售人员也跟随其多年，有些问题他也只能睁一只眼闭一只眼。

恰逢一日好友花无缺来访，完颜亮乘着酒劲把满腹苦水全部倒了出来，话语之间尽是无奈和叹息。花无缺说："完颜兄，我这段时间四处游历，这样的问题我也接触了不少，这是销售团队最典型的执行力低下的问题。"

完颜亮一听，随即问道："无缺兄，可有好的建议和解决之道?"花无缺说："问题必定有解，但需要你付出一定的勇气和决心，暂时的付出一定能带来长久的稳定和安心。"完颜亮听后信誓旦旦表示："只要能有明显效果，我愿意做出牺牲。"

花无缺说："一般而言，销售团队的执行力问题主要来自三个方面。首先，整个团队缺乏统一的做事流程和规则，每个人各按自己的理解去行事，没有流程，就无法有效进行管理。作为销售团队的领导者，必须把一些关键性问题整理成流程，靠流程去监管和控制。我相信完颜兄团队中有不少问题可能在于大家各以自己的理解去执行，而没有一个统一标准。这不是销售人员的问题，而是管理者没有尽职。其次，虽然你们公司为销售人员设计了细致的制度和纪律，员工守则有100多条，但可惜没有一条是深入人心的，没有一条是具有震慑力的。销售团队管理不能过细，什么都是原则也就等于什么都不是原则。销售团队需要'高压线'管理，即设置一些'少而有效'的铁律，这些铁律每个人都时刻牢记，任何人违背马上严惩不贷。这样你的威信就来了，铁律的震慑力就来了。你刚才说的串货、回扣、价格等问题，我觉得如果情况严重，必须要树‘警示牌’，甚至需要杀鸡儆猴。”

完颜亮边听边点头：“花兄言之有理，这些问题和我的宽容和妥协有直接关联。”

花无缺说：“是啊！最后一条我得反问你，为什么很多销售人员敢于阳奉阴违，敢于欺上瞒下？那是因为他们觉得天高皇帝远，很多一线的情况你根本不知道，不了解，不熟悉。仅仅靠有限的销售报表和销售会议，根本无法真正识别来自市场的真实情况。现在的销售人员都是哄骗领导的高手，就凭几张表格和几次会议，根本无法获得真凭实据。”

完颜亮听着激动得站了起来：“花兄果然料事如神，那我该如何做？”

花无缺说：“想当年皇帝还微服私访呢，你为何不行？销售团队执行力必须依靠随时随机的巡查和督查。在不告诉销售人员的情况下，随机去巡视他的客户，巡视他的渠道，巡视他的办公室。这样做不仅能最快最精确地掌握一线的信息，更能对销售人员产生极大的威慑力和震慑力。我记得上周我好朋友西门剑突然打电话给他一位销售人员问对方在哪里，销售人员马上回答说他在一个叫 ABC 公司的大客户那里。西门剑马上说你在哪个办公室，因为我现在就在 ABC 公司和对方老总喝茶，这位销售人员当场无语。可以想象，这样的督查和巡视能给销售团队多大的压力。”

完颜亮满脸笑容：“花兄，今天你帮我总结了销售执行力铁三角（见图 7－1），我获益匪浅，马上去执行。”

图 7－1　销售执行力铁三角

花无缺和完颜亮的一席话，化繁为简地勾勒出了提升销售团队执行力的三大关键工具，即标准化流程、预警式铁律和机动化督查，这三者合称销售执行力提升铁三角，如表 7－1 所示。

表 7－1　　销售执行力提升铁三角

工具名称	特征与作用
标准化流程	销售管理者为确保销售人员在执行过程中的规范性和易查性，需要逐渐从“经验管理”升级为“流程管理”，即为销售团队设定关键性的行动路线和行动步骤，并把这些路线和步骤标准化、规范化和数量化。是否通过“标准化流程”来进行团队管理是销售执行力塑造的关键标志
预警式铁律	销售团队的特征决定了其执行力塑造，不能依靠烦琐而细致的制度和规则，而应设定少而有效的“高压线”或“雷区”来警示团队成员不可逾越底线。这些由“底线”构成的铁律能让销售团队的管理实现“外圆内方”，即在适度宽松和弹性中确保核心原则的遵守和服从
机动化督查	销售管理者对市场一线信息和情报的失控和失察，是销售团队出现“阳奉阴违”“欺瞒遮掩”“报喜不报忧”等执行力问题的根源。因此，销售管理者对于割据一方的销售人员，必须定期或不定期进行巡防和督查，既能准确掌握销售人员动态以做到有据可查，又能对销售人员的日常行为产生心理上的震慑和约束

第一节　销售执行之标准化流程

【案例】

张翠山是一家跨国公司的基层销售主管，领导着一个3人的销售团队。他和这3位下属无论是工作关系还是私人关系都非常融洽。张翠山不仅自己在销售活动中身先士卒地做好榜样和表率，更花费了大量的时间对这3人言传身教，进行技能辅导，经过多年的磨合，彼此之间建立了充分的信任。多年如一日，他每天都和这些下属就当天的工作计划、进展、问题等进行面对面的沟通和建议，一发现问题马上改进。这么多年的朝夕相处，用张翠山的话来说，我看一下对方的脸就知道他在想什么。

张翠山出色的业绩表现和团队管理能力得到了猎头公司的认可，他被挖到另一家公司担任区域经理，张翠山不仅自信满满，更希望把自己过往的成功经验复制到新团队的管理上。他管理着一个16人的团队，其中有一半是新人，这些销售人员都分布在不同的城市，平时很难见面。张翠山发现他的老办法遇到了很大的挑战。这些新人都在按照自己的经验来工作，对客户需求的理解也各自不同。张翠山整天就在各地跑，今天解决了张三的问题，明天再去帮助李四，忙得不亦乐乎。结果张三今天解决了这个问题，下次又出了别的问题，张翠山又只能再去教他怎么做。张翠山有时觉得这些销售人员怎么这么笨，今天教的过几天就忘记了，有时候他不远千里跑过去，解决的却是同样的问题。

面对这个自己苦心经营却如此令人失望的团队，曾经踌躇满志的张翠山仰天长叹："难道我错了吗?"

张翠山在销售团队管理方面可谓尽心尽责，但随着团队人数的增加，并且销售团队成员往往散布各地，"面对面手把手"的直接管理非但会让类似张翠山这样的销售管理者疲于奔命，更会导致团队执行力成为顽疾无法真正得到提升和改善。

为了持久提升团队执行力，销售管理者需要把以下五大方面的事项落地到"标准流程"，通过"标准流程"来实现有效管理，通过"标准流程"来确保有效执行，如表7-2所示。

表 7－2　　需要推行“标准流程管理”的五大事项

五大事项	事项说明
实操性经验	销售管理者把销售过程中积累的宝贵经验转化成标准流程，让团队成员，特别是新成员快速掌握和学习，从“经验传递”转变成“流程复制”
关键性问题	那些对团队整体绩效表现产生举足轻重影响的事项和问题，绝对不允许产生差错和偏差，那就需要销售管理者把这些事项变成标准流程来规范销售人员的行为
复杂性任务	对于那些过程复杂容易产生误解和紊乱的任务，销售管理者需要给出细致规范的流程，以确保不同销售人员有相同的理解、相同的行为和相同的结果
重复性错误	在销售团队中很多经常性发生的错误和问题，与其一次次批评和纠正，还不如制定标准流程加以约束甚至惩戒
协作性职责	由不同岗位和职级共同完成的任务和事项，特别容易产生推诿扯皮和冲突矛盾，严重影响整体计划的执行和推进，因此也需要通过设计“标准流程”来厘清责任，规范行为

【案例】

2017 年年末，ABC 公司中国区一年一度的销售工作总结会议终于结束了。会议不仅总结了上一年度五大区域的销售业绩，也布置了新年度的销售任务。华南区总共 14 个人，其中一半是不到一年的新人，但却取得了超额完成 50%、全国第一的销售业绩。

华南区销售总监洪剑锋在会议上分享了自己的经验：“我们华南区销售成绩取得第一名，这的确与中国华南区的经济成长速度有关。但是我们区域的销售人员平均在 ABC 工作仅仅两年，这让我们很自豪。接下来让我们的开拓组组长先向大家介绍他们的工作感想。”

开拓组组长林若丹汇报：“我们组有 6 个人，我们的主要任务就是为项目组提供优质的目标客户，直到我们接触到优质的目标客户的关键决策人后，才将项目组的同事引入销售过程。我们前期的工作主要分三步，一是客户资料收集，二是做客户计划和电话拜访，三是客户接触和初步调研分析。”

“等与客户接触建立一定关系并了解客户基本需求后，通过客户会议的形式，我们就将项目组的成员引荐给客户的多个部门。之后，我们开拓组就结束了这个客户的工作。由于我们是整个销售活动的第一个环节，没有我们为项目组提供优质客户，项目组的工作将无法开展，客户寻找、关系建立、情报收集是我们最最关键的任务。接下来由我们项目组组长王重军进行汇报。”

项目组组长王重军汇报：“我们从开拓组那里接手客户后，就和他们一起来设计并提交初步方案，开拓组为我们制作初步方案提供情报、素材、建议和样本。初步方案通过后，我们项目组就正式到客户那里做方案演示和答疑，这是我们所擅长的。在方案演示期间我们擅长技术的同事会和客户的技术负责人进行技术方面的沟通和探讨。这一步完成后，我们就根据客户的详细需求进行正式的方案设计，并对方案不断优化和调整，以参与客户的招投标。一旦通过招投标，我们成为客户的首选供应商，则我们会和客户一起对项目的细节、流程、职责、分工、时间等进行确定，这就是项目评估。项目评估完成，我们的工作告一段落，接下来商务组的同事会介入后续工作。下面有请商务组的组长崔正浩来进行分享。”

商务组组长崔正浩汇报：“我们的首要工作是和客户进行商务谈判，在合同的各个层面进行协商、沟通、确认，以便签署合同。合同一旦签署，我们负责把整个项目移交给技术工程师团队，但我们需要在技术工程师团队和客户之间进行有效衔接和串联。”

华南区销售总监洪剑锋总结：“同事们，因为我们每个同事经验都不是很丰富，难以做到面面俱到，因此我就把整个销售过程做成一条流水线，这个流水线分九个节点。开拓组负责前三个节点，即基础资料收集，客户规划和电话邀约以及客户拜访与初步调研。这三步结束后项目组开始介入，项目组主要负责四个步骤，即提交初步方案，方案演示与技术交流，需求分析与正式方案设计以及项目评估。项目评估结束后，商务组开始介入，商务组负责两个节点，一是商务谈判，二是签约成交与移交实施。”

“以我的切身感受，这样的销售流水线实施半年后，我们的销售效率大大提升，销售人员的执行速度、准度和精度比原先有了突破性的改善。我觉得流水线可以降低工厂对工人经验的依赖，同时能换来极高的精确度和极小的误差。”

“我觉得销售过程的管理，虽然和工厂的流水线不同，但也可以通过标准流程的设计变得规范化、可控化和高效化。”

ABC 公司华南区的成功经验，正是得益于把销售过程变成了标准化流程，把经验管理变成流程管理。当这 9 个流程变得深入人心时，那洪剑锋的过程管理将变得有据可查，有法可依，有的放矢，如图 7－2 所示。

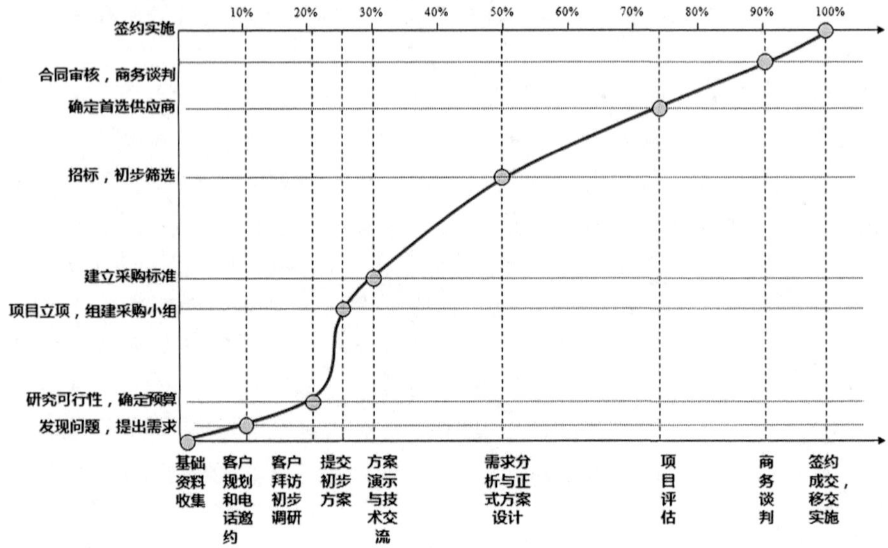

图 7－2　ABC 公司华南区销售流程

【案例】

郭靖是一个奢侈品品牌的城市业务经理，管理着 8 个门店总共 25 名导购人员，他大学同学杨康则在另一个城市担任同样职位。在一次总部会议上，郭靖很苦恼地说这些导购真的很笨，教给他们的东西总是执行不到位。这些导购要么和顾客说话太直接，不会寒暄和打招呼；要么上来就急着推荐产品，导致顾客反感；要么在介绍产品时不全面，忘这忘那；要么顾客已经有购买信号了，却不懂得临门一脚促成。杨康听后邀请郭靖以“神秘顾客”的身份来检查一下他所管理门店导购的接待工作，郭靖欣然同意。

让郭靖诧异的是，他走了七个门店，每个接待他的导购表现得都无可挑剔。不仅打招呼赏心悦目，而且询问问题非常注意分寸，自己的每个反馈对方都能给予认可和赞美。这些导购总有本事让稍有兴趣的顾客驻足观看产品、听她们的介绍，而且她们的产品介绍声情并茂，显得非常的自信和专业。对于自己故意刁难的异议和反驳，这些导购总是习惯性地迎合自己的情感，并且回应的方式十分流畅和自然。对于旁边有很大兴趣的顾客，导购们总能技巧性地让他们下决心。不管顾客买还是不买，导购的感谢让人非常舒心。

回来后郭靖迫不及待地向杨康请教，杨康则反问郭靖什么是真正有价值的经验。杨康认为“只可意会不可言传的”不叫经验，能快速复制和标准化的才叫经验。所以杨康花费了不少时间把导购的工作步骤变成标准化流程，有了流程导购学习起来快，有了流程销售管理者检查起来精确，有了流程团队可以把经验大量复制。

杨康把门店接待与销售的步骤，归纳总结成八大步骤（见图 7－3），分别是问候、探询、共鸣、引导、展示、异议、促成和感谢，并且每个步骤都配套了简单易学的标准化动作，如表 7－3 所示。

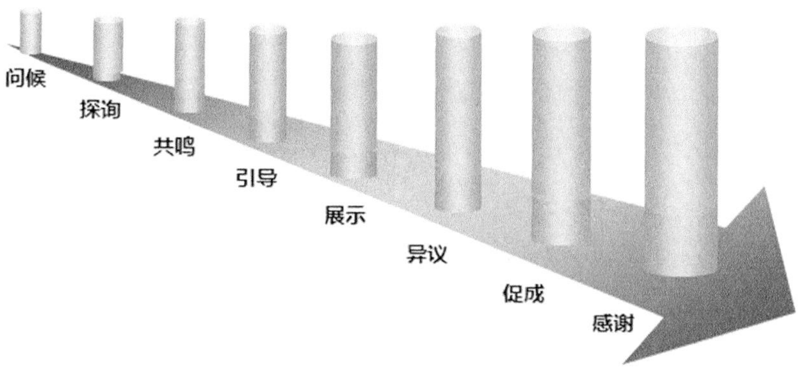

图 7－3　门店接待与销售八大步骤

表 7－3　门店接待与销售标准流程

步骤	关键词	标准化行动
第一步	问候	打招呼 5 要点（笑，称，语，姿，情）
第二步	探询	探询 3W1H（什么帮助 + 什么时间 + 什么要求 + 如何让您了解）
第三步	共鸣	4 大润滑剂（赞美，感谢，请教，道歉）
第四步	引导	2 大手法（需不需要）+（或许更适合您）
第五步	展示	3 角呈现（亮点 + 实物 + 证据）
第六步	异议	3F 表达法（Feel，Felt，Found）
第七步	促成	2 维成交法（压力法 + 诱导法）
第八步	感谢	2 步致谢（感谢 + 恭候）

如果说 ABC 公司华南区的销售流水线属于 B2B 销售的标准流程，则杨康为门店导购设计的流程则是 B2C 销售的标准流程，两者都属于把销售的过程进行归纳总结，设计成标准流程。

对于销售管理者而言，销售过程的标准流程仅仅是多个关键的标准流程之一，不论是何种类型的销售团队，有六大基础销售管理流程（见图 7－4）对团队执行力的提升十分关键。这六大流程分别是销售过程管理流程、客户信息管理流程、合同及物流管理流程、应收账款管理流程、销售人员聘用培训流程和客户投诉与问题客户处理流程，如表 7－4 所示。

图 7－4　六大基础销售管理流程

表 7－4　　　　六大基础销售管理流程

编号	流程	描述
1	销售过程管理流程	销售过程管理流程把销售的过程划分成几个重要阶段，并且把每个阶段销售人员的职责、任务、控制节点、汇报须知等一一明确，让销售人员明确知道流程的每个阶段，本阶段的任务，下阶段的任务等。销售过程管理流程可单列出标杆客户开发流程、钉子户处理流程、问题客户维护流程三个小流程
2	客户信息管理流程	客户信息管理流程有助于对客户信息进行有效把控与管理，避免管理层对客户信息更新和动态变化的失察失控。客户接触初期需要登记汇报哪些重要信息，客户中哪些重要变化需要进行信息汇报和更新，来自客户的服务需求信息该如何评估申报，这些都需要规范化、流程化
3	合同及物流管理流程	当合同涉及物流配送，如涉及收发货、涉及后台的整个备货和准备工作时，这个流程尤为重要。把这一流程界定清楚，不仅能够很好地服务客户，而且公司内部的运行效率也会提高
4	应收账款管理流程	应收账款管理流程，也叫信用管理流程，它针对的是应收账款问题，其重要性不亚于销售过程流程。如何对客户信用进行分级，如何根据客户不同信用级别设置不同的账期和额度，对不同信用级别客户催款的时间、方式、步骤等都需要进行规范化流程设计

续　表

编号	流程	描述
5	销售人员聘用培训流程	销售人员的选拔和培养，对销售队伍的稳定和更新至关重要。因此，销售招聘和培训必须专职化、流程化、规范化。招聘的渠道、面试的程序、筛选的标准、试用的程序等需要规范。而新员工进公司的入职培训，需要具体化、规范化、系统化，专项训练的方式、人员、内容等，也需要规范化。每月集训轮训的流程也需要规范
6	客户投诉与问题客户处理流程	由于串货、价格、断货、服务等各方面原因导致的客户投诉不满，以及客户提出的各类额外要求甚至不合理要求，销售人员如何处理、如何应对、如何汇报，也需要规范化、流程化，以便销售人员能按照规则处理，按要求上报

【案例】

欧阳峰是一家著名企业的销售总经理，为了实现销售团队的标准化管理，他花费了巨资邀请了世界著名咨询公司为其设计了销售标准化流程。

在成果展示会上，这家咨询公司展示了花哨的 PPT，大量的图表和图形让人眼花缭乱。正因为如此，欧阳峰大呼专业，并且现场向手下的销售经理们强调：这才是专业，大家要学着点。会后欧阳峰电话给好友洪七公，言语之中对于自己所推行的销售流程扬扬自得，期待洪七公能恭维和赞美自己几句。

倾听了欧阳峰对流程的描述，洪七公淡淡一笑说：“欧阳兄，我和你打个赌，三个月后，你一定会发现流程的推进和执行遇到一些问题和阻力。”欧阳峰大为不悦：“那我们就三个月后见分晓。”

三个月后，欧阳峰和洪七公两人如约相聚，边喝茶边聊天。欧阳峰叹了口气：“洪兄，你真是料事如神啊。我们在各地的销售团队和销售人员，对于标准流程的执行和检查遇到不少问题。销售经理和销售人员普遍反映流程太复杂花哨，难记难用。”

洪七公说：“销售标准流程既然是给销售人员用的，那需要大俗大雅，通俗易懂，而不能过度复杂花哨，不能纸上谈兵。销售人员不喜欢过于文绉绉的，而喜欢实在、简单、好记好用的。”

欧阳峰急忙道：“那我该如何改进？”

洪七公说：“我建议把流程简化，把复杂的东西删除掉，并且起一个朗朗上口、好记好听的名字。例如流程是六个步骤的，可以叫六脉神剑，如果是八个步骤，可以叫天龙八部。”

欧阳峰说道：“有道理，看来流程需要化繁为简，能俗则俗啊！”

很多销售管理者都会像欧阳峰一样，把流程做得很复杂，其结果是销售人员难以吸收、理解和执行。而真正有效的流程正如洪七公所言，需要简化，需要起个形象化的名字，只有大俗才能大雅。对于真正能落地的销售流程，需要掌握“一简二活三口诀（见表7－5）”这一诀窍。例如ABC华南区的销售流水线可以起名为“关键客户开发的九阴真经”，又如杨康为导购设计的流程可以叫作“门店销售的天龙八部”。

表7－5　标准流程的“一简二活三口诀”

原则	说明
一简	流程尽量简化，步骤尽量简化，每个步骤的描述用词尽量简化，每个步骤的职能和方法尽量用数字法简化归纳
二活	流程的名称需要鲜活生动、过目不忘，好记才能好用
三口诀	流程的表达尽量口诀化，朗朗上口，例如三把飞刀、四轮驱动、五环模型、六脉神剑、七度空间、天龙八部、九阴真经等

第二节 销售执行之预警式铁律

原柯达全球副总裁叶莺有个形象的比喻：你要到一个日本人家里去的话，就非得脱鞋不可，不管你脚下的鞋有多贵、多新，即使连地都没沾，都还是要脱，这是一个入乡随俗的规矩。针对销售团队的规矩和规则以及必须遵守的行为规范问题，这位世界500强企业首位华人女性副总裁观点鲜明，"你要进入到我柯达的'新房'，你必须要听我柯达的声音，这是绝对的"；还有一句是"你要玩我的游戏，当然要跟着我的游戏规则"。

销售团队的执行力和执行效果，也同样来自团队是否有被绝对遵守的规矩。但具有讽刺意味的是，虽然很多销售团队有大量的纪律和制度，但却对销售人员的行为毫无约束力和控制力，甚至形同虚设，被视作儿戏。销售团队即使制定了许多规范、规则、制度、纪律，但却未必有预警式铁律，因而并不能形成震慑力、约束力和执行力。销售团队是否已经形成了预警式铁律，可根据是否具备四大效应来衡量和检验，如表7－6所示。

表7－6　　预警式铁律的四大效应

简化效应	预警式铁律往往非常少，可能是寥寥几条，但却真正是高压线，不能妥协和违背。纪律和规范，往往因为太多了，反而容易违背践踏，失去效用。很多销售团队的行为守则多达几十页，但又有几人能熟悉和了解
震慑效应	预警式铁律需要被反复宣导，做到人人皆知，时时提防，始终如一把达摩克利斯之剑悬在每个销售成员的头顶
明确效应	预警式铁律实施的是"负面刺激"，即哪些事项是绝对不能做的，因此必须明确、具体、可衡量，而不是抽象、模糊，说不清道不明
热炉效应	预警式铁律必须具有违背即罚的"热炉效应"。"热炉效应"是指只要有人的手碰到炉子，不管是谁，不管什么理由，必被烫到，必被惩罚。在销售团队中，任何人违背预警式铁律，没有借口，一定惩罚

西点军校的执行力名震全球，引得中国的企业和销售团队纷纷模仿和学习，并且都在探询西点军校执行力的来源。而西点军校执行力的根源，在于其著名的"4YES"法则。每个新生到达学校的第一天，都会看到在食堂门口贴着一张纸，上面写着：在西点军校四年中，如果上级军官向你问话，你只能有如下四个回答，分别是"Yes Sir（是的，长官），No Sir（不

是的，长官)，No Excuse Sir（没有借口，长官）以及 Sir，I don’t Understand（长官，我没有听明白)”。谁能想到西点军校毕业生叱咤各个领域赖以成名的执行力，其源泉就是这简单的 4 个 YES。这给予销售管理者的启示是：销售团队的纪律和规范不在于多，而在于简单有效，在于少而可执行。所谓销售团队管理的“外圆内方”意味着圆要大而方要小。西点军校 4YES 原则揭示了预警式铁律四大效应的第一个——简化效应。

著名抗倭名将戚继光治军的一个重点是，在军队中制定一套令行禁止的“八斩铁律”。报告敌情与事实不符的，斩；抢夺民财的，斩；滥杀扰民的，斩；违错军令的，斩；临阵退缩的，斩；妄杀无辜的，斩；虚报战功的，斩；虐杀或藏匿俘虏及其子女的，斩。为了让士兵们一丝不苟地牢记并熟悉这“八斩铁律”，戚继光把“八斩铁律”印成卡片发给士兵们，让他们认真记诵，以谙熟于心。平日里随机抽查，偶有小过者，背诵几则纪律条款便可以减免处罚。戚继光不仅制定了“八斩铁律”，而且还反复地宣导、宣传、强化，让“八斩铁律”深入人心，他的做法揭示了预警式铁律四大效应中的第二个——震慑效应。

所谓守则，即那些必须遵守的条款和纪律，必须是明确具体可检查的。若对比新旧两版中国小学生守则，不难发现旧版中国小学生守则多为理想化的描述和思想引导，而新版中国小学生守则更具体明确。有位销售总监说出了肺腑之言：“什么是执行？具体明确的事项才能执行!”新旧两版小学生守则的对比，揭示了预警式铁律的第三个效应，即明确效应，如表 7－7 所示。

表 7－7　　　　新旧两版小学生守则对比

旧版中国小学生守则	新版中国小学生守则
热爱祖国，热爱人民，热爱中国共产党 遵守法律法规，增强法律意识，遵守校规校纪，遵守社会公德 热爱科学，努力学习，勤思好问，乐于探究，积极参加社会实践和有益的活动 珍爱生命，注意安全，锻炼身体，讲究卫生 自尊自爱，自信自强，生活习惯，文明健康 积极参加劳动，勤俭朴素，自己能做的事自己做	爱党爱国爱人民。了解党史国情，珍视国家荣誉，热爱祖国，热爱人民，热爱中国共产党 好学多问肯钻研。上课专心听讲，积极发表见解，乐于科学探索，养成阅读习惯 勤劳笃行乐奉献。自己事自己做，主动分担家务，参与劳动实践，热心志愿服务 明礼守法讲美德。遵守国法校纪，自觉礼让排队，保持公共卫生，爱护公共财物 孝亲尊师善待人。孝父母敬师长，爱集体助同学，虚心接受批评，学会合作共处

续 表

旧版中国小学生守则	新版中国小学生守则
孝敬父母，尊敬师长，礼貌待人 热爱集体，团结同学，互相帮助，关心他人 诚实守信，言行一致，知错就改，有责任心 热爱大自然，爱护生活环境	诚实守信有担当。保持言行一致，不说谎不作弊，借东西及时还，做到知错就改 自强自律健身心。坚持锻炼身体，乐观开朗向上，不吸烟不喝酒，文明绿色上网 珍爱生命保安全。红灯停绿灯行，防溺水不玩火，会自护懂求救，坚决远离毒品 勤俭节约护家园。不比吃喝穿戴，爱惜花草树木，节粮节水节电，低碳环保生活

《三国演义》第十七回，曹操出征张绣途中，为安抚民心，便谕村人父老及沿途官吏，曹军“大小将校，凡过麦田，但有践踏者，并皆斩首”。巧的是曹操正在骑马行军途中，忽田中惊起一鸠，曹操坐骑蹿入麦中，踏坏了一大块麦田。曹操立即叫来行军主簿，要求议罪，主簿十分为难，曹操却说：“我自己下达的禁令，现在自己违反了，如果不处罚，怎能服众呢?”这时谋士郭嘉引用《春秋》为其开脱，此时曹操便顺水推舟，说：“既《春秋》有‘法不加于尊’之义，吾姑免死。”他以剑割下自己一束头发，掷在地上对部下说：“割发权代首。”

在古代，割发也是非常严重的惩罚，曹操对于自己制定的铁律能自我惩罚，足以向部下彰显铁律的威严性和神圣性。这揭示了预警式铁律的第四个效应，即热炉效应。

【案例】

司马剑明刚刚接手某工业品销售公司的区域销售总监，他发现销售团队管理非常混乱，即便公司有许多规章制度，但对于销售人员根本起不到任何威慑力。在他的销售团队中，恶意争夺客户引发内部冲突，欺上瞒下谎报军情，遭到客户投诉毫不理会，在财务报销上作假，销售业绩低下人浮于事等现象十分严重。针对这些问题，自己是管得紧一些还是松一些，是打威信牌还是情感牌，司马剑明陷入了两难境地。

思考再三后，司马剑明召集全体销售人员开会并发布了他推心置腹的讲话：

“同事们，我这个人喜欢一样东西，就是钱币。古代的钱币讲究外圆内方，这也是我为人的准则。我这个人没有太多原则，什么事情都好商量，什么事情都可以妥协，唯独以下这五条，是我的底线，也是我们团队的高压线，希望大家能给我尊重。我先丑话说在前面，天王老子违反了也得罚。

（1）末位淘汰，每年业绩最差的销售人员必须离开！我带头，我的业绩最差我自己辞职。

（2）三个月内连续被同一客户投诉三次，取消年终奖和优秀评审，产生重大损失者降职或劝退。

（3）恶意抢夺同事客户资源并证据确凿者，发现一次全公司通报批评，发现两次调离本区域。

（4）在市场信息和情报收集登记中提供虚假信息和虚假情报满 3 次者，佣金按最低标准结算。

（5）在财务报销问题上弄虚作假，一经发现，通报全公司批评。金额涉及 10 万元以上者，一律辞退并追究法律责任。

如果大家记不住我这五条，我还编了个顺口溜：业绩垫底要离开，客户投诉要破财，客户冲突吃通报，虚假信息难下台，财务作假官司来。

除了这五条，其他都好商量，都不是什么大原则，我能通融则融通，能谅解则谅解，希望大家给予配合。”

司马剑明的五条铁律，完全符合简化效应、震慑效应、明确效应和热炉效应。在推行这些铁律的过程中，司马剑明一定会遇到一些阻力和挑战，为了便于铁律的推行，像司马剑明一样的销售管理者可以活用四大策略，如表 7－8 所示。

表 7－8　　预警式铁律推行的四大策略

杀鸡儆猴策略	销售管理者为了彰显铁律的威信和震慑力，可以挑选 1～2 个典型个案进行杀鸡儆猴，但要注意挑选的惩罚对象必须影响力比较小，这样负面影响可控，主要是起到给其他人警示的作用
以身试法策略	销售管理者为了让铁律的推行更加深入人心，可以自己故意“以身试法”，然后自我惩罚。曹操的割发代首让手下人无不动容，销售管理者自我惩罚也会让团队成员觉得“这次是动真格的了”
内应配合策略	销售管理者可以找一个可信任的下属，最好这个下属被其他人认定为销售管理者的“自己人”，故意让这个下属犯错，然后实施惩罚，这样会让所有团队成员认为“在铁律面前人人平等”
舍小求大策略	销售管理者对于铁律之外的问题和过失，有意地宽容和适度放宽控制，并不断向团队释放这样的信号：铁律之外都好协商，铁律则绝对不可妥协。这样可以让团队成员觉得销售管理者通人情，懂宽容，有弹性，反过来对这些铁律多了一分理解和尊重

第三节　销售执行之机动化督查

《亮剑》中李云龙所带领的独立团所向披靡，团队的行动力和执行力让人印象深刻。独立团和楚云飞的晋绥军和日本的坂田联队相比，要装备没有装备，要军饷没有军饷，要制度没有制度，那独立团的执行力到底来自哪里？李云龙和楚云飞及坂田相比，在团队执行力塑造上到底有哪些过人之处？

如果我们过度把功劳归结于李云龙的个性和能力，那就真的忽视了他在细节上的付出和努力。

在新婚之夜，李云龙还不忘巡查夜间岗哨，这实属难能可贵，但也是其优秀的习惯之一。对具有一定规模的销售团队而言，通常级别众多，销售管理者如果只注重身边人员，只会听取下情上达，只会看报表和开会，那对来自销售一线的很多问题往往不能及时发现，优不能及时奖，错不能及时罚。久而久之，对前线情报的失控，将导致很多风险隐患的产生，为众多祸患埋下伏笔。因此，销售管理者需要定期到市场一线去巡查和督查，并作为自身工作的常态。

在《亮剑》中李云龙经历了大大小小诸多战事，每临战事，李云龙总是亲临一线，视察审核每个据点或战壕，绝不疏忽任何细节。作为销售管理者，从李云龙身上所受到的启发，绝对不是事事亲力亲为，绝对不是事必躬亲，管理过细，而是要重视对销售第一线的定期检查，随时巡查，机动化督查，这对于提升销售团队的执行力至关重要，也体现出销售团队和其他职能部门在执行力提升方面最显著的差异和区别。

有位全国销售总监以其15年销售管理的经验发出如下感悟：销售管理不同于通用的企业管理和团队管理，销售管理者必须掌握“卡”字诀，即能“下”才能“上”，只有定期“下”到一线，掌握情报，掌控动态，才能高高在“上”，高枕无忧。

这位销售总监发自肺腑的评论，引出了销售团队执行力塑造铁三角中最具特色的一个——机动化督查。

【案例】

胡一刀是某上市公司华东区销售总经理，手下26位销售精英分布在华东地区各主要城市，管理和维护着将近50家大客户，这些大客户和公司在过去多年都保持稳定的合作。胡一刀毕业于名牌大学商学院，特别崇拜诸葛亮的运筹帷幄能力。他设计并推动了规范的业务流程，为团队量身定制专业的报表和表单，并且定期组织各类销售会议。

最近两年，胡一刀发现主要客户的业务量在逐渐减少，而新客户的开发一直停滞不前。销售费用的提高和销售价格的降低使得销售利润率在不断下降。

胡一刀在检查各类销售报表时，销售人员都给出了非常合理的解释和理由，诸如市场的变化、竞争对手的压力、出差成本的提高等。

在多次销售会议上，胡一刀就这些问题也展开过专题讨论，而所有销售人员给出的分析和解释大同小异，全部症结被归纳为市场的变化和公司内部的问题。对这些解释和分析，胡一刀也认为合情合理。

最近有几个销售人员突然提出辞职，这让胡一刀有些措手不及，他决定亲自到这几个销售人员所在城市去回访客户。拜访了几个大客户之后，胡一刀大吃一惊。原来这些客户已经决定来年终止和他们的合作，而新的竞争对手推出的服务和价格政策特别有杀伤力，这些信息胡一刀居然一无所知。

胡一刀决定去其他销售人员所负责区域进行暗访，结果让他大惊失色。客户的投诉铺天盖地，集中反映胡一刀的销售人员态度傲慢，出现问题根本不愿意及时提供服务并解决。而销售人员上报的许多销售和攻关费用，胡一刀发现存在大量的虚假信息和虚假申报。有些合作时间较久的老客户反映，胡一刀的部分销售人员已经在外面自己成立了公司，要进行暗箱操作。

胡一刀仰天长叹："原来我一直被蒙在鼓里啊!"

胡一刀的经历揭示了销售管理者进行定期巡查和机动化督查的重要性和必要性。缺乏有效的销售第一线监督，销售管理者很可能会品尝三大失控的苦果，如表7－9所示。

表7－9　　缺乏机动化督查带来的三大失控

客户失控	销售管理者长期没有与重要客户接触和联络，即使下面的销售人员再努力，接触客户的界面也是单一的，而单一的界面非常容易被竞争对手突破。况且，如果销售人员存在能力不足、态度不端、品行不正，那就很容易让客户产生不满，从而逐渐失去客户的信任，让对手乘机介入，直至丢失客户

续 表

下属失控	销售管理者如过度相信销售人员在表单表格和销售例会上的解释和承诺，很容易被销售人员牵着鼻子走，被销售人员认为“好糊弄好忽悠”，从而团队中“欺上瞒下，自由散漫”的氛围就会弥漫开来。处于市场第一线的销售人员，如果有情节严重的欺上瞒下、损公肥私、自由散漫等现象，销售管理者只有通过市场巡查和随时督查才能提前发现证据和线索
市场失控	如果销售管理者不能做到定期巡查市场，走近销售一线，那就会对整个区域或者各个细分区域的市场动态、格局变化、竞争态势、客户需求、销售机会等产生“近视症”，其所制订的目标、计划会逐渐和市场实际情况脱节，逐渐失去对市场的把握和控制

胡一刀痛定思痛，在对销售人员进行部分调整后，把定期的市场巡查和督查作为工作常态。他身边的人发现胡总在办公室里少了，出差多了。不到半年，胡一刀发现自己对于销售人员提交报表中信息真假的敏锐度大大提升，而销售例会中胡一刀对市场情况有凭有据的分析让销售人员颇感意外。

胡一刀的外出巡查，有些是常规性的，他会不定期无预兆地随时抽几个城市进行拜访和检查。胡一刀的巡查，也有些是有目的性的，即当他在销售报表和销售例会中发现一些蛛丝马迹，他一定会启动巡查和督查来深入了解，收集证据。

他综合运用了两种督查状态（见表 7－10），前者是随机性督查，后者是触发性督查。

表 7－10　　两种督查状态

随机性督查	常规性的巡查，随机决定巡查和督查的对象、时间和地点，通过不确定的督查给销售人员强大的震慑力和持续压力。正是因为随机性督查的持续性，不可预期性，销售团队成员会出于担心和恐惧而对其行为进行自我约束和规范
触发性督查	通过报表、例会、日常沟通、客户投诉等途径掌握线索和发现可疑问题，触发了销售管理者采取外出督查行动，以进一步了解情况、掌握信息和收集证据

胡一刀采取了机动化督查后，果然团队的执行力有了明显起色，但问题是十几个城市这么多客户这么多销售人员，胡一刀逐渐感觉力不从心了。计算巡查的工作量，如果真要做到督查到位，胡一刀什么事情都不做也未必完成得了。

胡一刀向公司副总苗人凤吐苦水，苗人凤则说：“胡总，你不仅要学学清朝康熙的微服私访，你还得学学明朝的魏忠贤啊！”

胡一刀满脸狐疑：“我学魏忠贤？”

苗人凤说：“微服私访你做得不错，但毕竟你精力有限。魏忠贤有东厂在全国到处散布眼线，收集情报，产生很大的震慑力。”

胡一刀问道：“您的意思是我也弄个东厂？”

苗人凤说：“你有三个销售助理，每天在办公室里我看有些人浮于事，他们可以作为你巡视组的成员啊。”

胡一刀一拍大腿：“好啊，不过这真有点像东厂了。”

苗人凤笑了：“有点像，但东厂是去害人的，而我们的巡视组是去提升绩效的。”

苗人凤给胡一刀的建议，正好反映了根据督查责任人的不同可以采用的两种方式。如果是销售管理者亲自“微服私访”，则是亲自督查。如果安排可信任的人作为巡视组成员进行定期督查，则是专员督查。

而根据督查对象的不同，也可以分成两种方式。如果督查目标是客户，通过拜访和访问客户来获得情报、收集信息和探询问题，则是客户督查。如果督查目标是当地办公室和当地团队成员，通过检查、述职、质询和谈话来做情况摸底，则是团队督查。而根据督查责任人的不同和督查对象的不同，可以把督查形式分为四种，如表7－11所示。

表7－11　　　　四种督查形式

	亲自督查	专员督查
客户督查	慰问式	服务式
	销售管理者以慰问和感谢客户的名义和形式来进行情报收集和督查摸底	巡视组专员以客户需求回访和提供后续服务的名义进行情报收集和督查摸底
团队督查	检查式	协作式
	销售管理者以到当地办公室检查工作，倾听述职的方式来进行情报收集和督查摸底	巡视组专员以为当地销售团队提供工作配合和工作支持的方式来进行情报收集和督查摸底

第四节　销售执行力三大工具的组合方案

标准化流程、预警式铁律以及机动化督查组成的销售执行力三大工具，综合构成了打造销售团队执行力的铁三角。

这三大工具既可以独立使用，更可以针对具体的执行力问题形成组合方案。标准化流程如何搭配预警式铁律，如何嫁接机动化督查，则需要先分析和洞察销售执行力问题的根源。

但凡来自销售团队执行力方面的各种问题，虽然表现形式不尽相同，症状现象因人而异，背后的原理却“万变不离其宗”，归结起来无非“三个不”，即“不知道错了没有”“不知道错在哪里”“不知道错了会怎样”，如图7－5所示。

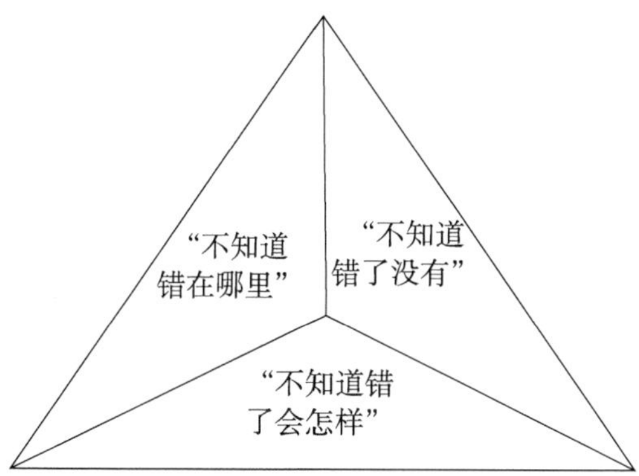

图7－5　销售执行力“三不分析法”

一、销售团队执行力问题“三不分析法”

销售团队执行力问题“三不分析法”为销售管理者综合使用执行力三大工具提供了“诊断依据”和“分析角度”，不同类型的执行力问题需要搭配不同的执行力工具组合。

1. “不知道错了没有”

“不知道错了没有”即销售执行力的根源在于销售团队和销售人员由于不清楚自己的行为是否错误、是否存在问题、是否偏离轨道而产生的执行偏差和后果。这一根源引发的执行力问题主要在于销售人员“误以为”自己目前的行为是正确的、有效的、不存在问题的。这会让销售人员以自己的“认知”去行动，结果很可能导致“越做越错”“越努力问题越多”。

以目前房产中介行业普遍使用的“电话推销”为例，销售人员的惯性思维是被客户抗拒性地挂电话后千万不能放弃，还得继续反复打电话，直到客户愿意接听并有意愿去看房为止。在此理念和思维指引下，房产中介的销售人员便会以“电话量”作为衡量自身努力程度的标准，他们根本不觉得“反复骚扰同一个客户直至被拉进黑名单”在销售努力上存在方向性错误。而事实上，他们“自以为是的销售努力”却违背了电话营销中客户接触的“第一印象”和“信任原则”，结果往往适得其反。

2. “不知道错在哪里”

“不知道错在哪里”即销售执行力的根源在于销售团队和销售人员知道自己的行为或许不符合要求，或许达不到预期，或许存在不足与偏差，但不清楚问题到底在哪里，到底偏差在什么地方，到底距离标准的做法差距有多大。这一根源所引发的执行力问题在于销售人员由于能力、经验、阅历、意识等方面的不足而导致的行动缺陷或者绩效低下。

许多企业的销售管理者通常会发现，处于新入职阶段或者成长阶段的销售人员，由于其自身经验和能力的不足，虽然非常努力地开拓市场、发展网络、拜访客户，但是往往存在低绩效、不规范、多问题等执行力偏差现象。销售人员会产生迷茫、困惑，甚至自我否定，他们在主观上知道自己身上存在问题和不足，但就是“不知道错在哪里”。

3. “不知道错了会怎样”

“不知道错了会怎样”即销售执行力的根源在于销售团队和销售人员认知到自身存在的问题和不足，但对所存在问题导致的后果和可能带来的负面影响不以为然，警戒性、防范性和重视程度不够。

销售人员如果对目标、任务、政策、要求等执行不力所产生的后果和配套的惩罚认知不够，自然会产生散漫、随意、工作不到位、自以为是甚至不守规矩等各种执行问题。

有位著名的营销专家指出，销售团队管理不应该仅仅有“正向引导”，更应该强化“负面驱动”，即通过加强必要的惩戒示范和惩罚配套来促使销售人员规避“雷区”。“柔性的销售管理”必须辅助以必要的“刚性”，太讲究所谓“仁慈和宽容”只会让销售管理者“纵容”销售团队“作恶”，这就是所谓的“慈不带兵”。

二、基于“三不分析法”的执行力工具组合运用

“三不分析法”为销售执行力三大工具的组合使用提供了“靶向”，三大工具的相互配合以及配比侧重，应该根据不同的“不”进行对应的搭配和组合，如表7－12所示。

表7－12　　基于“三不分析法”的执行力工具组合

	标准化流程	预警式铁律	机动化督查
“不知道错了没有”	主	主	辅
“不知道错在哪里”	主	辅	主
“不知道错了会怎样”	辅	主	主

1. 源自“不知道错了没有”执行力问题的对策组合

如果销售人员执行力问题的根源是“不知道错了没有”，这表明他们“不觉得”自己的行为有问题，不觉得自己的行为会产生不良后果，因此销售执行力的对策应该是让其认知问题，认知不足，认清自己。

在执行力三大工具中，销售管理者应该加强对标准化流程的明确和约束，把销售人员常见的“自以为是”的习惯性错误标准化、流程化、透明化，通过不断宣导和强化让销售人员比照差距，认知不足。

同时，销售管理者对这类销售人员要加强预警式铁律的警示效应，把销售人员经常习惯性发生的共性问题上升为铁律，让他们以铁律来对照自己“错在哪里”。在标准化流程和预警式铁律双管齐下的基础上，再适当配合以机动化督查查找具体问题。

简而言之，针对源自“不知道错了没有”的执行力问题，三大工具中应该以标准化流程和预警式铁律为主，适当以机动化督查辅助。

2. 源自“不知道错在哪里”执行力问题的对策组合

如果销售人员执行力问题的根源是“不知道错在哪里”，这表明他们“不明白”自己的行为到底有哪些不对，存在怎样的误差，因此提升销售执行力的对策应该是让其知晓差距，对照差距，发现问题的根源。在执行力三大工具中，销售管理者同样应该加强标准化流程的建设和约束，通过强化标准流程的节点和规范，让销售人员通过对比对照发现自身行为的偏差，找到自己的不足。同时，销售管理者更需要对这类销售人员加强机动化督查，通过“随机督查”查到的“真凭实据”来让销售人员再无借口和解释，真正深刻认知到自己的问题和不足。

一言以蔽之，针对源自“不知道错在哪里”的执行力问题，销售执行力组合应该特别强化标准化流程，特别突出机动化督查，对于特别严重的问题配合以预警式铁律。

3. 源自“不知道错了会怎样”执行力问题的对策组合

如果销售人员执行力问题的根源是“不知道错了会怎样”，这表明他们“不清楚”自己的行为可能带来的严重问题和后果，因此销售执行力的对策一定是让他们加强警惕性、自律性和预防性。在三大执行力工具中，预警式铁律正是一种特别有效的“负面管理”工具。预警式铁律又被称为“负面清单”，它是销售管理者针对近期常见问题、严重问题、普遍性问题而提炼的“高压线”，目的是让销售人员头上时刻悬挂着“达摩克利斯之剑”，提前知道这些行为带来的严重后果和惩罚。

同时，之所以很多销售人员不认为“做错了会有严重后果”，就是因为他们认为很多市场一线的问题“上面”不一定清楚，不一定了解，不一定明了，销售人员认为在例会和表单两项管理手法上完全可以敷衍糊弄甚至“欺上瞒下”。

尤其是很多按照区域划分单独作业的销售人员，销售管理者每月和他们见面不到一两次，因而“忽悠上级”“掩盖问题”等执行力问题往往非常突出，因此销售管理者必须使用执行力三大工具之机动化督查。

通过随时、随机、随地的暗访、查看、摸底，销售管理者可以掌握来自市场一线的真正问题和冰山水面以下的真实状况，让销售人员产生极大的压力甚至“恐惧感”，让他们认识到很多问题只要存在很快会被发现，很快会被了解，很快会被通报。

因此，针对源自“不知道错了会怎样”的执行力问题，销售管理者应该加强预警式铁律，加强机动化督查，同时对一些被掩盖的问题纳入标注化流程，进行透明化管理。

第八章

销售人员绩效监控与绩效干预

导言　全面审视销售人员的绩效表现

【案例】

KGM 公司是一家以“狼性文化”为主导的企业，公司销售副总谢逊是个极其“结果导向”的人，他总强调一切以“结果”为唯一衡量指标。因此在销售团队的内部绩效评估中，他唯一看中的就是销售额的目标完成率。谢逊认为唯有目标完成率最真实和客观，其他的各类指标都只是为“目标完成率”服务的。

谢逊团队中的资深销售人员陆展元连续三个季度销售额都完成了指标，但全部是来自现有老客户的维护。另外他为了维持这些销售额，给了超过公司政策的返利，并且营销费用也超过预算，费用报销也不符合财务制度。但谢逊认为只要陆展元完成了销售额目标，其他的问题都不是关键问题，因此谢逊采取睁一只眼闭一只眼的态度，甚至对陆展元的表现给予了肯定和鼓励。想不到风云突变，到了第四季度，陆展元的业绩突然下滑了 50%，原因是两个关键客户由于各种原因停止了合作，而陆展元长期不开拓新客户，业绩严重依赖老客户。同时，由于陆展元不符合公司政策的一些销售行为给其他员工产生了很大的负面影响，不少人纷纷效仿。当谢逊准备查处惩戒时，效仿者则不约而同以“陆展元先自己而为之”为借口和托词，让谢逊有些无可奈何。

谢逊团队中有个新销售人员武松进入了一个新的市场区域，连续三个季度，销售额都超额完成 30%，武松因此自我感觉非常良好。谢逊自然很高兴，认为武松是未来可以仰仗的一匹黑马，因此多次在销售例会上表扬武松，武松自然是扬扬自得。

但半年后在一次行业会议上谢逊了解到，几个重要竞争对手在该市场同期的销售额，至少翻了三倍以上，并且牢牢掌控了区域内最主要的大客户和销售渠道。这个时候谢逊如梦方醒，但现在再想迎头赶上，为时已晚。

谢逊团队中新进销售人员乔峰工作很努力，可惜前半年销售额目标完成率排名倒数第三进入淘汰的序列。谢逊考虑再三，决定辞退乔峰。

谢逊决定亲自巡查一下乔峰所负责的区域，以安排合适的接替者。让谢逊吃惊的是，这三个月以来乔峰的新客户增加是全团队第一，只是每个客户刚开始采购量比较少。同时，根据掌握的市场情报，乔峰负责的地区，竞争对手的市场覆盖比乔峰要少很多。谢逊仰天长叹：可惜啊，我放走了一个出色的人才！

谢逊的“唯业绩论”代表着众多销售管理者的普遍想法，以“销售绩效”为唯一衡量和评估指标被很多销售管理者认为是“约定俗成”的惯性做法。“我只看结果，除了结果我什么都不看”“销售人员就是靠业绩说话，其他都是假的”　“业绩不会骗人，业绩最有说服力，业绩就是一切”……这些话道出了不少“实干起家”的销售管理者的心声。

追求 GDP 增长没有错，但以 GDP 为单一衡量指标将大错特错。同样，销售管理者以“业绩结果”作为衡量指标没有错，但以“业绩结果作为唯一标准”也不尽合理、科学和完整。“唯 GDP 论”的短视极可能导致国家和地区失去可持续增长的动力和能力，同理“唯销售业绩论”也会让销售团队忽略潜在问题，忽视潜在机会，无视潜在威胁，积累潜在危机。

飞行员驾驶飞机在高空翱翔，不能仅仅看“飞行高度”这一单一仪表，还需要全面评估“飞行速度”“耗油及航油储备”等多个仪表，只有如此飞机才能开得既快又稳又安全又可持续。同理，销售团队成员表现的评估，也不能仅仅看“销售业绩”这一简单指标，也需要综合考虑其他“仪表”，以使整个团队的业绩增长快速，稳定并且可持续。

汽车与飞机的安全行驶需要完整多元的仪表盘，销售团队的业绩评估也有这样一个多指标综合评估的仪表盘，这就是销售人员绩效计分卡。

第一节 销售人员绩效计分卡

有位专家非常形象地用奶酪比喻销售工作："成功的销售不仅是寻找奶酪，更是让奶酪源源不断。"正是如此，销售人员的重要职责不仅要完成销售目标实现业绩增长，更要让业绩创造和目标完成变成一个连续不断的稳定过程。销售计分卡正是基于此而设计了四个环环相扣的指标，这几个指标既考虑了现有的业绩完成，也考虑了未来业绩增长的潜力，因此做到了长短结合；既考虑了自我的纵向对比，也结合了与竞争对手的横向对比，因此更加客观真实。

一、销售人员绩效计分卡四大指标

销售人员绩效计分卡通过四大指标综合考评销售人员的表现，这四大指标分别是财务指标、客户指标、竞争指标和协作指标。这四大指标犹如汽车和飞机上的不同仪表盘，销售管理者通过多个指标的综合分析从而对销售人员的表现有更为全面客观真实的评价，如图 8 -1 所示。

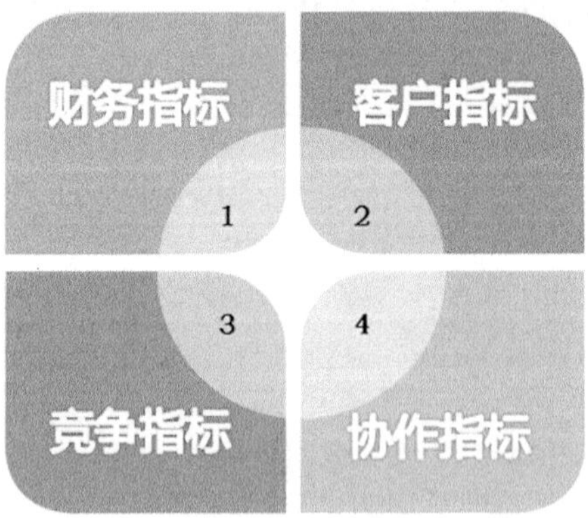

图 8 -1 销售人员绩效计分卡四大指标

财务指标量化地反映了销售人员当前阶段对团队的业绩贡献，通常销售管理者会把"销售额的完成率或者增长率"作为财务指标的核心，我们称之为 A 类财务指标。不容忽视的现实是，在财务指标中，销售额未必完全代表利润贡献，有些销售团队会把反映销售人员利润贡献度的利润率、资金回笼率、销售费用控制等纳入财务指标的考评，我们称之为 B 类财务指标。而在笼统的销售额计算中，并不能反映销售额来源的结构是否符合公司营销政策的方向和要求，因此有些销售管理者会对销售额进行细分，以产生明确的行动导向和行为指引，例如销售额中新客户贡献比如果单独列为指标，则这个团队特别强调新客户的开发。倘若销售管理者把某一产品的业绩增长作为单独指标，则意味着该产品一定是公司的主打产品或主推产品。我们把这些细分的反映公司营销导向的财务指标称为 C 类指标。

客户指标也可以分为 ABC 三类。A 类指标直指新客户的开发和培养，这一指标反映了销售人员业绩增长的潜力和后续动力，具体体现在新客户开发量和来自新客户业绩的增长率，一般来讲，安于现状的老销售人员在这一指标上往往表现不佳。B 类指标则关注对业绩贡献起至关重要作用的关键客户维护，关键客户深挖和关键客户转介绍。B 类客户指标可体现在关键客户的业绩增长率和关键客户的转介绍率。C 类客户指标则反映销售人员的客户服务与客户维护能力和意识，主要体现在客户投诉数、客户满意度和客户合作长度。

竞争指标主要反映销售人员的业绩表现和主要竞争对手的对比，通过同一市场区域的横向对比，能撇除市场因素更加真实地反映销售人员的能力和努力。竞争指标可以看三个方面，A 类竞争指标主要看市场份额和市场覆盖率的对比，B 类竞争指标主要看同一时期和同一地区销售额增长率的对比，C 类竞争指标主要看关键客户争夺战和短期营销活动竞争战的结果对比。

协作指标主要体现销售人员对营销政策的执行度，对销售制度的遵守度和对内部横向协作的配合度。A 类协作指标可以分析销售人员对团队营销政策和活动的执行力度和对市场信息的反馈力度。B 类协作指标则指销售人员对各项规章制度和纪律规范的执行和遵守程度，C 类指标则反映出销售人员对于上级和同事工作的配合和协作程度，如表 8 - 1 所示。

表 8－1　　　　　　销售人员绩效计分卡四大指标

指标	反映	指标细化
财务指标	当前的业绩贡献和成绩	A 类指标：销售额（完成率，增长率） B 类指标：利润率，资金回笼率，销售费用控制 C 类指标：新客户贡献比/关键产品贡献增长率
客户指标	未来的业绩增长潜力和可持续性	A 指标：新客户开发量，新客户业绩贡献率 B 指标：关键客户的销售额增长，关键客户转介绍率 C 指标：客户投诉数，客户满意度，客户合作长度
竞争指标	业绩产生的质量和难易程度	A 类指标：与主要竞争对手的市场份额对比 B 类指标：与主要竞争对手的销售增长率对比 C 类指标：关键客户得失/营销战得失对比分析
协作指标	示范效应，行为操守和团队精神	A 指标：营销政策和策略的执行和市场信息反馈 B 指标：营销管理制度和纪律的遵守和服从 C 指标：与上级与其他部门的协作与配合度

运用销售人员绩效计分卡，回过头再去分析谢逊团队中陆展元、武松和乔峰三人的表现，不难发现谢逊的“唯业绩论”根本无法真正识别和评价销售人员的真实表现。

陆展元的财务指标虽然达标，但客户指标很低，而且协作指标很低，谢逊如果认识到销售绩效计分卡全面考评的重要性，则早就应该介入和纠偏了。

武松的财务指标不错，但竞争指标很低，两个指标综合分析的结果是，武松的销售业绩根本不是来自于其能力和努力，而是来自旺盛的市场需求，而武松根本没有把这个优质的市场开发好、利用好和培育好。

乔峰的财务指标很低，但其在客户指标和竞争指标方面的表现非常好，乔峰在一个质量很差的市场上工作得卓有成效，有声有色。在可以预期的将来，一旦乔峰把所开发的新客户进行深挖和培育，他的业绩很可能实现突飞猛进。

二、销售人员绩效计分卡指标权重

不同行业不同企业，由于客户类型不同，销售模式不同，考核目标不同，因此设计销售绩效计分卡时在具体细分指标选择上可以有不同的侧重和不同的权重。

【案例】

金一鸣是一家著名汽车品牌4S店的销售部经理，根据自身团队的特征和汽车现场销售的模式，他设计了符合企业特点的销售绩效计分卡。在财务指标层面，他选择了当月销售台次和当月订单台次两个销售量指标，并且把最看重的销售促销费用的预算使用率作为财务指标的要素之一。

在客户指标层面，销售人员的现场服务和客户满意是4S店非常注重的指标，同时老客户的业务转介绍是汽车销售重要的客户来源，因此客户满意度、抱怨投诉次数和转介绍次数成为金一鸣最为看重的客户指标三要素。

金一鸣把协作指标的重要性放在了竞争指标之前，他把制度流程执行率简化为目标接待数和实际接待数的比例，因为这是个与绩效密切挂钩的行动指标。金一鸣为每个销售人员制作了弱项改进卡，列出了其需要改进的事项清单，因此他把弱项的改善率作为协作层面的另一个重要指标。

在竞争指标方面，因为整个团队都在一个汽车4S店，因此竞争对象的选择有其特殊性。金一鸣挑选了两大竞争指标来衡量销售人员的表现。一个是同事之间目标完成率的对比，另一个是与3家竞争性4S店平均销售台数的对比。具体指标权重如表8－2所示。

表8－2 指标权重

项目类别	占比	分数（分）	考核指标（KPI）	满分（分）	计算公式	评价办法	数据来源
财务指标	40%	48	当月销售台次达成率	24	实际销售台次/目标台次×100%	100%得20分，高于100%的每高出5%加1分，低于100%达成率的每5%扣2分	销售内勤
			当月订单台次达成率	12	实际订单台次/目标台次×100%	100%得10分，高于100%的每高出5%加1分，低于100%达成率的每5%扣2分	销售内勤
			销售费用预算使用率	12	实际使用费用/预算费用×100%	90%～100%得10分，在此范围外，每正负5%扣3分	财务部

续 表

项目类别	占比	分数（分）	考核指标（KPI）	满分（分）	计算公式	评价办法	数据来源
客户指标	25%	35	客户满意度	10	每月回访分数	99 分得 7.5 分，100 分加 2.5 分，每低 1 分减去 2 分，CS 成绩低于 96 分为 0 分	CR
			客户投诉抱怨次数	10	客户投诉抱怨次数	0 次得 10 分，抱怨 1 次扣 2 分。投诉 1 次扣 3 分	CR
			客户转介绍率	15	老客户介绍新业务的总次数	以转介绍次数最多的同事为标杆满分 15 分，其他同事按转介绍次数得对应分数	销售内勤
协作指标	25%	30	制度流程执行率	15	实际接待数/目标接待数	100% 得 12.5 分，高于 100% 的每高出 5% 加 1 分，低于 100% 达成率的每 5% 扣 1 分，低于 85% 为 0 分	销售内勤
			弱项改善达成率	15	改善卡实际数/改善卡目标数	100% 得 12.5 分，高于 100% 的每高出 5% 加 1 分，低于 100% 达成率的每 5% 扣 3 分，不改善则不得分	CR
竞争指标	10%	22	同事间销售目标完成率对比	12	完成率第一名得 12 分	以第一名得 12 分为基础，其他人按完成率折算成对应分数	销售内勤
			与竞争 4S 店当月人均销售台数进行对比	10	超过竞争 4S 店人均销售台数 50% 得 10 分	超过竞争 4S 店人均销售台数 50% 得 10 分，超过 25% 得 8 分，大于等于 0 则得 5 分	市场部

注：CR 为客户关系经理。

在金一鸣的销售人员绩效计分卡四大指标设计中，除了财务指标占最大权重之外，客户指标与协作指标也是金一鸣所在汽车销售领域销售人员重要的评价标准。而由于金一鸣所管辖的是汽车4S专卖店，因此与其他主要竞争品牌销售额对比的借鉴价值和可比性相对较小，因此竞争指标的权重最小。

销售管理者在设计销售人员绩效计分卡评价指标时，需要在两个方面活学活用，灵活变通。

1. 四大指标权重和排序的灵活变通

由于行业与销售模式的差异决定着销售计分卡四大指标的权重和重要性排序一定各不相同，这也体现出销售计分卡的适应性和变通性。

倘若销售区域内竞争格局高度集中，由几大竞争者瓜分市场，则销售计分卡中竞争指标意义重大。反之假若销售区域内竞争结构分散，竞争者众多且对比性差，则销售计分卡中竞争指标的价值就稍逊。又比如工业品大客户销售与快消品散客销售相比，客户指标的重要性要高得多。

2. 主指标之下细分指标的灵活变通

对于销售计分卡四大主指标之下的细分指标，销售管理者可以灵活变通设计。有的销售团队在财务指标中以销售额为重，而有的销售团队则以销售利润为主。对于客户指标，有的销售团队以新客户开发为优先，而另有一些销售团队则以客户满意与客户维护为重。又如很多销售团队以和主要竞争对手的销售额对比为竞争指标的衡量依据，而金一鸣针对4S店销售的特殊性则以与同品牌其他4S店对比以及与同一4S店其他销售人员业绩对比作为竞争指标的两大组成部分。

第二节　销售人员绩效干预与评估

以销售人员绩效计分卡作为诊断分析工具，销售管理者就能提前预判销售团队绩效表现的潜在问题和隐性症结，提前进行面谈和干预，以在销售人员的绩效表现恶化到“脱轨翻车”之前及时纠偏。

纵观各行各业不同销售管理者对于销售人员“绩效偏离”问题的处理方式，普遍存在“两个过度”的现象。

第一个过度被称为过度严苛，即发现问题不论三七二十一立刻惩罚，以儆效尤，这种处理方式被称为刚性监管。然而大量事实和案例表明，刚性监管诚然能起到惩戒的效果，但往往会导致销售管理者与下属之间的隔阂和矛盾，导致抵触和反抗，导致问题继续恶化。

第二个过度被称为过度放任，即主张宽容待人，只要问题不严重，就听之任之，睁一只眼闭一只眼。而采取这种“老好人”姿态的销售管理者往往自食恶果，导致销售人员肆无忌惮继续我行我素。更严重的是这种行为会像烂苹果上的溃烂处一样不断扩大，最后残局无法收拾。

销售人员的绩效干预需要防止“两个过度”，既不能过度严苛，也不能过度放任，而应先面谈沟通再根据面谈结果决定是否惩罚。倘若销售管理者与销售人员的面谈极其有效，获得其改进承诺，则可以小惩大诫甚至不处罚。倘若销售管理者与销售人员的面谈无论如何努力都无功而返，则可以考虑对此类不思悔改的个案进行严惩。

这种先面谈沟通后处罚惩戒，以获得销售人员自我改进承诺为最终目的的干预方式，叫作柔性监管。不同绩效干预态度的比较如表 8 –3 所示。

表 8 –3　　　　销售管理者三种绩效干预态度

特征	刚性监管	放任监管	柔性监管
主要表现	通过惩罚来立即制止和控制	任其发展到不可收拾再被迫行动	先面谈干预再根据结果决定是否处罚
可能结果	反抗，更加抵触，更大破坏	继续恶化，肆无忌惮，无法收拾	干预成功，获得改进承诺；干预失败，后续惩罚
使用建议	建议慎用	建议不用	建议使用

【案例】

在一次战役刚刚结束后，新兵由于表现不好，在屋子里生闷气，这个时候连长气冲冲地破门而入。

连长："这次战斗你打了几发子弹？几发?!"

新兵低头小声说："九发。"

连长："大点声！几发?"

新兵："九发!"

连长："哈哈，九发？打倒了几个敌人，缴获了几条枪啊？怎么不吱声啊!"

新兵："报告连长，我错了！您说怎么办就怎么办吧!"（满脸委屈）

连长："呵，痛快啊，放啊放啊！你以为咱们这是老百姓扛火枪打兔子，打不着拉倒还闹个过瘾，咱们这是战争!"

新兵（眼泪差点掉出来）："报告连长，我可是一个心眼打敌人啊!"

连长："可你为什么不多长几个心眼呢？你是个战士，子弹出膛就要消灭敌人!"

新兵小声抽泣。

连长："还不服气呢?!"

新兵："我还有什么不服气的。处分我吧，是我的错，我没有话说!"

连长："处分了你就是个好战士了?!"（拂袖而去）

在此案例中连长根据多个绩效指标（打了几发子弹，打倒几个敌人，缴获几条枪等）对新兵进行绩效干预面谈，但很明显绩效干预面谈的效果极不理想。新兵最后满肚子不服气地说"处分我吧，是我的错"，这表明他对存在的问题尚未意识到严重性，他也没有发自内心愿意改进的强烈欲望。

新兵的连长之所以绩效面谈干预达不到效果，是因为两大原因。

（1）连长的绩效面谈违背了柔性监管的"最终目的"，即面谈的目的不是责怪对错，而是获得销售人员愿意改进的当场承诺。

（2）连长的绩效面谈没有遵循绩效干预的"核心原则"，即面谈需要采用汉堡式或三明治式原则。所谓汉堡式（三明治式）原则，就是绩效面谈的结构也如汉堡（三明治）一样分成三个层面。汉堡（三明治）的结构是上层面包，中间是猪牛肉，下层也是面包，同理汉堡式（三明治式）绩效干预面谈，也应先表示认可和感谢，然后再指出问题和提出批评，最后再表达认可和感谢。

汉堡式绩效干预面谈和三明治式绩效干预面谈分别针对不同的问题和情况。但凡是偶犯或初犯，并且问题并非特别严重和关键的，销售管理者可采用三明治式绩效干预面谈，即以面包（认可、肯定、感谢）为主，以肉类（问题、批评）为辅。倘若是屡犯的、原则性的重大问题，则销售管理者应采用汉堡式绩效干预面谈，即以面包（认可、肯定、感谢）为辅，以肉类（问题、批评）为主。

汉堡式（三明治式）绩效干预面谈可以细分为七个步骤，每个步骤都有其独特的功用和目的，如图 8 -2 所示。

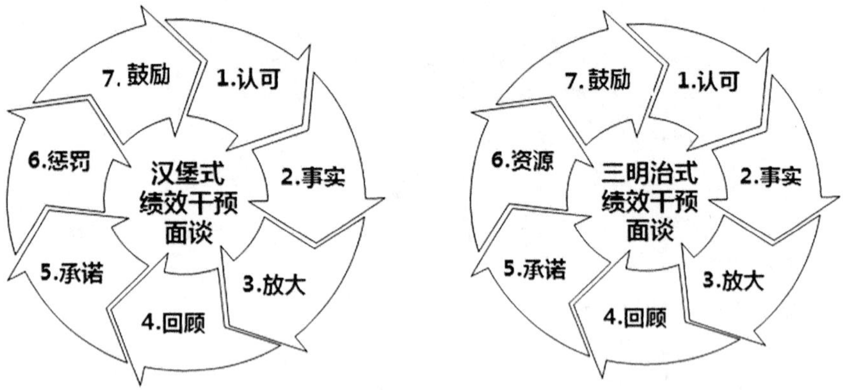

图 8 -2　绩效干预面谈的步骤

（1）汉堡式绩效干预面谈和三明治式绩效干预面谈的第一步都是先认可对方，缓和情绪，避免对立。

（2）汉堡式（三明治式）绩效干预面谈的第二步是只讲述所看到所听到所查到的事实，而不急于做出主观判断和指责。

（3）汉堡式（三明治式）绩效干预面谈的第三步则是把问题放大，让对方对问题的严重性和紧迫性有震撼性的认识和反思。

（4）汉堡式（三明治式）绩效干预面谈的第四步需要管理者和对方一起回顾入职时或者年初制订目标时达成的共识和对对方的期待，让对方认识到自己的行为偏离了当初的预期和设定的正常轨道。

（5）汉堡式（三明治式）绩效干预面谈的第五步则是最重要的一步，也是反映此次面谈是否有效最重要的标志，即现场获得销售人员愿意改进与纠正的承诺。

（6）汉堡式绩效干预面谈与三明治式绩效干预面谈在第六步上则体现

出巨大差异。对于汉堡式绩效干预面谈而言，在对方进行承诺后需要立刻询问对方倘若承诺不能兑现所配套的惩罚措施，并当场白纸黑字立据为证。对于三明治式绩效干预面谈而言，在获得对方承诺后，则需要询问为确保兑现承诺，销售人员需要怎样的支持和资源。

（7）汉堡式（三明治式）绩效干预面谈的第七步也是最后一步，需要对对方愿意和自己分享并做出承诺表达感谢，并给予寄托、祝福和鼓励。

【案例】

岳磊作为一个20多人销售团队的区域经理，发现最近老销售人员牛皋在客户拜访量上持续下降，虽然销售额的表现还算稳定，但主要来自老客户的贡献。假如老客户发生流失，则牛皋的销售额将会产生雪崩式下滑。更为严重的是，牛皋安于现状、不思进取的表现给团队中其他人员产生了极大的负面影响，特别是入职不久的新销售人员纷纷效仿。

岳磊认为按照销售人员绩效计分卡四大指标，牛皋的客户指标存在严重问题，必须进行面谈式绩效干预。于是某一天晚上岳磊给牛皋打电话，约他晚上在某茶馆见面。

两个人在茶馆见面之后，岳磊首先对牛皋最近几年对团队的贡献和付出表示感谢，他表示公司高层也希望从团队中选拔资深的销售人员担任主管，目前正在考察和筛选。岳磊告诉牛皋团队上下对牛皋的销售能力、人际关系能力、人品等都比较认可，也期待牛皋在职业生涯关键时刻能突破瓶颈，更上层楼。

紧接着话锋一转，岳磊希望和牛皋推心置腹说说心里话。他拿出这三个月的销售拜访计划和记录，指出牛皋这半年在新客户开发上基本为零，并询问牛皋这些事实是否存在。

牛皋低头不语表示认可，岳磊语气一缓满怀诚恳拍了拍牛皋的肩膀，仔细分析了这样做可能的种种后果。岳磊举了不少老销售人员追求安逸导致客户流失后难以挽回的局面，并且一一列举了其他销售人员纷纷效仿导致整个团队士气低落的事实，并强调公司副总已经多次询问此事。岳磊希望牛皋理解如果这一现状不改变，对自己的团队管理工作会带来很大麻烦。

看到牛皋在倾听中有些动容，岳磊回顾了今年年初在年度会议上和牛皋一起商定的年度目标和发展计划，强调今年整个团队业务的目标达成务必需要牛皋配合和支持。岳磊真诚地表示牛皋当前的行为偏离了预期的轨道。

岳磊主动询问牛皋对此问题有何表态，牛皋沉默之后抬头承诺，真诚地表态自己接下来一定加大新客户开发的力度，并带动团队其他人一起提升新客户开发的进度和数量。

岳磊拍手说好，但表示此事关切重大，询问牛皋如果没有兑现承诺又当如何。牛皋一拍胸脯，当场白纸黑字写上了未能兑现承诺的惩罚措施。

岳磊笑呵呵把纸条放进抽屉，说咱们先小人后君子，希望这张纸条永远锁在自己的抽屉里。他对牛皋能当场承诺表示感谢，并提出了期待和期望。随后岳磊拉上牛皋一起去酒吧喝酒。

岳磊认为牛皋在客户指标方面表现很差，并且这一现象倘若听之任之，不仅影响牛皋自身业绩的稳定性和持续性，更将对整个销售团队产生极大的负面影响，因此他决定采取汉堡式的绩效干预面谈。

岳磊的面谈从认可和赞扬牛皋过往的表现开始，这是汉堡式绩效干预面谈的第一步，即“认可”。岳磊拿出牛皋过往几个月的销售拜访记录，指出牛皋最近新客户开发量为零的事实，这是汉堡式绩效干预面谈的第二步，即“事实”。

紧接着岳磊指出牛皋的问题如果不纠正则会对其自身业绩的稳定和团队整体表现产生巨大影响，这是汉堡式绩效干预面谈的第三步，即“放大”。

随后岳磊和牛皋一起回顾年初制订的年度目标和计划，这是汉堡式绩效干预面谈的第四步，即“回顾”。岳磊之所以主动让牛皋表态，即是汉堡式绩效干预面谈的第五步，即“承诺”。

而当牛皋承诺新客户开发数量和进度后，岳磊并非就此打住，而是进一步要求对方为承诺配套对应的惩罚措施，这是汉堡式绩效干预面谈的第六步，即“惩罚”。最后岳磊以汉堡式绩效干预面谈的最后一步“鼓励”进行收尾。

第三节　销售人员绩效干预面谈 PAC 法

在销售管理者对下属进行绩效干预面谈时，往往会因为缺乏必要的心理学技能而导致对抗和冲突。绩效干预面谈的本意是获得承诺与达成共识，把销售人员的行为纠正回预期的正确轨道，因此在面谈过程中销售管理者必须学会根据干预对象的心理反应和情绪变化来进行自我调整和适应。

PAC 人际交往模式是销售管理者在绩效干预面谈中切实可用的心理学工具，这一模式的活学活用能极大提升绩效干预面谈的效果，如表 8－4 所示。

PAC 就是三个英文单词首字母的组合，这三个英文单词分别是 Parent（父母）、Adult（成人）和 Child（儿童）。PAC 理论把一个人的自我划分为父母、成人、儿童三种人格状态，这三种状态在每个人身上都交互存在，也就是说这三者是构成人类多重天性的三部分。在不同的场合、不同的情境和面对不同的对象时，一个人身上的人格状态会发生变化和切换。

表 8－4　　PAC 人际交往模式

三种人格状态	具体说明
父母状态（Parent）	以权威和优越感为标志，通常表现为统治、训斥、责骂等家长制作风。当一个人的状态中 P 成分占优势时，这种人的行为表现为自上而下，独断独行，滥用权威 这种人讲起话来总是：“你应该……”“你不能……”“你必须……”
成人状态（Adult）	表现为注重事实根据和善于进行客观理智的分析。这种人能从过去存储的经验中，估计各种可能性，然后做出决策。当一个人的状态中 A 成分占优势时，这种人的行为表现为：待人接物冷静，慎思明断，尊重别人 这种人讲起话来总是：“我个人的想法是……”
儿童状态（Child）	儿童状态有两种，叛逆儿童和乖顺儿童。当一个人的人格状态中叛逆儿童成分占优势时，该人的行为表现为感情用事、喜怒无常、不加考虑、叛逆任性、无理取闹。这种人讲起话来总是：“我不管……”“我不知道……” 当一个人的人格状态中乖顺儿童占优时，该人的行为表现为听话、温顺和服从。这种人讲起话来总是：“这件事您说了算……”“这是我的问题……”

大量不成功的绩效干预面谈通过 PAC 模式（见图 8－3）来分析，都有一个共同的特征，那就是销售管理者和销售人员在面谈中必定有一方以 PC（父母对小孩）状态对待另一方，而另一方也用 PC 状态回应，从而双方之间的沟通产生多次 PC 对 PC 的交叉。

换而言之，在销售管理者与下属面谈时，其中一方用父母对儿童般批评指责的口吻和语气（即 PC 状态），导致另一方也用父母对儿童的 PC 状态来反驳和回应，从而导致双方对抗和气氛紧张。

只要没有任何一方主动调整，双方的面谈和沟通将陷入不断的互相指责，批评和反驳的循环，即多个回合的“PC⇌PC 恶性交往”。双方总是公说公有理，婆说婆有理，各自强调自己的理由，而拒绝接受对方的道理。

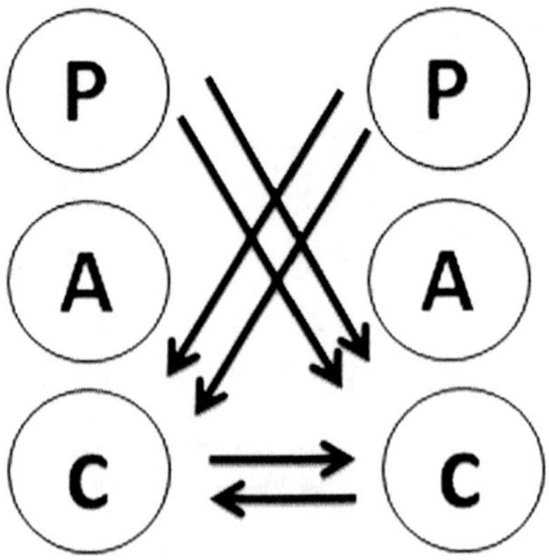

图 8－3　PAC 模式

在没有他人劝解的情况下，当双方情绪对抗和矛盾冲突到达一个临界点，其中一方将会把 PC 状态切换到任性叛逆儿童对任性叛逆儿童的 CC 状态，即把话题从就事论事的指责转移到原本不相干的事情上或者对人格的批判。而其中一方的 CC 状态往往也激发了对方的 CC 状态，从而双方就进入了偏离原有话题的毫无理性意气用事的人身攻击。如果说 PC 对 PC 的沟通还属于就事论事的相互指责和反驳，那 CC 对 CC 就上升到对人品人格的批判和非理性的问题放大了。

销售管理者一旦掌握了 PAC 这一心理学工具，就需要主动进行状态切换，从连续的 PC⇌PC 恶性循环中摆脱出来。根据双方情绪对立的程度，破除 PC⇌PC 交叉循环总共有两大策略。当销售管理者认为双方情绪对立还属于初期，并非特别严重时，可采用策略一，即自己先主动从 PC 状态切换到 AA 状态，用成人对成人尊重且理性的交往方式激发对方也进入 AA 状态。

而当销售管理者认为双方情绪对立已经历了多个 PC 循环并且情绪冲突严重时，可采用策略二，即自己先主动从 PC 状态切换到 CP 状态，换而言之，用乖顺儿童对待父母的状态去迎合对方，等对方情绪缓和后，再用 AA 状态激发对方的 AA 状态，如图 8－4 所示。

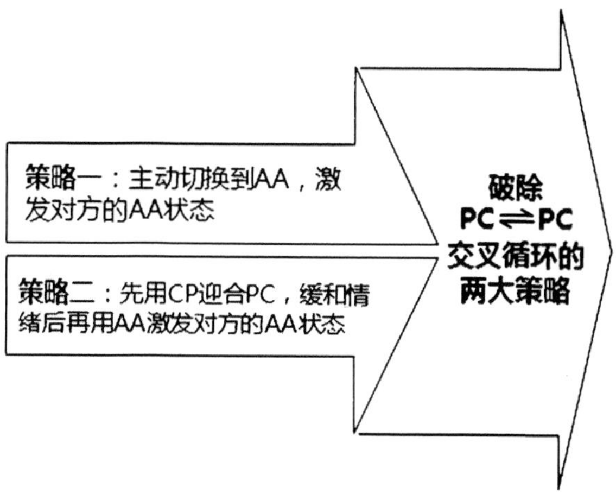

图 8－4　破除 PC⇌PC 交叉循环的两大策略

【案例】

孔捷担任团长的独立团受到日本特种兵的袭击，死伤惨重，上级罢免了其团长职务，急调李云龙接替。李云龙看到战场上到处是独立团士兵的尸体和伤员，孔捷赶忙上前解释。

孔捷："这批敌人和以前的不一样，不声不响不说，枪还打得贼准。我孔捷这辈子没有丢过这么大的脸，真邪门。"

李云龙："你老兄是不是给吓破胆了，我听你说了一遍，全是给敌人提气，说敌人如何地厉害，他怎么这么厉害，他不是他娘养的？刀枪不入啊？我看半天，怎么尽是咱们的尸体，人家连根毛都没有留下，难道你们的枪是朝天放的？"

孔捷："李云龙，你可以恶心我，可你不能恶心我这些兵！你刚才都看见了，哪颗子弹不是迎面打上去的？你小子也别太傲气，你上哪儿也找不到这么好的兵！"

两人不欢而散，临走时李云龙在地上捡起两颗特殊的子弹壳。李云龙到了独立团后看到士兵们对孔捷依依不舍，而孔捷也看样子非常留恋独立团。于是李云龙打电话给总指挥，请求特批孔捷担任副团长。在李云龙的死缠硬磨之下，总指挥同意了。而这个时候的孔捷，则正在房间里郁闷不已，并准备接受新的任务——喂马。正当孔捷整理包袱准备离开时，李云龙挑帘子进来了。

李云龙："老孔，老孔。"

孔捷不理睬他。

李云龙："刚才我忘记了告诉你，老总任命你留下来当副团长。"

孔捷满脸疑虑。

李云龙：（满脸堆笑）"其实咱们俩谁跟谁呀，什么正的副的，商量着来呗。要不然你当正的，我当副的也行，呵呵。"（哼着小曲出去了）

孔捷：（诧异）"不是让我去喂马吗？"

回到自己的房间，李云龙正在听取下级的汇报，孔捷提着大刀闯了进来，他把大刀往炕上一拍。

孔捷："李云龙，我知道你帮了我，可我最不喜欢欠别人的人情。今天咱俩就做个了断，我剁两个手指头还给你。咱们今后就谁也不欠谁的了，你看好喽！"（边说边拿着刀向自己的手指剁去）

李云龙赶忙抢身上前，夺下他的大刀："别别别……别呀，我李云龙无能，来独立团抢了您的饭碗。"

李云龙把孔捷搀扶到炕上："您孔捷还和我见外啊，留着您的手指头将来点票子用吧。"

李云龙：（掏出在战场捡到的子弹壳）"你来得正好，我在战场上捡了两颗子弹壳，你看看，看看，这是什么枪发出的子弹？"

孔捷："这倒不清楚。"

李云龙："这是美国造的冲锋枪。"

孔捷接着道："我一直说，这批敌人和以前的敌人不一样。"

李云龙："整个晋西北的敌人就没有用过这种武器，看来这次敌人来者不善呐。"

孔捷："嗯，我想起来了，三连还在阵地捡到一个钢盔呢。"

很多人认为李云龙个性刚硬，宁折不弯，那真是低估了他作为团队管理者的能屈能伸。在他"降服"孔捷的对话中，我们明显可以发现李云龙主动进行了 PAC 状态的切换。

刚开始李云龙用 PC 的状态指责孔捷，而绰号"孔二愣子"的孔捷马上以 PC 状态进行反驳，导致一开始双方不欢而散。当成功地恳请首长批准孔捷担任副团长之后，李云龙主动放低姿态找孔捷沟通，特别是那句“其实咱们俩谁跟谁呀，什么正的副的，商量着来呗。要不然你当正的，我当副的也行”，很明显他是在用乖顺儿童对父母的 CP 状态迎合孔捷的 PC 状态。

但之后孔捷还是怒气未消，李云龙难能可贵地再次用 CP 状态去迎合孔捷的 PC 状态，那句“别别别……别呀，我李云龙无能，来独立团抢了您的饭碗”让孔捷怒气顿消。

最后，李云龙拿出捡到的子弹壳询问孔捷的意见和看法，很明显他切换到了 AA 状态。而孔捷也认真地和他聊起了战场上他所了解到的情报和线索，不难发现孔捷也切换到了理性的 AA 状态。

【案例】

张三是销售团队的总监，他发现最近两个月下属李四经常不按时交工作周计划表，而且在收集市场情报和提交客户分析报告时不仅多次拖拖拉拉，而且明显敷衍了事。于是张三决定找李四进行绩效干预面谈。

张三：“这段时间感觉你不在状态，到底怎么回事?”

李四：“没有啊，你说我哪件事情没有做好，你直接说。”

张三：“你还不服气了，难道我还会看走眼吗?”

李四：“你说我可以，但你不能无凭无据。”

张三：“难道我作为主管，说你几句都不行吗?”

李四：“哪怕你是主管，但人人平等，你凭什么无端指责我?”

张三：“你这种烂苹果，就不应出现在我团队里，真后悔招你进来。”

李四：“这种鬼地方，我不干了!”

张三对于李四的绩效干预面谈，一开始就犯了一个原则性错误，按照汉堡式绩效干预面谈的原则，张三应该指出他所看到听到的事实，而不应给出“不在状态”这样具有指责性的主观结论。

运用 PAC 模式分析这一案例，张三一上来就采用 PC 状态对待李四，导致李四也用 PC 状态反驳，双方陷入了 PC⇌PC 的恶性循环，而最后一个回合则表明双方的沟通已经升级为叛逆儿童之间的任性对抗（CC⇌CC 循环）

假设张三认为双方的情绪对立还不是非常严重，他可以采用策略一来破除 PC⇌PC 循环，即以自身的 AA 状态激发对方的 AA 状态，把 PC 对 PC，变成 AA 对 AA。

张三："这段时间感觉你不在状态，到底怎么回事？"

李四："没有啊，你说我哪件事情没有做好，你直接说。"

张三："也没什么，我看你这几天开会沉默不语，是不是发生什么事情了？我可以帮忙吗？"

李四："也没什么，就是这几天老娘住院了，身体不太好。"

张三："哦，什么时候的事情？情况严重吗？"

李四："就上周，现在比较稳定了。"

张三："人到中年，大家都要经历这些，我能感受到你的压力，有什么我可以帮到的吗？"

李四："不用了，现在没事了。"

显而易见，张三那句"我看你这几天开会沉默不语，是不是发生什么事情了？我可以帮忙吗"是试图用自己的 AA 状态激发对方的 AA 状态，而李四的答复也逐渐使双方的沟通进入 AA⇌AA 的理性循环。

假设，张三认为双方的情绪对立非常严重，他可以采用策略二来破除 PC⇌PC循环，先用乖顺儿童迎合对方的父母状态，即用 CP 迎合对方的 PC，再切换到 AA，即以自身的 AA 状态激发对方的 AA 状态。

张三："这段时间感觉你不在状态，到底怎么回事？"

李四："没有啊，你说我哪件事情没有做好，你直接说。"

张三："生气啦，我关心一下不允许啊，呵呵。"

张三："和我说说，是不是发生什么情况，我能否帮到你？"

李四："也没什么，就是这几天老娘住院了，身体不太好。"